樊文礼 \著

沙陀往事

山西出版传媒集团
山西人民出版社

图书在版编目（CIP）数据

沙陀往事：从西域到中原的沉浮 / 樊文礼著. —
太原：山西人民出版社，2023.6
ISBN 978-7-203-12773-4

Ⅰ.①沙… Ⅱ.①樊… Ⅲ.①沙陀—民族历史—中国
—唐代—宋代—通俗读物 Ⅳ.①K289-49

中国国家版本馆CIP数据核字（2023）第068145号

沙陀往事：从西域到中原的沉浮

著　　者：樊文礼
策划编辑：崔人杰
责任编辑：吉　昊
复　　审：崔人杰
终　　审：梁晋华
装帧设计：陈　婷

出　版　者：山西出版传媒集团·山西人民出版社
地　　址：太原市建设南路21号
邮　　编：030012
发行营销：0351-4922220　4955996　4956039　4922127（传真）
天猫官网：https://sxrmcbs.tmall.com　电话：0351-4922159
E-mail　：sxskcb@163.com　发行部
　　　　　sxskcb@126.com　总编室
网　　址：www.sxskcb.com

经 销 者：山西出版传媒集团·山西人民出版社
承 印 厂：山西出版传媒集团·山西人民印刷有限责任公司

开　　本：890mm×1240mm　1/32
印　　张：10
字　　数：201千字
版　　次：2023年6月　第1版
印　　次：2023年6月　第1次印刷
书　　号：ISBN 978-7-203-12773-4
定　　价：68.00元

序

杜文玉

　　沙陀是唐五代时期的少数民族之一，曾在这一历史时期产生过很大的影响，先后创建过四个政权，即后唐、后晋、后汉与北汉。樊文礼的这部著作从唐贞观二十二年（648）沙陀见于史籍写起，至北宋太平兴国四年（979）北汉灭亡止，涉及了三百多年的历史情况。其实沙陀并不是一个人口众多的强大民族，最早生活在西域地区，依附于西突厥，故史书记载其族属时称为"沙陀突厥""突厥别部"或"西突厥别部处月种"，实际上沙陀不过是西突厥处月部下属的一个部落，有六千多帐、三万多人。最初居于金娑山、蒲类海之间，即今新疆博格达山之南、巴里坤湖之东。在唐德宗时期，居于北庭都护府下辖的金满州（今新疆吉木萨尔境内），其首领叫朱邪尽忠，故又称其部为朱邪。唐贞元中，吐蕃攻陷北庭，将沙陀迁于河西走廊的甘州（今甘肃张掖西北）。吐蕃被回鹘击败时，沙陀乘机向东迁徙，投奔了唐朝。唐将其安置于盐州（今陕西定边），隶属于唐灵盐（朔方）节度使范希朝，范希朝改任河东节度使，其又随之迁于定襄神武川（今山西山阴东北一带）之新城。这时的沙陀有精骑万余人，皆骁勇善骑射，后来竟然在中原地区建立了政权，故其历史确有神奇之处。需要说明的是，沙陀人皆高鼻深目虬髯，不仅与汉人不同，也与突厥人不属于同一种族。沙陀人之所以能以代北为基地成就其大业，是吸收了许多当地少数民族部落之故，主要有吐浑、突厥、回鹘、达靼、契苾、奚等民族部落，本书的作者将其称之为代北集团，这应该是沙陀得以发展壮大的基本力量。

这部书的主要学术价值就在于将沙陀的族源、迁徙、发展至衰亡的全部历史写清楚了，尽管书名为《沙陀往事》，实则是一部有关沙陀历史的专书，类似的专书除了赵荣织、王旭送的《沙陀简史》外，还没有见到第二部。就内容而言，两书各有千秋，可以互补，都对促进我国少数民族史的研究做出了贡献。

这部书还有几方面特别突出，值得关注：（一）关于朱邪李氏家族的研究。将这个家族中的人物情况进行了详细的考述，不论是声名显赫的人物，抑或其名偶见于史书的人物，均一一搜检，并尽量将其事迹钩沉出来。此外，对这个家族的世系情况也做了力所能及的考证，以李克用为中心，对其祖上、同辈、子辈的论述尤为详尽。这种研究弥补了以往研究的空白，具有重要的学术意义。

（二）关于李克用义儿的研究。对这一问题的研究成果历来颇多，作者在前人研究的基础上，进一步地研究了这些义儿的族属与生平事迹，使得相关内容更加丰富多彩，增加了可读性。

（三）李克用与士人研究。这个问题前人极少涉及，作者认为相对于这一时期的其他割据者，李克用对士人阶层是比较重视和优待的，吸引了大批士人避难于河东。除了论述李克用对待士人的政策外，还考证了河东集团中重要的士人及其业绩，其中对担任刺史、县令等地方官的士人尤为关注，与其他藩镇多以武人担任地方官的状况形成了鲜明对照。李克用杀人无数，所杀者多为武人，很少诛杀文人，这一点非常难得。

（四）深入研究了沙陀人的融合问题。作者用了一章的篇幅，分四个方面研究了这一问题，即（1）融合于中原大地的沙陀人。（2）阿刺兀思剔吉忽里与沙陀李雁门。（3）昔李钤部与"沙陀贵种"。（4）青海李土司与沙陀李克用。从大的角度看，可分为两个方面，即沙陀与中原汉人以及与其他少数民族的融合问题。清代学者赵翼的《廿二史札记》有一篇《五代诸帝皆无后》的札记，叙述了后唐、后晋、后汉诸朝皇帝无后裔的情况。本书作者补充了北汉帝室无后裔的情况，认为各朝宗室后裔不见于记载的不少，不一定全无善终。又根据史籍的记载，补述了不少五代诸帝后裔在宋代任职的情况，非皇室的沙陀人生活及任职的情况，带有母系沙陀血缘之人的活动情况。其实，无论是沙陀三部落的皇族还是平民，在中原地区生存并繁衍下来的仍然不少，由于与汉人通婚，其面貌的沙陀特征也逐渐发生了变化，再加上族谱、家谱以及籍贯的散佚，到后来连他们本人也不知道自己的沙陀族属了。作者还指出北宋前期尚有一些沙陀人的情况见于记载，北宋中期以来，便不再有沙陀人的记载了，说明他们已完全与汉人融合在一起了。至于阿剌兀思剔吉忽里、昔李钤部、青海李土司等，都是与沙陀有渊源关系的少数民族，其中前者系蒙古汪古部人，是沙陀雁门之后，即李克用的后裔。昔李钤部在西夏时开始发迹，入元后分为三支，据碑刻资料记载，其源自于"沙陀贵种"，至元朝时家世仍然显赫。青海李土司生活于今西宁地区，是一个自称李克用后裔的显赫家族，但是早在明代就有这一家族出自沙陀与出自党项李氏两种不同的说法，对于这一问题还需要进一步地研究。本书作者认为其不论出自沙陀李氏还是党项皇室，他们都是中华民族共同体密不可分的一部分，在此历史问题没有彻底解决前，这应该是一种科学慎重的态度。

在《沙陀往事》一书中，相当大的篇幅是写后唐、后晋、后汉以及北汉的历史，这些都是五代史应该包括的内容，但是作者并没有在这些方面花费太多的文字，说明侧重点有所不同，以便于与一般的五代史的论著有所区别。此外，此书的结构合理，逻辑性强，文字简洁，体现了作者良好的文字功夫与深厚的史学理论基础。细读此书，使人获益良多。

此书的作者樊文礼先生是我的老朋友，我们相识已经二十多年了。早在其在内蒙古大学工作时，我就拜读过其论文，具体什么题目，由于时间久远已经记不清了。后来他调到烟台师范学院工作，即现在的鲁东大学，曾到陕西师范大学访学一年，是由我代为联系的。有一年，中国唐史学会在蓬莱开理事会，散会返回时途经烟台，樊文礼当时已是该校历史系的领导，请我们大家到该校短暂访问，畅谈甚欢，并设宴款待，至今想来，宛如昨日。他出版的《唐末五代的代北集团》，曾给我赠送过一部，认真拜读过一遍，受益匪浅。此次他在山西人民出版社出版新著《沙陀往事》，编辑崔人杰约请我为该书撰序，崔人杰曾是陕西师范大学的学生，我们关系甚好，加之作者樊文礼是我的老朋友，遂愉快地答应了下来。上面这些文字，算是读后感，也可作为书序。

2023 年 5 月 5 日于古都西安

前　言

　　沙陀是中国历史上一个伟大的民族。就目前所掌握的资料看，从唐太宗贞观二十二年（648）史籍最早出现"沙陀"或"朱邪"的记载，到宋太宗太平兴国四年（979）北宋灭掉沙陀人在中原建立的最后一个政权——北汉，沙陀在中国历史上沉浮了三百多年。而在这期间，沙陀人从西域到中原，势力不断发展壮大，并且从唐僖宗中和三年（883）李克用出任河东节度使、沙陀人建立割据一方的地方政权开始，又相继建立了后唐、后晋、后汉"沙陀三王朝"以及五代十国之一的北汉国，在中国北方或北方局部地区统治了近一个世纪。

　　根据史书记载，沙陀内迁至中原的人口，不过一万人左右。以区区万人的一个民族，却在中原地区建立了三个中央王朝和两个地方割据政权，在中国历史上产生如此大的影响，这不能不说是一个奇迹，也是一个十分值得思考和研究的问题。

　　人们往往将五代十国的历史与十六国时期的历史进行比较。的确，这两个历史阶段有许多相似之处，如社会大动乱、民族大融合等。然而，两个时期也有许多不同之处，其中就民族融合而言，十六国时期是伴随着各族间的仇杀实现的，五代十国时期却看不到这种现象。这一时期之所以没有出现各族间的仇杀，与沙陀人组建了一个多民族构成的"代北集团"以及执政后所实行的民族政策有着极大的关系，这也是沙陀人在中国历史上做出的重要贡献。

我对于沙陀历史的关注，始于20世纪90年代中期，当时在浙江大学（入学时为杭州大学，毕业时为浙江大学）梁太济先生门下读博士学位，选了《唐末五代的代北集团》的题目，便开始关注并研究沙陀人的历史，发表了几篇相关研究论文，并出版了《唐末五代的代北集团》和《李克用评传》两本书。前者主要是通过对李克用河东统治集团以及在此基础上建立的后唐、后晋、后汉"沙陀三王朝"统治集团的主要社会基础和骨干力量牙军、禁军、节度使以及枢密使等进行考察分析，认为它是一个以沙陀三部落为核心，融合突厥、回鹘、吐谷浑、奚、契苾、达靼等所谓"五部之众"以及汉人等多种民族成分在内而组成的自成体系、独具特色又一脉相承的军人政治集团。因为这一集团是从代北地区兴起的，集团早期的核心和骨干成员也主要由代北人组成，故称其为"代北集团"。后者则主要集中对李克用的一生进行了介绍和评价。

21世纪以来，学界对于沙陀以及五代十国历史的研究愈来愈深入、细致，取得了很多研究成果，我也曾完成了一项国家社科基金项目《代北集团与唐末五代的民族融合与国家认同》，遂拟在以往研究的基础上，用较为通俗的语言，写一本追溯和解读沙陀人那段历史的书，力求做到雅俗共赏，既具有一定的学术含量，为学界专业研究者所认可，又具有较高的可读性，为普通的历史爱好者所接受。此外，还希望通过对沙陀民族在中国历史上三百多年的沉浮、融合，来认识中华民族共同体形成的一个阶段历程，以增强中华民族共同体的认同感和凝聚力，发挥一定的社会效益。于是便以十五章的篇幅，写成了这本小书。能否达到上述目的，就只有靠实践来检验了。

需要说明的一点是，出于为普通历史爱好者所接受的考虑，书中省略了对于史实较为繁杂的考证过程，并且在引用文献材料中，除部分引文列出书名和卷数外，其余引用包括古籍及近人研究观点的材料，均未出注，只是在书末列出了主要参考文献的名录，部分引文则直接译为白话文，希望能得到读者的谅解和理解。书中若有错误不妥之处，也欢迎读者批评指正。

目 录

第一章

沙陀的兴起与东迁——从西域到代北

一、沙陀之起

根据史书记载，沙陀是西突厥别部处月部的一支。所谓"别部"，一般解释为"氏族的分支"。史书中往往也将沙陀称作"沙陀突厥"，可见其应当与突厥有一定的血缘关系，至少在文化上有相近的关系。不过，沙陀人似乎在极力撇清或回避与突厥的关系，提及自己的先世，或称其"先祖拔野"，或称"四代祖益度，薛延陀国君"。拔野，欧阳修认为即"拔野古"，与薛延陀均为铁勒诸部之一，后都役属于突厥。

突厥是公元6世纪中叶兴起于金山（即今新疆北部的阿尔泰山）南面的一个部族，公元552年建立汗国，第一位可汗土门，自称伊利可汗，可汗牙帐建立在鄂尔浑河上游的乌德鞬山北部。乌德鞬山又称郁督军山、于都斤山，即今蒙古国境内的杭爱山。隋文帝开皇二年（582），突厥分裂为东西两部，大体上以金山为界，金山以东为东突厥的统辖范围，金山以西为西突厥的统辖范围。

西突厥主要的组成部分是突厥十姓部落，即左厢五咄陆部和右厢五弩失毕部。此外，在其强盛时期，还役属了铁勒、葛逻禄、处月、处密等"别部"。处月部中也包括了若干个小的部落，已知的有预支部、射脾部和沙陀（朱邪）部，其中沙陀（朱邪）部有六七千帐（家），三万余人。

沙陀人早期的活动地域，据《新唐书·沙陀传》等史籍记载："处月居金娑山之阳，蒲类之东，有大碛，名沙陀，故号沙陀突厥云。"金娑山即今新疆境内的博格达山（亦称博格多山）。"金娑山之阳"，即山的南部；蒲类，或指县，或指海。蒲类县设置于唐太宗贞观十四年（640），治所在今新疆奇台县东北部的唐朝墩古城。蒲类海即今新疆巴里坤哈萨克自治县西部的巴里坤湖。

从今天的地理地貌看，在"金娑山之阳，蒲类之东"并没有什么"大碛"（大沙漠），相反，这里有吐鲁番、鄯善、托克逊三大绿洲，水草丰美，森林茂密，"大碛"恰恰是在金娑山之阴，蒲类之西，即今乌鲁木齐北部准格尔盆地的古尔班通古特沙漠。唐朝距离现在虽然已经过去了一千多年，自然地理地貌也发生了一些变化，但似乎不至于使一座大沙漠从"金娑山之阳，蒲类之东"飞越至金娑山之阴，蒲类之西。因此，可以这样认为：《新唐书·沙陀传》等史籍所记述的"沙陀碛"在金娑山、蒲类一带是正确的，但在具体方位上可能是不确的。

　　谭其骧先生主编的《中国历史地图集》第五册（唐时期图组）将"沙陀碛"的位置标记在了金娑山之阴（北）、蒲类之西的古尔班通古特沙漠地带，应当是正确的。唐朝以沙陀部落设置的金满州都督府，正是在今古尔班通古特沙漠南部边缘的吉木萨尔和奇台县一带。在古尔班通古特沙漠也就是唐代称作"沙陀碛"的周边，分布着一些绿洲，沙陀人就生活在这里，这也正是沙陀突厥得名的由来。当然，沙陀人当时尚处于游牧部落制阶段，因此他们的居住地点也是飘忽不定的，包括当时的西州（今新疆吐鲁番一带）、伊州（今新疆哈密一带）和瓜州（今甘肃安西一带）等地都留下了他们活动的痕迹。

　　按照欧阳修《新五代史·后唐庄宗纪》的说法，沙陀李克用、李存勖的先世，出于西突厥，本号朱邪，至其后世，别自号曰沙陀，而以朱邪为姓。司马光《资治通鉴》赞同这一说法，云："沙陀姓朱耶，世居沙陀碛，因以为名。"也就是说，沙陀人本姓朱邪，沙陀只是他们的号。

　　不过，后来在吐鲁番出土文书中，发现了一件唐玄宗开元十六年（728）时朱邪部落首领阙俟斤朱邪波德向西州都督府请领纸张的牒文，此外，史籍在记载安史之乱时助唐平叛的部落中，也同时出现了朱邪和沙陀的名称。因此有学者认为，朱邪和沙陀早期曾是两个部落，到后来才合并成为一个部落。

　　而元人耶律铸对于"朱邪"和"沙陀"又有另外一种解

读，其在《涿邪山》一诗注中云：

> 涿邪山者，其山在涿邪中也。涿邪后声转为朱邪，又声转为处月。……处月部居金娑山之阳，皆沙漠碛卤地也……即今华夏犹呼沙漠为沙陀，突厥诸部遗俗，至今亦呼其碛卤为朱邪，又声转为处月，今又语讹声转而为川阙。

按照耶律铸的说法，则朱邪、处月、沙陀，都来自"涿邪"这一词汇，本为沙漠之意。

在史籍中，最早出现的以"朱邪"为姓氏的人名或部落名，大约可以上溯到朱邪阙俟斤阿厥。据《新唐书·沙陀传》记载：西突厥首领阿史那贺鲁来降，唐朝以其地设置瑶池都督府，以贺鲁为都督，徙其部落于庭州莫贺城（故址在今新疆阜康东），处月朱邪阙俟斤阿厥亦请内属。阿史那贺鲁降唐的时间是在唐太宗贞观二十二年（648），"俟斤"为部落首领称号，可见"朱邪阙俟斤"阿厥是当时的一个部落首领。

比阿厥稍晚一些的有朱邪孤注，他是在唐高宗永徽二年（651）因杀害唐朝的招慰使单道惠，与阿史那贺鲁联合叛唐而被唐将梁建方所杀的。这场战役是在一个叫作"牢山"的地方进行的，打得非常惨烈，唐军斩首九千余级，掳渠帅六十余人，俘生口一万余人。朱邪孤注是否继阿厥为朱邪部俟斤，已无从考证，不过他是朱邪部人甚至为部落首领，这一点应该是没有疑问的。

　　而就在朱邪孤注与阿史那贺鲁联合反唐时，射脾部俟斤沙陀那速没有随从，于是唐朝廷便将原来由阿史那贺鲁所担任的瑶池都督授予沙陀那速。次年，唐又废除瑶池都督府，在处月地界设置金满、沙陀二州都督府，以其首领为都督。

　　唐朝从太宗贞观四年（630）平东突厥、置西伊州（后改称伊州，治所在今新疆哈密）后，即开始了对西域地区的经营。经过近三十年的争斗，到高宗显庆二年（657），唐终于灭掉西突厥，建立起了对西域地区的统治。在此期间，唐先后设置了安西（治所在今新疆吐鲁番高昌故城，后移至今库车）、北庭（治所在今新疆吉木萨尔北破土城子）两大都护府，作为管理西域地区的最高军事行政机构，统领当地府州，金满、沙陀二羁縻州即在北庭都护府的统领之下。"羁縻府州"是一种高度自治的民族区域自治机构，但其要在唐朝边州都护府或都督府的统领之下，这也标志着唐朝在羁縻府州内行使了有效统治。

　　顺便说明一下，与羁縻府州相对应的，是所谓的"正州"或称"经制州"，多设置在内地，不过西域地区的西州、伊州也属于正州级建制。二者的主要区别，一是正州是按地域设置，羁縻府州则是按部落设置；二是正州的州府长官均由朝廷派出，并到期迁转，而羁縻府州的都督、刺史都由部落酋长担任，并可以世袭。有唐一代，正州级机构设置的有三百多个，而羁縻府州设置的数量前后多达一千多个。

由于与中央王朝的交往甚少，长期以来，沙陀人一直默默无闻，没有太多的事迹被记录下来，以至于人们甚至忘记了他们的姓氏（或部号），而以其居住地"沙陀"名之。在唐高宗龙朔二年（662）薛仁贵西征铁勒时，沙陀酋长金山曾率领部落兵协同作战，因功被授予墨离军讨击使之职，迁于瓜州（治所在今甘肃安西东南），因此史籍也出现了沙陀先人"家于瓜州"的记载。

墨离军是唐前期设置的重要军事据点之一，关于它的位置，史籍多记载在瓜州西北一千里，也有学者认为在瓜州西北十里，"一千"为"一十"之误。之后，沙陀金山又几度有功于唐室，在武则天长安二年（702），获得了金满州都督、张掖郡公的册封，沙陀人又迁回了故地，也就是今新疆吉木萨尔县的北庭古城一带。沙陀金山在唐玄宗开元二年（714）底入朝，不久卒于长安，葬于今西安旧城北面的龙首原。

沙陀金山死后，子辅国继嗣。沙陀辅国曾任金满州都督、贺兰军大使，亦曾率部至长安朝见唐玄宗，被授予左羽林卫大将军，封永寿郡王，其母鼠尼施氏，为西突厥五咄陆部人，封鄯国夫人。所以，即使沙陀人的先世与西突厥无关，其后人身上也有突厥人的血统。沙陀辅国死后，子骨咄支继嗣。安史之乱中，沙陀骨咄支曾随唐肃宗李亨平叛，立下功劳，肃宗授予他特进、骁卫上将军。沙陀骨咄支死后，子朱邪尽忠继嗣，封金吾卫大将军、酒泉县公。至此，沙陀人明确了自己的姓氏——朱邪，我们也可以对其先世大致列出如下一个世系：

> 朱邪阿厥？——朱邪孤注？——沙陀金山——沙陀
> 辅国——沙陀骨咄支——朱邪尽忠——思葛（葛勒阿
> 波？）——朱邪执宜——朱邪赤心

然而，对于沙陀朱邪姓氏的由来，宋人还有两个非常有趣的说法。一个是陶岳的《五代史补》，其云：

> 太祖武皇（李克用）本朱耶赤心之后，沙陀部人也。其先生于雕窠（雕窝）中，酋长以其异生，诸族传养之，遂以"诸爷"为氏，言非一父所养也。其后言讹，以"诸"为"朱"，以"爷"为"耶"。

即"朱耶"（同"朱邪"）是由"诸爷"而"非一父所养"而来。

另一个是钱易的《南部新书》，其云：

> 朱耶赤心者，或云："其先塞上人，多以骑猎为业。胡人三十辈于大山中，见飞鸟甚众，鸹鸠（聚集）于一谷中。众胡就之，见一小儿，约才二岁已来，众鸟衔果实而饲之。众胡异之，遂收而众递（轮替）养之。成长求姓，众云：'诸人共育得大，遂以诸耶为姓。'言朱耶者，

讹也。

同样，"朱耶"是由"诸耶"即"诸人共育得大"而来。都甚为荒诞，权当笑话。

二、沙陀东迁

沙陀发展历史上的第一次重大转折，是从其东迁开始的。而沙陀人的东迁，又与吐蕃有着密切的关系。

公元七世纪前后，建立在今西藏以及青海一带的吐蕃王朝开始强盛。虽然唐王朝曾先后将文成公主、金城公主嫁与吐蕃赞普（国王）松赞干布和赤带珠丹（赤德祖赞），彼此结成了舅甥关系，但双方的争夺、冲突始终不断，西域地区即是唐蕃争夺的重点地区之一。

在唐与吐蕃的争夺中，沙陀人与唐朝北庭都护府一起，共同抵御吐蕃的进犯。而就在此时，兴起于漠北的回纥（回鹘）也开始向西域地区扩张。回纥与唐朝有一定的隶属关系，唐曾在回纥部落设置瀚海都督府。安史之乱中，回纥更是协助唐朝平定了叛乱。沙陀与回纥也有着非常密切的关系，天宝年间，沙陀骨咄支曾担任回纥副都护，以后又长期依附于回纥，以至时人或后人甚至将回纥人当作沙陀人的祖先，如当时的吐蕃人就说"沙陀本回纥部人"；宋人孙光宪所著的《北梦琐言》中也说："河东李克用，其先回纥部人，世为蕃中大酋，受唐朝官职。"当代学者也有将回鹘作为沙陀的族源的观点。于是，沙陀在一定程度上又协调和拉近了回纥与北庭的关系，三方联合，一起抗御吐蕃。如在唐德宗贞元五年（789），吐蕃进攻唐北庭都护府时，沙陀首领朱邪尽忠就曾劝说回鹘忠贞可汗派兵去救援北庭，忠贞可汗遂派大将颉干迦斯与朱邪尽忠率兵前往救援。

当然，回鹘的救援并没能挽救北庭陷落的命运，贞元六年（790），吐蕃攻陷了唐北庭都护府，沙陀人也跟着投降了吐蕃。吐蕃将沙陀部落六千帐迁往甘州地区。这是沙陀人的第一次东迁。

甘州的治所在今甘肃张掖市，但吐蕃人不大可能将沙陀人安置在甘州治所，而是将他们安排到对唐朝的第一道防线。《新五代史》卷七四记载，后晋天福三年（938），高居诲出使于阗国，其行记中说："甘州，回鹘牙也。其南山百余里，汉小月氏之故地也，有别族号鹿角山沙陀，云朱耶氏之遗族也。"南山即祁连山。此"鹿角山沙陀"，当是沙陀大队人马迁走后遗留的部分，也就是说，贞元六年吐蕃将沙陀部落六千帐迁往甘州后，就被安置在甘州南山百余里处。如果从后来吐蕃怀疑沙陀勾结回纥人攻破凉州城（今甘肃武威）的情况看，此"甘州南山百余里"，当在祁连山东部甘州与凉州接壤的祁连城或大斗拔谷一带，即今甘肃民乐县东南一带，这里自古为河西走廊通往青海湟中最便捷的通道。

吐蕃以沙陀首领朱邪尽忠为军大论，也就是军使，为其效力。吐蕃每与唐朝争战，都以沙陀人作为前锋，沙陀人死伤众多。而且吐蕃又对沙陀部落横征暴敛，沙陀族人无法忍受。后来回纥攻破吐蕃占据的凉州城，吐蕃怀疑是"尽忠持两端"，"贰于回鹘"，勾结回纥人所致，打算迁其于河外苦寒之地（约为黄河以西的今青海一带地区），沙陀举族愁怨。于是，朱邪尽忠与其子朱邪执宜商量对策。朱邪执宜说："吾家世为唐臣，不幸陷虏，为他效命，反见猜嫌，不如乘其不意，复归本朝（唐朝）。"所谓"世为唐臣"，应该是从沙陀、金满二羁縻都督府的设置或沙陀金山以来算起。朱邪尽忠同意，遂于唐宪宗元和三年（808）投靠了唐灵武（朔方）节度使范希朝。这是沙陀人的第二次东迁。

由甘州到灵州的直线距离不过数百里，然而史书却记载沙陀人走了三千里的路程。之所以会出现这种情况，是因为沙陀人在东迁过程中遭到了吐蕃军队的拦截，从而边战边行，走了一条非常迂回曲折又艰难的道路。

根据史书的记载，沙陀人本来是想从甘州出发北行，"循乌德鞬山而东"，经过回纥人占据的漠北地区进入唐朝境内，这也是当时北庭、安西都护府向唐朝廷奏事时经常走的一条道路，即所谓的"回纥道"。然而沙陀人出发不久，"居三日，吐蕃追兵大至"，于是不得不兵分两路，一路由朱邪尽忠、朱邪执宜父子率领，转而向南，"自洮河（即今甘肃临洮一带）转战至石门关（在今宁夏固原西北），委曲三千里"，最后抵达灵州；另一路则由朱邪尽忠之弟葛勒阿波率领，辗转到达了振武军（今内蒙古和林格尔一带）。

沙陀人在这次东迁过程中，可以说是历尽千辛万苦，"凡数百战"，首领朱邪尽忠战死，朱邪执宜挟护着其父的灵车边战边行，其本人也是遍体鳞伤。沙陀人从甘州出发之时，有三万余人，而到达灵州时，只剩下一万或不到一万人，其余都在途中战死或走失。

范希朝是当时的名将，为政清廉，治边有方，又善待边疆各少数民族，所以沙陀人选择前去投靠他。果然，范希朝为沙陀人购买牛羊，扩大畜牧，善待他们。又奏请以太原防秋兵六百人衣粮给沙陀，得到朝廷的允许。不过，沙陀人在灵州并没有待多久，元和四年（809）六月，范希朝调任河东节度使，他们随范希朝一起进入河东。范希朝挑选出一千两百名沙陀劲骑充实到河东军中，其余部众则由朱邪执宜率领，安置在了代北地区。这是沙陀人的第三次东迁。

所谓"代北"，古代泛指代郡或代州以北地区。代郡始置于战国，治所在今河北蔚县代王城；代州始置于隋代，治所在今山西代县，所以代北地区包括了今山西北部、河北西部和内蒙古中部地区。唐朝时期，设置在代北地区的行政建置有代、朔（治今山西朔州）、蔚（初治今山西灵丘，后移治今河北蔚县）、云（治今山西大同）、胜（治今内蒙古准格尔旗十二连古城）等州以及单于都护府（后于此设振武军节度使，治今内蒙古和林格尔北上土城）。五代时，又在这里设置了应州（治今山西应县）、寰州（治今山西朔州东部）。

但是，对于沙陀人安置的具体地点，史籍又有不同记载，《新唐书·沙陀传》说是"处余众于定襄川"，又说"执宜乃保神武川之黄花堆，更号阴山北沙陀"（此处"阴山"，《中国大百科全书》订正为"陉山"，甚是）；《新五代史·唐庄宗纪》则云："居之定襄神武川新城。"

神武川，一般认为就是现在桑干河沿岸山西山阴、应县、怀仁、浑源一带的川地，北魏时设置的神武郡，隋代设置的神武县，都在今应县与山阴县之间，神武郡、神武县应该都与神武川有所关联。

黄花堆，北魏、北齐时名黄瓜堆，隋唐以后称黄花堆、黄花岭，现在称黄花梁，《中国历史地图集》将其标记在应县西北、山阴东北。

新城，按照元人胡三省的解释："神堆在云州城南，新城又在神堆东南，神堆，即神武川之黄花堆，新城在其侧，盖（李）克用祖执宜保黄花堆时所筑也。"而孙光宪《北梦琐言》则云，朱邪执宜"后迁于神武川黄花堆之别墅，即今（按即宋代）应州是也"。宋代的应州，也就是今应县。孙光宪所谓"黄花堆之别墅"，当即黄花堆之"新城"。如果这样理解不误的话，则新城就建立在黄花堆之上，有学者推测即在今应县大黄巍乡栗家坊村一带。

唐朝廷将沙陀人安置在代北地区，是为了让其守护北部边疆。

本来，唐前期对北部边疆地区有着比较严密的防御管理体系，以设置在太原的天兵军为起点，由内及外或由南向北先后设置了承天军，大同军，横野军，岢岚军，云中守捉，清塞军，天成军，武周城，静边军以及东、中、西三受降城，振武军，天德军等多重军事机构，屯兵把守。但到安史之乱后，唐朝的北边防御体系大为削弱乃至于瘫痪，许多军城废置，保留的几个也是兵力严重不足，于是唐朝廷便不得不以其发达的政治、经济、文化资源去换取蕃部的军事资源，更多地依靠内附的部族兵来维护边疆地区的安宁稳定，即所谓"以夷制夷"或"以内蕃制外蕃"了。沙陀即是其中最重要的一支蕃部力量。

　　神武川黄花堆一带应该属于唐王朝的第二道边防线，在它北部的振武军、天德军即阴山一带以及与吐蕃势力接壤的"河西"（今宁夏一带）为第一道防线。因此一旦一线边疆有事，沙陀人也往往被抽调去防边御敌，如元和八年（813）回鹘过漠南，攻取唐西受降城（在今内蒙古乌拉特中旗乌加河北岸圐圙补隆古城）、柳谷地，唐宪宗即令朱邪执宜率部屯守天德军（现淹没于内蒙古乌拉特前旗乌梁素海湖底）以防备；文宗开成年间，沙陀人也多次随振武节度使刘沔打击党项对振武、河西一带的侵扰。在唐武宗会昌年间唐王朝对回鹘的防御打击中，沙陀人更是有着非常突出的表现。

　　朱邪执宜也曾多次率领沙陀兵到内地参加平定藩镇的战争，元和五年（810），成德军节度使王承宗反叛，唐宪宗命河东等四藩镇讨伐，朱邪执宜即率沙陀军七百人为前锋。史

书曾这样描述沙陀人在战斗中的表现：王承宗以数万众埋伏
在木刀沟，与朱邪执宜沙陀兵相遇。成德镇兵万箭齐发，飞
矢如雨，朱邪执宜冒着箭雨，率军横贯敌阵鏖战，唐将李光
颜等乘机出击，大败成德镇兵。战争结束后，朱邪执宜因功
升迁蔚州刺史。元和九年至十二年（814—817）讨伐淮西镇
吴元济、长庆元年（821）再次讨伐成德镇王承宗，朱邪执宜
均率部参加，屡立战功。文宗大和元年（827），成德镇王承
宗再次与朝廷对抗，遣使者携带重礼贿赂朱邪执宜，欲与之
连兵，遭到朱邪执宜的坚决拒绝。朱邪执宜后留朝宿卫，任
金吾卫将军，朝廷赐以锦彩银器，赐第于长安亲仁坊。

唐文宗大和四年（830），柳公绰出任河东节度使，得知
沙陀人骁勇善战，"为九姓、六州胡所畏伏"，遂奏请以沙陀
部设置代北行营，任朱邪执宜为阴山都督府都督、代北行营
招抚使，使居于云、朔二州塞下，捍御北边。塞下有废弃军
府十一处，朱邪执宜派人修复，招募部落三千人分别把守，
史称"自是杂虏不敢犯塞"。

柳公绰与朱邪执宜建立了良好的关系，朱邪执宜每来谒
见，柳公绰均设宴招待。朱邪执宜神彩严整，进退有礼，深
得柳公绰赞赏，曾对僚佐说："执宜外严而内宽，言徐而理
当，福禄人也。"而朱邪执宜的母亲妻子入见，柳公绰也令夫
人陪同饮酒，并赠送礼品。朱邪执宜甚是感恩，遂为之尽力。

朱邪执宜统率沙陀部落近三十年，约于唐文宗开成年间
去世，死后葬于代州雁门县（今山西代县），墓曰永兴陵。其

子朱邪赤心接替了他的位置。至李存勖建立后唐后，追奉朱邪执宜为昭烈皇帝，庙号懿祖。

三、朱邪赤心（李国昌）的赐姓与封帅

朱邪赤心接替其父的位置后，继续为唐王朝效力，他曾率沙陀部落参加了唐武宗时期对回鹘和昭义镇的战争：击回鹘，败乌介可汗于杀胡山；伐昭义，破石会，下天井，擒杨弁，因功升迁朔州刺史、代北军使。唐宣宗时党项及回鹘连兵侵扰河西，朱邪赤心又随河东节度使王宰出征，任前锋，所向披靡，勇冠诸军，被吐蕃誉为"赤马将军"，说："吾见赤马将军火生头上。"史称沙陀在臣属吐蕃时，吐蕃倚赖沙陀骑兵，常侵犯唐边境。及其归属唐朝，吐蕃由是亦衰。虽未免有些夸张，却也说明沙陀骑兵确实是一支勇猛善战的队伍。唐宣宗大中三年（849），唐收复被吐蕃占领的秦（治今甘肃秦安北）、原（治今宁夏固原）、安乐（治今宁夏同心东北）三州和石门、六盘等七关后，罢征西戍卒，朱邪赤心回到代北，被任命为蔚州刺史、云州守捉使。

在唐懿宗咸通九年（868）镇压庞勋的战争中，朱邪赤心建立大功，从而被唐朝廷赐予李唐国姓。《新编五代史平话》中有一首赞美他的诗句：

夷方大碛号沙陀，部族骁雄勇力多。

一自天朝赐名氏，赤心报国义难磨。

朱邪赤心的名字大约确有"赤心报国"的含义，不过如上所述，他的"赤心报国"在其"赐名"之前就已经开始了。

咸通九年七月，戍守桂州（今广西桂林）的徐州籍士卒因不得按期归还，从而发生哗变，推举粮料判官庞勋为首领，自行向徐州北还。沿途不断有贫苦农民和流亡军人加入，于是由一场兵变发展成为声势浩大的农民起义。朝廷派右金吾大将军康承训等十八大将，分率十道藩镇之兵七万余人前往镇压。康承训奏请以沙陀三部落以及吐谷浑、达靼、契苾等各族酋长率领其部众自随，朝廷允许。朱邪赤心遂率领三千人马出征，进入十八大将军之列，职衔是太原行营招讨使、沙陀三部落等军使，包括达靼、契苾、吐谷浑等部落兵都在他的指挥之下。善于骑射的沙陀军在战斗中顽强拼搏，起到了冲锋陷阵先锋军的作用，参战的藩镇之兵都佩服其骁勇。从《资治通鉴》所记述的咸通十年（869）二月的两次战斗，可见沙陀骑兵的勇猛表现：

唐官军统帅康承训率领部下一千人渡涣水，被庞勋伏兵包围。危急关头，朱邪赤心率五百骑策马加鞭，冲入包围，救出康承训，庞勋兵势披靡，官军合击败之。

庞勋部将王弘立曾击败官军戴可师的三万大军，于是骄傲轻敌，请独自率所部三万人破康承训。二月己亥，王弘立渡过濉水，包围了康承训驻扎的鹿塘寨（在今河南商丘永城市东南），与诸将登高观望，"自谓功在漏刻"。又是危急关头，沙陀骑兵突然出现，"左右突围，出入如飞，贼（指王弘立军）纷扰移避，沙陀纵骑蹂之，寨中诸军争出奋击，贼大败。官军蹙之于濮水，溺死者不可胜纪，自鹿塘至襄城，伏尸五十里，斩首二万余级"。

以区区沙陀三千人马，当然不可能打败庞勋的军队，但是，正是因为朱邪赤心率领的沙陀军敢打敢拼，陷阵却敌，勇往直前，激发出诸镇的士气，取得战争的最后胜利。陈寅恪先生曾指出："沙陀军殆以骑军见长，故当时中原无敌手也。""庞勋、黄巢之乱，皆仰沙陀枭骑矣。"寥寥数语，却也一针见血。于是，当战争结束之后，朱邪赤心因功被朝廷授予大同军（云中）防御使，继而授予振武军节度使的职务，并赐姓名"李国昌"，这两件事在沙陀发展的历史上具有十分重要的意义。

沙陀本西域小族，其社会地位不仅不能同中原的汉族相比，即使在内迁各少数民族中，也是微不足道。《旧五代史·康福传》有这样一段记载：后唐明宗时，康福出任河西节度使。当时有一位姓骆的下级官员，其先人跟随后唐懿祖朱邪执宜而来。在一次公宴上，康福对从事辈说："骆评事官则卑，门族甚高，真沙陀也。"众人都暗暗窃笑。"夷狄贵沙陀"，所以康福将沙陀人看作"门族甚高"的一族，却受到士人出身的"从事辈"们的"窃笑"。在沙陀人做了天子的后唐时尚且如此，那么在沙陀势力刚刚崛起的唐末，其社会地位便可想而知了。

朱邪赤心因镇压庞勋而被唐懿宗赐予李唐国姓，加入李唐宗籍，这对于沙陀人来讲，是一件非常荣耀的事，是他们借以抬高自己社会地位的极好机遇，之后，他们便以李唐宗室自居。事实也的确如此，后世李克用、李存勖父子之所以能得到汉族士大夫们的认可；宋人将沙陀人李存勖建立的后唐王朝看作正统，而把汉人朱全忠建立的后梁看作僭伪，与历来主张"华夷之辨"的中国传统观念大相径庭，这一观念的出现，无疑与朱邪氏被赐予李唐国姓有着极大的关系。

沙陀人从唐宪宗元和三年（808）内迁后，始终受到唐朝廷的防范和限制。他们之所以从灵州被迁往代北，其中一个重要原因，就是因为朝廷有人议论说沙陀人在灵武，迫近吐蕃，担心其反复。然而就在他们迁到代北地区后不久，接替范希朝担任河东节度使的王锷又以朱邪氏一族孳息繁盛，散居在北川，恐怕启发其野心，于是建言离析朱邪部落，隶属诸州，说这样"势分易弱也"。唐朝廷遂建十府以处沙陀。"十府"的府名及性质已不可考，不过它作为唐王朝削弱、限制沙陀势力发展的一种手段是毫无疑问的。之后，随着沙陀力量的不断发展壮大，管辖它的河东节度使对其安抚接纳稍有不周，他们便会制造一些事端出来。节度使或与之诅盟约誓，或以其子弟作为人质，或以河东衙将兼领沙陀三部落防遏都知兵马使，以此进行防范和控制。朱邪执宜、朱邪赤心父子虽然为唐朝屡建战功，但唐授与他们的职务都不过为一州刺史，隶属于河东节度使管辖。沙陀人出征，也要受他军的节制，唐宪宗元和时隶属忠武军，之后隶属河东军。这一切，无疑对沙陀势力的发展不利。

李国昌出任大同（云中）防御使，进而出任振武节度使后，上述局面大为改观。大同甚至当时的振武虽都算不上强藩大镇，但作为一级地方藩镇，它享有与其他藩镇一样直属中央的权力，从而不再受他镇的约束。特别是作为地方节帅，比一州刺史拥有更大的权力和号召力。唐德宗建中年间，河朔藩镇叛乱，德宗说："贼本无资以为乱，皆借我土地，假我位号，以聚其众耳。"沙陀要聚集代北各族，无疑也需要"借"唐的"土地"，"假"唐的"位号"，而这"土地"越广，"位号"越大，无疑也就越容易"聚其众"。

李国昌被后唐王朝追谥为文景皇帝，庙号献祖，死后归葬雁门，墓曰长宁陵。对于李国昌去世的时间，史籍有不同的记载。《旧唐书·僖宗纪》和《旧五代史·唐武皇纪》均作中和三年（883），而《新唐书·沙陀传》则作光启三年（887），前后相差四年。不过，李国昌究竟死于何时并不重要，因为当李国昌在世之时，沙陀人的领导核心就已经转移到李克用身上了。

四、沙陀三部落的形成

所谓"沙陀三部落"，又称作"代北三部落"，学界已普遍认可是指沙陀、萨葛（亦称薛葛、索葛）、安庆三个部落。萨葛、薛葛、索葛，均为粟特的不同音译；而安庆部落，从其都督史敬存（史敬思）、史建瑭的出身等种种情况看，亦当为粟特人部落。前面提到朱邪赤心（即李国昌）在咸通九年（868）率兵镇压庞勋时，其职衔是太原行营招讨使、沙陀三部落等军使；在后来的"斗鸡台事变"中，李克用的职务是云中守捉使兼沙陀三部落副兵马使。

从现有材料看，"沙陀三部落"的称呼最早出现在唐文宗开成年间，这就是《旧唐书·刘沔传》所记载的："开成中，党项杂虏大扰河西，（刘）沔率吐浑、契苾、沙陀三部落等诸族万人、马三千骑，径至银、夏讨袭。"唐文宗开成年间，是在公元836年至840年之间。朱邪执宜曾担任过阴山府大都督、三军沙陀都知兵马使，此"三军沙陀都知兵马使"，当为沙陀三部落都知兵马使，也就是说，沙陀三部落应当形成于朱邪执宜时期。

粟特人在唐代又被称作昭武九姓胡人，他们居住在中亚阿姆河与锡尔河一带地区，也就是以撒马尔罕为中心的中亚五国及阿富汗一带地区，主要有安、康、史、何、米、石等姓氏。据说他们的祖先最初居住在祁连山下的昭武城，为了表示不忘本，便称"昭武九姓"。昭武城，西汉时曾设置过昭武县，约在今甘肃张掖市临泽县鸭暖镇昭武村一带。

粟特人善于经商，所谓利之所在，无远不至，在魏晋南北朝时期甚至更早以前，就有不少粟特人来到中原，是当时活跃在丝绸之路上主要的商队，也是东西方经济文化交流的主要沟通传播者。1999年在太原市晋源区王郭村发现的虞弘墓，就是早期粟特人来到中原的一个典型。而粟特人当中的另一部分则进入了蒙古草原，在突厥汗国中，就有不少的粟特人，有的甚至成为突厥政权高层。而随着进入草原游牧地区的天长日久，他们的民族特性也有所改变，从原先的善于经商而渐渐变得善于骑射，成为"突厥化的粟特人"。

唐太宗贞观四年（630），唐平东突厥后，突厥境内的昭武九姓胡人随同突厥人一起降唐，唐朝廷将他们安置到了今宁夏、陕北和内蒙古鄂尔多斯高原一带地区，当时设置在这一带的北抚州和北安州，就是由昭武九姓胡人部落构成，其中北安州都督康苏密，史籍明确记载其为"胡酋"，即昭武九姓胡人；北抚州都督史善应，从其姓名判断亦当为"胡人"。北抚、北安州都督不久后废除，唐高宗时，又在这里设置了鲁、丽、含、塞、依、契等六州进行管理，时人称之为"六胡州"。之后，又几经演变，唐中宗时置兰池州都督府，分六州为县以隶之。不过在习惯上，人们仍称其为"六胡州"。

唐玄宗开元九年（721），六胡州胡人起兵反唐，即所谓的"康待宾之乱"，唐朝廷遂废除兰池州都督府，迁六州胡人于河南、江淮地区。但由于六州胡人不适应河南、江淮地区的气候，开元二十六年（738），唐又将他们放归，于六州旧地设置宥州进行管理，州治在今内蒙古鄂托克前旗城川古城。但在习惯上，仍将他们称作"六胡州胡人"。唐代边塞诗人李益《登夏州城观送行人赋得六州胡儿歌》中"六州胡儿六蕃语，十岁骑羊逐沙鼠"，描述的就是这一带的风物景象，尽管此时"六胡州"已不复存在。

安史之乱期间，六胡州部分胡人曾参加叛军队伍，安史之乱结束后，他们当中的一部分人随安史余部进入河北地区，一部分人则进入石州（治今山西离石）。唐德宗贞元二年（786），河东节度使马燧率兵击吐蕃，行至石州，河曲六胡州胡人皆降，马燧将他们迁到云、朔二州之间，也就是今山西北部的大同至朔州一带地区，今应县大黄魏乡有曹家铺村、康辛庄村、栗家坊村、颉庄村等，据学者研究都是当年昭武九姓胡人即六胡州胡人聚居的村落。再过二十年，当元和年间沙陀人进入代北地区后，他们便逐渐与沙陀人结合，形成所谓的沙陀三部落。

沙陀三部落中的安庆、索葛（萨葛、薛葛）二部，都有较为明确的传承世系和居住地点。其中世袭安庆九府都督府都督的史怀清、史敬思、史建瑭、史匡翰家族，居住在代州，即今山西代县；而世袭索葛府刺史的安德昇、安重胤、安进通、安万金、安元审家族，则居住在振武军索葛府索葛村，即今山西朔州或内蒙古和林格尔一带。振武军最初的治所在今内蒙古和林格尔北土城也就是单于都护府一带，唐朝末年或五代后梁时迁至今山西朔州。

"沙陀三部落"，当然是以沙陀人为核心和主体。不过，由于昭武九姓胡人进入中原大地历史悠久，人口众多，从魏

晋到隋唐源源不断，从长城内外到大江南北广泛分布。而且
他们当中有不少人进入到中原王朝或北方游牧民族政权的统
治层。即使以进入代北地区而论，他们也要比沙陀人至少早
二十多年。所以，在沙陀人和昭武九姓胡人最初的接触中，
后者似乎要占主导地位，有不少出身于昭武九姓胡人的将官，
曾经担任过沙陀人的统帅。如唐武宗时统率沙陀朱邪赤心三
部打击回鹘和昭义镇的石雄，又有一个叫作安义节的军将，
管沙陀兵马三十余年，唐懿宗时统率沙陀三部落等兵镇压庞
勋的都招讨使康承训，等等。但是，昭武九姓胡人是一个习
惯于依附强权的民族，突厥强盛时，他们依附突厥，当沙陀
进入代北后，以其骁勇善战，"为九姓、六州胡所畏伏"，于
是随着时间的推移，沙陀人也就成为"沙陀三部落"的主体
和核心，昭武九姓胡人则心甘情愿纳入沙陀的麾下。

　　沙陀三部落的形成，在沙陀发展历史上具有重大意义。
首先，它使居住在代北地区的沙陀人和昭武九姓胡人融为一
体，形成了"沙陀民族共同体"，以至后人对他们已经难以区
分，许多明显带有昭武九姓胡人姓氏色彩的如安仁义、安审
琦、米志诚等，史书却记载他们为"沙陀人"或"沙陀部
人"，至于称之为"沙陀三部落人"或"代北三部落人"的安
姓、康姓胡人则更多。

　　其次，如上所述，沙陀从灵州迁往代北时，大约为一万
人，这确实算不上是一个大部族。沙陀三部落的形成，使沙
陀民族共同体的人口增加，力量壮大。三部落中，有两部即

为昭武九姓胡人，所以，沙陀三部落应该是一个以沙陀人为主体、昭武九姓胡人为多数的民族共同体。

之后，无论是在唐末李克用的争霸战争中，还是在五代沙陀各王朝的建立过程中，无时无处不有着昭武九姓胡人的重要贡献。翻开新、旧《五代史》，一大批安姓、康姓、史姓、石姓等具有昭武九姓胡人姓氏特征的人名跃然纸上，这充分说明了他们在沙陀政权中的重要地位。

需要说明的是，沙陀三部落只是指代北地区的沙陀、萨葛、安庆三个部落，并不包括所有的沙陀人和昭武九姓胡人，如当时延州（治今陕西延安）就有沙陀部落；魏博、成德、卢龙等河北藩镇境内更有大量的昭武九姓胡人，但他们并非"沙陀三部落"的组成部分。所以沙陀三部落也称作"代北三部落"。

还需要指出的是，当沙陀三部落从代北迁到太原后，便分化成两大部分并走上了不同的发展道路。留在代北者，继续保留着部落组织，过着亦牧亦兵的生活，后晋安重荣所提到的"三部落、南北将沙陀、安庆九府等"，以及北宋初宋琪所提到的雁门以北十余州军的"沙陀""三部落"，都反映了这种情况；而进入太原者则纳入藩镇节度使军事体制，部落组织逐渐被打破，他们以当兵为职业，成为父子相继的职业军人集团，与先前亦牧亦兵的生活已有很大不同。沙陀三部落就是在这种背景下完成了它的发展和演变。

第二章

代北风云——李克用登上政治舞台

一、李克用的诞生

在沙陀发展的历史上，李克用无疑是最为关键和重要的人物。

> 雄名凛凛振沙陀，为国功深奈老何。
> 多少三垂冈上恨，伶人都进《百年歌》。

这是金元时期名士、唐高祖李渊的后人李俊民在游览李克用墓时所作的《李晋王坟》诗，赞颂了李克用的一世英名和最终不能得志的遗恨。

李俊民，据其自撰《李氏家谱》中"唐高祖渊二十二子、其韩王元嘉守泽州，武氏盗国，宗室潜谋恢复，事露皆被害"云云，是为李渊第二十二子的后人，各种介绍李俊民的资料也都如是说。但据《旧唐书·宗室传》，韩王元嘉实为李渊的第十一子，亦曾任职泽州刺史。《家谱》中提到的"黄公譔"，也正是元嘉之子。而李渊第二十二子为滕王元婴，并未有泽州任职的经历。可见《家谱》所谓"二十二子"当为"十一子"之误。兹予以说明。

根据史籍记载，李克用于唐宣宗大中十年（856）九月二十二日出生在神武川之新城。然而对于这个"新城"位于何处，史志多有不同记载，今人也众说纷纭。一说在朔州北部即今山西山阴县北部；一说在今山西应县大黄巍乡栗家坊村附近；一说在今山西神池县，《中国历史地图集》就将新城标记在今神池县东北部；还有一说在今山西五寨县北的大武州村，最早记载这一说法的是《辽史·地理志》。应县大黄巍乡栗家坊村位于应县城以西偏北约十二公里、山阴县城以东偏北约二十八公里处，颇符合一般认为"今山阴县东北"的说法；而五寨县大武州村与神池县之间的距离更接近一些。南宋人潘自牧所撰写的《记纂渊海》"应州"条记载说："金凤井，在州治，相传李克用生时，有金凤自井中飞出。"则支持了应县说。自古及今，名人效应大概都是有的，于是也就出现了争夺名人出生地甚至墓葬地的现象。

李克用是朱邪赤心的第三个儿子，他的母亲秦氏，有学者认为是吐谷浑人，因吐谷浑部落中有秦姓。据说李克用在娘肚子里待了十三个月，母亲临产时又遇上难产，一个晚上生不出来。他的父亲朱邪赤心当时戍守在外，族人非常害怕，就到雁门（今山西代县）去请医买药。遇到一位神叟，告诉族人说：这不是巫医所能够解决的，可速速归去，率领全体族人身披铠甲，手持锦旗，击钲打鼓，跃马大叫，环绕产妇所居住的屋子三周而止。族人回去后如法执行，母亲果然无恙而生。婴儿呱呱落地，霎时间虹光烛室，白气充庭，井水暴涨，有金凤自井中飞出。

现代医学表明，人类正常情况下，母亲的怀孕时间应该是十个月左右，李克用却在娘肚子里待了十三个月之久，包括他出生之时虹光烛室，白气充庭，井水暴涨，金凤飞出等等，显然都是李克用显贵后后人的附会，不足为信。至于《新编五代史平话》中说李克用出生时，其父朱邪赤心做了一个梦，梦见他到了一座宫殿，殿上坐着一位王者，殿下侍立着几个金甲武士。王者对朱邪赤心说道："龙猪战罢丑口破，十四年间金殿坐。十兄用武不负君，四个郎君三姓么。" 说"龙"代表李克用；"猪"代表朱全忠；"丑口"是"唐"字。并说朱邪赤心即采用梦中"十兄用武"的字为其儿命名曰"克用"，此更是说书艺人为了吸引听众而编造的作料。

不过，上述附会传说却也旨在向人们说明帝王的与众不同，所谓凡帝王出生，必定会有吉祥征兆，以示天命之所属。历史上的封建统治者为了巩固和加强统治，除了利用军队、监狱等国家机器，使用"武"的一面外，也充分利用精神武器，使用"文"的一面，特别是利用"神"的力量，高唱所谓君权神授，为帝王的卓尔不群制造理论依据。李克用虽然生前没有称帝，但他直接奠定了后唐王朝的基础，所以后唐王朝便将他按照帝王来对待，于是在他出生之时，也为他铺垫上了古代帝王出生时常常铺垫的类似背景，以表明他的非同凡人。

代北地区自古以来就是一个多民族的杂居区，除华夏（汉族）外，先秦时期的诸胡；秦汉时期的匈奴、乌桓；魏晋南北朝时期的鲜卑、羯族；隋唐时期的突厥、铁勒等等，都在这里留下了大量的活动痕迹。沙陀到来前后，这里的居民除汉族土著外，尚有突厥、吐谷浑、六胡州胡人（粟特人）、契苾、达靼（室韦）、奚、回鹘、党项、契丹等各族。这些民族大都从事游牧生产，能骑善射，骁勇刚劲，体现出北方游牧民族特有的血性和气质。各民族的杂居、交流、斗争和融合，使代北地区形成一种不同于内地的强悍的民风民俗，所谓"纵有编户，亦染戎风"。

李克用出生并成长在这样的社会环境中，对于其性格的形成和日后的政治生涯都产生了重要的影响。史称他从开始学话的时候，就"喜军中语"。稍大一点，就善于骑射，与同龄人"驰骋嬉戏，必出其右"。据说他在十三岁时，曾看见一对野鸭在空中飞翔，便仰卧下来，张弓搭箭，连连射中，令围观者赞叹不已。他还常常以树叶、针锋、马鞭作为练习射击的目标，这样的勤学苦练，终于使他练就了一手百发百中的高超箭术。其父朱邪赤心镇压庞勋军时，李克用随军出征，摧锋陷阵，出诸将之右，军中呼其为"飞虎子"。李克用生就一目失明或半失明（眇或微眇），或许是其母难产所致，这虽

然有碍于他的形象，却也有助于他箭术的提高，被时人称作
"独眼龙"。

关于李克用的独眼，还有一段非常有趣的故事。

据说在李克用担任河东节度使后，声威大振。淮南节度
使杨行密遗憾不识其状貌，便找来一位有名的画工，装扮成
商贾的模样，前往河东秘密给李克用画一幅像，想通过画像
来一睹这位英雄的尊容。但是画工到达太原后不久，就被人
发现，抓了起来。李克用起初非常愤怒，要杀掉画工，后来
想了想，为自己画一幅像也不错，就对左右说：我素来眇一
目，试着召他前来为我画像，看看如何。及画工到，李克用
按膝厉声道：淮南令你来为我画像，想必定是画工中最优秀
的，你画得好便也罢了，如果画得不像，那么此阶之下便是
你的死所。画工再拜，下笔画了起来。时正值盛夏，李克用
手里拿着一把八角扇扇凉驱热，画工便照此为李克用画了一
幅像，一片扇角正好遮住了他的瞎眼。李克用看后说：你这
是在讨好我。命令其重画。画工又应声下笔，这次画了一幅
李克用正在张弓搭箭瞄准的像，其中一只眼睛微微闭合，似
在观察箭的曲直，恰到好处地利用了他的瞎眼。李克用看了
这幅画后非常高兴，便重赏了这位画家，送回淮南。这则故
事出自宋人陶岳所著的《五代史补》，《旧五代史》《资治通
鉴》和《十国春秋》等史籍都引用了它，想必有些影子。

《旧五代史·唐武皇纪》还记载了下面一则故事：

新城北面有一座供奉毗沙门天王的祠堂。毗沙门天王又

名北方多闻天王，为佛教护法之神，四大天王之一。据说唐玄宗天宝元年（742），安西都护府府城被吐蕃军队围困，形势非常危险。这时，毗沙门天王突然出现在城北门楼上，大放光明，并有"金鼠"咬断敌军的弓弦，使其不能射箭。又有三五百名神兵披着金甲击鼓，声震三百里，吐蕃军大溃。安西表奏，玄宗大悦，遂令诸道州府于城楼西北隅置天王像供养。新城的毗沙门天王祠堂，当也是在这种背景下建造的。

李克用在新城时，突然有一天，毗沙门天王祠堂前的井水喷涌若沸，引起人们的极大惊慌。李克用带着几个随从来到祠堂，端起酒杯祭奠说："我有尊主济民之志，为何无故井溢？不知是祸是福。天王若有神奇，可与我交谈。"话音刚落，只见有一位神人披着金甲手持铁戈隐现在墙壁上。众人大惊失色，赶紧跑了出去，只有李克用一人留了下来，不慌不忙，与神人交谈对话，从容而退。这也是时人杜撰的一个故事，不过据说这件事更加坚定了李克用的自负心理以及人们对他的看重。

还需说明一点，李克用起初应该叫"朱邪克用"，他出生在公元856年，而其父朱邪赤心被赐予李姓是在公元869年，所以在他十三周岁之前，应该叫"朱邪克用"，假如他一开始就取名"克用"的话。

二、斗鸡台事变

"斗鸡台事变"也称作"斗鸡台事件"或"段文楚事件"，

是发生在云中镇的一场骇人听闻的军事政变。

云中镇亦称大同军，是唐武宗会昌三年（843）由河东镇分离出来设置的一个藩镇。唐朝时在今山西大同设云州或云中郡，故设在此地的军镇亦称作云中镇。而大同军则是唐前期设置的一个军镇，起初在朔州，后迁至云州，于是史籍中对其长官也就时而称云中防御使，时而称大同军防御使了。

唐代的藩镇长官分有节度使、观察处置使、防御使、都团练使等几个级别。云中防御使领有云（治今山西大同）、朔（治今山西朔州）、蔚三州之地，治所在云州。蔚州的州治，曾经在今山西灵丘县，唐玄宗开元年间徙治安边县，也就是现在的河北蔚县。云中镇虽然是一个规格较低的藩镇，却具有十分重要的战略地位，以云州及长城为一线，恒山山脉及雁门关（西陉关）、东陉关、飞狐口等关隘为又一线，以及两线之间的大同盆地，共同构成了太原北面纵深很大的防御屏障。对于保卫华北平原及山西腹地，防御和反击北方游牧民族的侵扰具有重要的战略意义。

有据可查的第一任云中防御使是卢简方，时间是在唐懿宗咸通五年（864）之前。之后李国昌、段文楚、支谟相继担任了云中（大同军）防御使。其中李国昌在唐宣宗大中年间曾任蔚州刺史、云州守捉使，咸通十年（869）平庞勋后，一度任大同军防御使，在这里具有一定的根底。而段文楚则是在乾符五年（878）前后再度担任了大同军防御使一职。段文楚是唐德宗朝名臣段秀实之孙。段秀实以"忠""孝"闻名于世。唐德宗时，河朔藩镇叛乱，德宗抽调泾原镇兵前往平叛，结果泾师又在长安叛变，拥立原卢龙节度使朱泚为帅。朱泚欲拉拢段秀实同流合污，遭到段秀实的严词拒绝，并试图夺下朱泚的笏板要击杀他，结果遇害。德宗回朝后对段秀实进行了表彰，并录用他的后人为官。

咸通十年（869）庞勋起事被镇压下去后，十三岁的李克用做了一名云中牙将，在防御使支谟手下供职。据说他在云中期间，曾夜宿于别馆，拥妓醉寝。有一位刺客持刀入室要加害于他，及冲进卧室，但见帐中烈火升腾，有似龙一样形状的东西忽隐忽现，刺客骇异而退。这当然也是后人的杜撰，不足为信。不过此时的李克用仰仗着沙陀贵族血统和官数代的出身以及本人高超的武艺，已经是野心勃勃，霸气横生，必欲取支谟而代之。一日，军队晨练结束后，李克用与同列一起进入防御使府衙，玩起了升堂游戏。李克用大摇大摆坐到了防御使的宝座上面，这在当时是属于犯上的行为，然而支谟却不敢吱声，任其嬉闹。

段文楚第二次出任云中（大同军）防御使时，李克用担任了云中守捉使兼沙陀三部落副兵马使，戍守蔚州，终于在这里导演了一场震惊朝野、骇人听闻的军事政变——"斗鸡台事变"。

关于这次事件的经过，新、旧《唐书》和《资治通鉴》等史籍均有较为详细的记载，其大体经过如下：

乾符五年（878）正月，大同防御使段文楚兼任水陆发运使。当时正赶上代北地区连年饥荒，漕运不继，段文楚又克扣军饷，从而引起军士的怨怒。云中沙陀兵马使李尽忠派遣牙将康君立秘密到蔚州劝说李克用起兵，除掉段文楚取而代之。李克用说要禀报父亲李国昌，李国昌时任振武节度使。康君立说：现在机密已经泄露，哪有时间去千里之外秉承命令呢！于是李尽忠夜晚率牙兵攻入云州城，抓获段文楚及判官柳汉璋，同时派遣使者前往蔚州召李克用。

李克用应召率部众赴云州，二月初四到达云州城下，部众将近万人，屯于斗鸡台下。初六，李尽忠派人向李克用送上云中防御使的符印，请他为防御留后，也就是临时代理防御使职务。初七，李尽忠押送段文楚等五人至斗鸡台下，李克用命令军士将其凌迟处死也就是千刀万剐并分食其肉，然后用马匹践踏其骸骨，残忍之至，简直令人发指！初八，李克用入防御使衙署，坐堂办事。

从二月初四到初八，前后五天的时间。

旧史多将杀害段文楚事件的策划者和主谋归结于沙陀兵马使李尽忠和云中牙将康君立等人，李克用则是被动被推上台的；而将段文楚被杀的原因归结为是由于其克扣军饷所致。诚然，这种由于节帅的优赏不周而遭致部下杀害的事件在唐末是屡见不鲜的。不过，结合日后李国昌、李克用"欲父子并据两镇"的情况看，可以肯定李克用才是策划这一事件的真正主谋，至少也是主谋之一，他和李尽忠、康君立等一个在幕后，一个在前台，共同导演了这一幕夺权惨剧。因为杀害唐朝地方藩帅，是犯上作乱的行为，毕竟不是一件光彩的事，故后人对李克用有所避讳。而段文楚被杀事件发生的真正和更为深刻的原因，则是李国昌、李克用"欲父子并据两镇"，即沙陀人试图乘天下大乱，唐朝廷号令"不复行于四方"之际，把整个代北地区据为己有。

关于斗鸡台的位置，雍正《山西通志·古迹二·大同府》记载说："斗鸡台在奚望山。《辽志》：乾符三年云中守捉使李克用偕程怀信等募士万人趋云州，次斗鸡台，即此。"奚望山，《太平寰宇记》云在云中郡东一百里，《明一统志》则云在大同府城北九十里，俗曰岐王山。按史称李克用是自云州东部的蔚州至云州城下，然后屯于斗鸡台下，因此斗鸡台与云州城之间的距离当没有"一百里"或"九十里"之远。究竟是在何处，至今仍无定论。

三、唐朝廷的讨伐

李克用杀害段文楚的消息传到长安后，引起朝廷上下的一片震惊。尽管当时地方藩镇节帅被部下驱逐或杀害的事件频频发生，唐朝廷也正面临着黄巢农民军的打击而"皇威不振"，却也不能容忍李克用这种公开犯上作乱的行为。李克用令云中将士向朝廷上表，请求任命自己为帅，这也是当时藩镇的一贯手法，朝廷往往也予以承认。然而这一次，却被朝廷断然拒绝。李国昌又试探朝廷的态度，上表请求朝廷尽快任命大同军防御使，并说若李克用违命，自己请命亲自率振武镇兵进行征讨，终不能因为爱一子而有负于国家。

唐僖宗以前义昌节度使卢简方对李国昌父子有恩，便命他出任大同军防御使，并赐诏卢简方前往处置。诏书中首先表彰了李国昌的忠诚，说他"久怀忠赤，显著功劳"。又说朝廷待他亦不薄，"三授土疆，两移旄节，其为宠遇，实寡比伦"。接着对李克用进行了谴责，说"段文楚若实刻剥，自结怨嫌，但可申论，必行朝典。遽至伤残性命，刳剔肌肤（即凌迟处死），惨毒凭凌，殊可惊骇"。又说"若克用暂勿主兵务，束手待朝廷除人，则事出权宜，不足猜虑。若便图军柄，欲奄有（即全部占有）大同，则患系久长，故难依允"。表示出一种强硬的态度。

李克用拒绝卢简方入境，僖宗又任命卢简方为振武节度使，而升云中（大同军）防御使为节度使，以李国昌为使，以为李国昌以父临子，必无违抗之理。然而李国昌的目的本来就是要父子并据两镇，便拒不奉诏，撕毁了朝廷的任命书，又杀害监军，不受替代。李克用则使用起了当时藩镇逼迫朝廷承认部下夺权行为的一贯手法，四处出兵骚扰，攻陷遮虏军（今山西五寨西北四十里五王城），又东击宁武军（今河北怀来东南），西击岢岚军（今山西岢岚），南下焚烧唐林（今山西原平唐林岗）、崞县（今原平崞阳镇），进入忻州境内。

李克用的四处骚扰，导致了河东镇一系列的变乱。

先是，河东节度使窦浣为防御沙陀，一面征发百姓掘深太原的护城河，以加强太原城的防卫；一面又命令都押衙康传圭出任代州刺史，又发土团（类似民兵）一千人戍守代州，企图依靠雁门关天险来阻止李克用南下。结果土团兵行至太原城北后停顿不前，要求赏赐。当时太原府库空竭，窦浣派遣马步都虞候邓虔前往抚慰。土团刀剐邓虔，用床板抬着邓虔的尸体进入府衙示威。窦浣与监军亲自出来抚慰，发给土团兵每人钱三百、布一端，众人方才安定下来。

唐朝廷以窦浣无能，罢免之，以前昭义节度使曹翔接替河东节度使。然而曹翔不久在途中中风而卒。唐又以河东宣慰使崔季康兼太原尹、北都留守，充河东节度、代北行营招讨使，命其前往平定沙陀。乾符五年（878）十二月，崔季康和北面行营招讨使李钧与李克用战于岢岚军洪谷（今山西岢岚南部洪谷堡，一说今岚县北鹿径沟），官军大败，李钧中流矢而卒，崔季康父子也于次年一月被河东乱兵所杀。

唐朝廷不断更换河东节帅，先后以李侃、李蔚、康传圭为河东节度使。广明元年（880）二月，李克用率兵两万进逼太原，陷太谷（今山西太谷）。康传圭遣大将伊钊、张彦球、苏弘轸分兵于秦城驿拒之，为沙陀所败。康传圭怒，斩苏弘轸，引起张彦球部下哗变，倒戈攻入太原，杀康传圭。朝廷又派一位重量级的人物——宰相郑从谠兼任太原尹、北都留守，充河东节度等使，郑从谠恩威并用，诛杀乱首，由李克用所导致的河东一系列变乱始告一段落。

而在沙陀李国昌、李克用父子一方，乾符五年冬，吐谷浑首领赫连铎乘李国昌出师征党项之际，攻陷了李国昌担任的振武节度使治所单于都护府（今内蒙古和林格尔北土城子），举族为吐谷浑所掳。李国昌率五百骑兵归云州，结果云州守将叛变，拒关不纳。李克用攻略蔚州、朔州之地，得三千人，屯守神武川新城，回到他的出生之地。赫连铎又包围新城，昼夜进攻，李克用兄弟三人四面应战，危在旦夕。幸好其父李国昌自蔚州率军前来救援，赫连铎退走，李国昌父子合力，军势复振，继续与官军作战。

洪谷之战官军大败后，李克用的气焰更加嚣张。广明元年三月，唐朝廷以太仆卿李琢为蔚、朔等州招讨都统，统领东北面行营的李孝昌、李元礼、诸葛爽、王重盈、朱玫等诸部兵马以及忻州和代州的土团兵迎战沙陀军，战事才迎来了拐点。

是年六月，李琢与卢龙节度使李可举、吐谷浑首领赫连铎等连兵讨伐沙陀。赫连铎诱使李克用朔州守将高文集投降。在官军的强大压力下，沙陀三部落内部出现分裂，沙陀酋长李友金以及萨葛都督米海万、安庆都督史敬存等率众投降，并与唐官军一起，向李克用父子发起进攻。七月，李克用先后大败于药儿岭和雄武军，部下被杀一万七千余人，李尽忠、程怀信等一批拥戴李克用起兵的元老级将领战死。雄武军，一般认为在今河北兴隆或天津蓟州境内。不过，这里距离李克用活动的云、代、朔、蔚等州尚远，中间隔着卢龙节度使管辖的大片地盘。据2003年在河北宣化出土的晚唐苏子矜夫妇墓志，苏子矜与夫人王氏于唐武宗会昌四年（844）合葬于雄武军东三里原，则雄武军应在今宣化城东，这里也正是云中镇与卢龙镇的接壤处，李克用在这里与李可举相战，颇符合情理。药儿岭，胡三省说在雄武军西，当亦在今宣化一带。

接着，李国昌也大败于蔚州，部众皆溃，李国昌和李克用父子、宗族以及大将康君立等北逃阴山达靼。李克用不仅未能"旬日而定代北之地"，而且将朱邪执宜、朱邪赤心（李国昌）苦心经营数十年的地盘也丧失殆尽。与此同时，朝廷又杀掉了当时在长安供职也是作为人质的李国昌的两个儿子，李国昌的另一个儿子李克让在逃出长安后也被南山寺僧人所杀。这在沙陀的发展历史上，是一次近乎毁灭性的打击。

四、李克用北入阴山达靼

达靼（亦称达怛、鞑靼等）一名最早出现在唐代，是唐朝后期生活在今内蒙古中部阴山一带的一个部族。所以称作"阴山达靼"。关于它的来源，史学界有不同的看法。一种观点认为，室韦和达靼这两个名称在汉文史籍中可以互通互易，如唐人李德裕文集中所提到的"黑车子达靼"与《辽史》所见之"黑车子室韦"为同一部族的不同称呼。唐开元二十年（732）立于漠北地区的突厥文《阙特勤碑》中所见的"三十姓达靼"，即室韦的三十个部落。其中位于阴山地区的，便称"阴山室韦"。"阴山达靼"又被写作"阴山室韦"。

　　至于阴山室韦为何又被称作阴山达靼，论者认为这与回鹘人有一定的关系，即回鹘人称室韦为达靼，沙陀与回鹘关系密切，也就跟着回鹘人称室韦为达靼。而随着唐人与沙陀人关系的日益密切，室韦被称作达靼的情况也为唐人所知，并逐渐接受了对室韦人的这一称呼。于是在唐、五代及宋朝的文献中，便出现了"阴山达靼"的记载，而在《辽史》中，则依旧称为"阴山室韦"。

　　但是，宋人则大多认为达靼为靺鞨之后，如司马光《资治通鉴》卷二五三广明元年七月下，胡三省注引用宋人宋白的话说："达靼者，本东北方之夷，盖靺鞨之部也。贞元、元和之后，奚、契丹渐盛，多为攻劫，部众分散，或投属契丹，或依于勃海，渐流徙于阴山，其俗语讹，因谓之达靼。"李心传《建炎以来朝野杂记》记载得更为详细，其云靻靼（达靼）之先与女真同种，都是靺鞨之后。在元魏、北齐、北周之时称勿吉，至隋代始称靺鞨。并说靻靼位于长安东北六千里，东濒于海，分为黑水、白山等数十部。其中白山部起初臣属于高丽，高丽灭亡后并入渤海，之后又为奚、契丹攻散。其"居混同江（即黑龙江）之上者曰女真，乃黑水遗种也；其居阴山者自号为靻靼，唐末五代常通中国"。此外，程大昌《演繁露》中也讲道："达怛乃靺鞨也。"

　　不少学者认为所谓达靼源于靺鞨的说法是错误的，然而若按照室韦等同于达靼的说法，室韦最初的居住地在今黑龙江省、内蒙古东部以及俄罗斯远东一带地区，唐曾以室韦部落设置羁縻都督府，与奚、契丹及靺鞨相邻，因此宋白关于达靼从东北"渐流徙于阴山"的说法，或可资参考。

从史书记载的情况看，在唐德宗、宪宗时期，阴山一带确实出现了不少室韦人活动的记录，如德宗贞元年间（785—805），经常有奚、室韦、党项等部落侵犯振武军，他们"交居川阜，凌犯为盗，日入慝作（即日落之后开始作恶），谓之'刮城门'。居人惧骇，鲜有宁日"；宪宗元和年间（806—820），天德军一带的边民由于常常苦于室韦、党项部落的侵掠，军使不得不另筑新城，将三万余家居民迁移至城内。振武、天德即在今内蒙古中部阴山以南地区。这些记载恰恰可以与宋白达靼在贞元、元和之后，逐渐流徙于阴山的说法相互印证（依达靼为室韦别称说）。在今内蒙古包头市固阳县金山镇有一个叫作"沙陀国"的村庄，或认为这里就是当年李国昌、李克用父子逃亡达靼的地方。而位于包头市达尔罕茂明安联合旗境内的敖伦苏木古城遗址，是自称为沙陀李克用后人的蒙古汪古部活动的中心，当年的阴山达靼部落或许就活动于今固阳县和达茂旗一带。

达靼人与沙陀人的关系很好，他们经常一起出征作战，武宗会昌二年（842），达靼（室韦）与沙陀、吐谷浑等部落一起防备回鹘乌介可汗的南下；懿宗咸通九年（868），达靼部落又跟随朱邪赤心南下镇压庞勋起事。双方接触的机会越来越多，关系也就越来越密切。史称李克用曾有一次与达靼部人比试武艺，恰巧这时空中飞来一对雕，达靼人指着雕对李克用说："公能一发而中否？"李克用也不答话，随即弯弓发矢，一箭双雕，达靼人连连叫好，深为佩服。李克用后来曾说："阴山部落，是仆懿亲。"所谓"阴山部落"即阴山达靼，"懿亲"即至亲，说明双方关系之密切。

李国昌、李克用父子北投达靼后，最初受到了达靼人的热情欢迎与款待。但吐谷浑首领赫连铎欲斩草除根，独霸代北，便秘密派人以重金贿赂达靼首领，并挑拨离间，说李克用会吞并达靼人的部落，请求诛杀李氏父子。达靼首领一方面贪图赫连铎的钱财，更主要的是随着李氏父子久留部中，担心其真的会吞并自己的部落，遂渐生猜疑。

李克用敏锐地觉察到了这一点，于是他一面显示自己的武艺来震慑达靼部人，多次召集达靼豪右到野外射猎，或以马鞭、针锋、树叶作为目标，在百步之外骑马驰射，中之如神，达靼部人由是大为佩服，不敢窃发；一面又利用黄巢自江、淮北渡之机，"椎牛酾酒"（杀牛斟酒），宴请达靼首领。酒酣之际，袒露了自己的心迹，说："我父子为贼臣谗间，报国无由。今闻黄巢北犯江、淮，必为中原之患。一日天子赦免，有诏征兵，我与公等南向而定天下，此乃我之心愿。人生世间，怎么能终老于沙堆之中呢！"达靼人知道李克用父子无久留之意，便放下心来，释然无间，款待如初。这样，李克用在达靼度过了半年多寄人篱下的日子，他在等待着东山再起的机会。

第三章

镇压黄巢——李克用捞取政治资本

一、黄巢起义的爆发与李克用第一次南下

唐王朝号称中国历史上的鼎盛时期，到唐玄宗时，社会财富的积累达到了一个空前的程度，杜甫《忆昔》诗云：

忆昔开元全盛日，小邑犹藏万家室。
稻米流脂粟米白，公私仓廪俱丰实。
九州道路无豺虎，远行不劳吉日出。
齐纨鲁缟车班班，男耕女桑不相失。

然而即使是在这"开元盛世"，杜甫又写下了"朱门酒肉臭，路有冻死骨"的诗句。到天宝十四载（755），安史之乱爆发，经过长达八年的艰苦战争，唐王朝虽然最终平定了这场叛乱，却也从此走上了下坡路：统治阶级内部各种矛盾斗争，诸如藩镇割据、宦官专权、朋党之争，导致了政治的日

益黑暗和吏治的日益败坏；而统治者的生活越来越奢侈腐朽，致使国家财政困难，对百姓的剥削压迫也就越来越沉重，阶级矛盾日益尖锐；在对外方面，吐蕃和南诏不断进攻，唐王朝不能有效反击，在民族斗争中亦由攻势转向守势。这一切表明，唐王朝从它的强盛期走向了衰落。期间虽然有所谓的"英主"唐宪宗李纯的"中兴"，但也是回天无力，不能扭转王朝衰落的趋势。

如果说玄宗时期的安史之乱是唐王朝由盛而衰的转折点，那么懿宗时期开始的一系列农民起义就是唐王朝由衰而亡的转折点。

一般认为，唐末农民大起义是由裘甫领导的浙东农民起义拉开序幕的。裘甫起义是在唐大中十三年（859）十二月爆发的，"大中"是唐宣宗李忱的年号，虽然宣宗于这年的九月去世，其子懿宗李漼即位，但裘甫的造反无疑是由宣宗时期所积累的社会矛盾所引发的。

但是唐懿宗即位后，并未改弦更张，各种社会矛盾不仅没有得到缓和，反而继续加速激化，《全唐文》载有翰林学士刘允章上懿宗皇帝的一封《直谏书》，列举出当时百姓存在的"八苦"：一是官吏苛刻；二是私债征夺；三是赋税繁重；四是所由（即衙役）敲诈勒索；五是替逃人差科；六是怨不得理，屈不得伸；七是冻无衣，饥无食；八是病不得医，死不得葬。说老百姓"哀号于道路，逃窜于山泽，夫妻不相活，父子不相救"。老百姓实在无法继续生活下去了，于是到咸通九年（868）又发生了由徐州兵变而引发的农民起义。

到唐僖宗乾符年间，一场更大规模的农民起义终于爆发。

乾符元年（874），关东地区发生了大旱，夏粮只有一半的收成，秋粮几乎颗粒无收，贫苦百姓只好以草籽、槐叶为食。那些老弱病残者，甚至连草籽、槐叶也无力采集。而官府不仅不予以救济，反而强迫百姓缴租纳税，服差服役，动辄捶打鞭挞。百姓走投无路，便纷纷起来抗拒。乾符二年初，濮州（治今山东鄄城旧城镇）人王仙芝在长垣（今河南长垣）聚众反抗官府。不久，曹州冤句（今山东菏泽西）人黄巢响应，唐末农民大起义正式爆发。

农民军经过数年的南征北战，攻城略地，席卷了半个中国。他们先是从濮州由北向南进攻，先后攻克汝州（今河南临汝）、蕲州（今安徽蕲春）、抚州（今江西抚州）、江州（今江西九江）、饶州（今江西鄱阳）、杭州、越州（今浙江绍兴）、广州等地；在广州稍作休整后，又开始由南向北进攻，相继攻克潭州（今湖南长沙）、江陵（今湖北江陵）、信州（今江西上饶）等州府。在此期间，朝廷几度调兵遣将，软硬兼施，下令各地藩镇镇压农民军，王仙芝也曾动摇，准备接受朝廷的"招安"。但王仙芝的招安梦未能实现，反被唐招讨使曾元裕杀死，黄巢被部众推为首领，自称黄王，号冲天大将军。

广明元年（880）七月，黄巢大军自采石（今安徽马鞍山南长江东岸）北渡长江，一路向北，向着唐王朝的两个统治中心——东都洛阳和西京长安杀去。十一月十七日，黄巢军进入洛阳；十二月二日，攻克潼关；五日，占领长安，唐僖宗慌忙出逃成都。黄巢在长安建立了大齐农民政权，实现了其当年科举落榜后所作的那首诗——《不第后赋菊》中所憧憬的梦想："我花开尽百花杀""满城尽带黄金甲"。而唐王朝的统治阶级和统治秩序则遭到了沉重打击，正如当时人所作的一首《金统事》所描写的"自从大驾去奔西，贵落深坑贱出泥""扶犁黑手翻持笏，食肉朱唇却吃齑"。诗人韦庄的《秦妇吟》也写道："华轩绣毂皆销散，甲第朱门无一半。""内库烧为锦绣灰，天街踏尽公卿骨。"这也正应验了唐太宗经常所说的那两句话："天子者，有道则人推而为主，无道则人弃而不用。""舟所以比人君，水所以比黎庶，水能载舟，亦能覆舟。"

农民军的节节胜利，特别是黄巢军队攻克洛阳、长安后，引起统治者的极大恐慌，唐朝廷竭尽全力调集各地藩镇前来"勤王"，李克用也由此迎来了东山再起的机会。

从史料记载的情况看，在黄巢起义军攻占长安之前，唐朝廷就令河东监军使陈景思率代北军前来"勤王"，陈景思也曾率领沙陀诸部骑兵五千南下。但不久黄巢攻破长安，僖宗出逃成都，陈景思也就返回代北，继续招募军队，半月之间，募兵三万。

这些新招募的军士都是北边部族的部落兵，虽骁勇善战，却不懂军法，难以管控。于是早先投降唐朝廷的李克用族父李友金向陈景思建议召李国昌、李克用父子出山，说要想成大事，必须要有能服众之人，李司徒父子（李国昌曾被封司徒）雄武之略，为众所推。若急奏召还，"代北之人一麾响应，则妖贼不足平也"。陈景思深以为然，立刻上奏僖宗，请求赦免李氏父子。僖宗便以李克用为雁门节度使，令其率领本军进讨黄巢。陈景思携带朝廷诏令并率领五百名骑兵前往阴山达靼召李克用，这也便有了戏剧《珠帘寨》一幕。只是戏剧中将陈景思改名为"程敬思"；又将段文楚称作"段国舅"；把李克用杀害段文楚的地点由云州"斗鸡台"改在了长安"五凤楼"；还编造出程敬思往沙陀国借兵，李克用不肯发兵，程敬思乃通过李嗣源请出李克用的二位夫人刘银屏和曹玉娥来相劝的情节。其中刘银屏的原型即李克用的原配夫人刘氏，而曹玉娥的原型为李存勖生母曹太后，是在李克用进驻太原后方娶的，此时为时尚早。不过这并不影响其艺术成就与观赏价值，因为这毕竟只是戏剧，而不是信史。

清人王夫之在《读通鉴论》中评论说，李友金在广明元年（880）六月降唐时，就是李克用"遣李友金伪背己以降而为之内谋"，恐怕未必是事实。不过李友金希望沙陀势力再度复兴，这点是毫无疑问的，于是他利用了为朝廷平乱的机会，名正言顺地招兵买马，聚集力量，最后又顺理成章地请李克用出山，因为正如他本人所说，李克用父子"雄武之略，为众所推"，所以他把沙陀复兴的希望寄托在李克用父子身上。而唐朝廷急于"平叛"，也就赦免了不久前还在征讨的叛乱头子。于是中和元年（881）五月，李克用率领阴山达靼诸部一万人赶往雁门（即代州）。这是李克用的第一次南下。

二、李克用第二次南下与黄巢起义失败

据史籍记载，李克用在中和元年（881）五月自达靼南下后，曾一度到达太原，与河东节度使郑从谠有过一些交集，郑从谠曾犒劳其军，给其资粮。至六月，李克用返回代州，之后便没有了下文。直到中和二年十一月，即事隔一年零八个月后，史书才有了后续记载，如《旧唐书·僖宗纪》载道：中和二年"十一月，沙陀李克用监军陈景思以部落之众一万七千骑自岚、石州路赴河中"。这是李克用的第二次南下。

旧史多将李克用停滞不前的责任推到郑从谠身上，说郑从谠堵塞石岭关，阻挡了李克用的南下之路，其实这是一种误解。石岭关在太原北部的忻州境内（今山西阳曲县东北），李克用既然已经到达了太原，那么郑从谠即使是堵塞石岭关，也不能阻碍其南下的道路。何况对唐朝廷忠心耿耿的郑从谠，怎么会阻止李克用去南下"勤王"呢？

事实上李克用之所以停滞不前，主要是因为唐朝廷任命其为雁门节度使，不过是一张空头支票，"令讨贼以赎罪"，而并没有落到实处。李克用不得不亲自率兵攻陷忻、代二州，又攻蔚州，争岚州，数次侵掠并、汾，争楼烦监，试图通过武力为自己争取一个地盘，哪里还能有心思去"勤王""讨

贼"呢？

从唐朝廷方面来说，虽然在中和元年三月就接受了李友金、陈景思起用李克用父子的建议，但朝廷对此的态度并不是很积极，甚至内部还可能存在很大的分歧，因为沙陀自镇压庞勋后，居功自傲，给唐王朝的统治带来许多麻烦，特别是段文楚事件后，与唐朝廷展开了长达数年的战争，朝廷好不容易才击败李氏父子，解除了代北一患，因此在不到万不得已的情况下，是不会再轻易招引沙陀的。况且到中和二年（882）四月间，唐政府军形成了对黄巢军的包围，黄巢军势日益收缩，号令不出同、华二州，唐朝廷以为胜利指日可待，所以对李克用的停滞不前，也就迟迟未予理睬。

然而，唐政府军尽管在中和二年四月就已形成了对黄巢军的包围，但从晚唐以来，藩镇军队虽然在本节镇内愈来愈骄贵，可以"变易主帅，有同儿戏"，但在对外征战中，却愈来愈表现出无能、怯懦的一面，"诸军皆畏贼，莫敢进"。再加上各藩镇都心怀鬼胎，想保存实力以备日后的争夺，所以都在互相观望，并不主动出击，以至唐的东面招讨使王重荣深表"忧之"，对大宦官监军杨复光说："臣贼则负国，拒战则兵微，今日成败，未可知也。"连唐军统帅都感到"今日成败，未可知也"，甚至萌发了"臣贼"的念头（事实上也一度"臣贼"），可见形势之严峻。正是在这种情况下，由王重荣、杨复光发起，起用沙陀兵力的主张再次提到了议事日程上来。

而从李克用方面来说，其在代北地盘争夺中也并未捞到多少好处，河东郑从说、振武契苾璋、云中赫连铎甚至天德、卢龙都联合起来对付他，使他四面受敌。而唐朝廷也向他发出了"若诚心款附，宜且归朔州俟（等待）朝命；若横暴如故，当与河东、大同军共讨之"的严重警告。于是经过一番讨价还价之后，遂有了中和二年十一月李克用率军南下的行动。

中和三年（883）正月，王铎承制任命李克用为东北面行营都统，从此，唐政府军与黄巢农民军的战斗便以李克用为中心而展开。李克用凭借自己的军事才能特别是代北部落兵骁勇善战的优势，迅速使战局得到了根本性的改变。李克用的军队都身穿黑衣，故被称作"鸦儿军"。史称黄巢军每看到李克用军至，便惊呼："鸦儿军至，当避其锋。"以李克用代北军作为主力的唐军先后败黄巢军于长安周围的沙苑、梁田陂、华州、零口、渭南等地，同年四月十日，黄巢被迫撤出了长安。

黄巢撤出长安后，率军转战至今河南一带，他围陈州（今河南淮阳）近一年，并对自己的原部将、后降唐被任命为宣武军节度使的朱全忠形成一定的威胁。中和四年（884）四月，李克用又应朱全忠等人的请求，率蕃汉步骑五万南下，继续追击黄巢，先后破黄巢军于太康（今河南太康）、西华（今河南西华）、封丘（今河南封丘）、冤句（今山东菏泽西）、济阴（今山东定陶西）等地。直至黄巢死后，首级还是落入了沙陀人的手中。

李克用在镇压黄巢农民军中的主要"功绩"，在于他打破了唐政府军与黄巢军长期对峙的局面，迅速击败了黄巢军主力，迫使其退出长安，唐僖宗得以还京。如果说在镇压庞勋时，朱邪赤心率领的三千名沙陀骑军只是起到了先锋军的作用的话，那么在镇压黄巢农民军中，李克用的三四万代北军则起到了主力军的作用。所以唐军收复长安后，杨复光在向唐僖宗所上的告捷书中称："伏自收平京阙，三面皆立大功，若破敌摧凶，李克用实居其首。"司马光在《资治通鉴》中亦说："克用时年二十八，于诸将最少，而破黄巢，复长安，功第一，兵势最强，诸将皆畏之。"

三、坐镇河东——李克用建立割据统治

中和三年（883）七月，李克用因镇压黄巢农民军功而被唐朝廷任命为河东节度使，晋爵陇西郡公。按照唐代的封爵制度，郡公是第四等的爵位，其上有亲王、郡王、国公三级。李克用在前往代州省亲看望父亲李国昌后，于八月抵达太原。虽然在李克用之前，其父李国昌就做到了藩镇节度使，但并没有形成稳固的割据统治，所以我们将李克用出任河东节度使，作为中原沙陀政权的开始。

河东镇是一个老牌藩镇，为唐王朝在安史之乱前所设置的边境十藩镇之一，其主要职责是与朔方镇形成掎角之势，共同防御北方游牧民族的南下侵扰。早期曾领有太原府（即

并州）及石（治今山西离石）、岚（治今山西岚县东北）、汾
（治今山西汾阳）、沁（治今山西沁源）、辽（亦称仪州，治今
山西左权）、忻（治今山西忻州）、代（治今山西代县）、云
（治今山西大同）、朔（治今山西朔州）、蔚（治今山西灵丘，
后移治今河北蔚县）等十一府州，以及天兵、大同、横野、
岢岚、云中等军事机构。武宗会昌三年（843），云、朔、蔚
三州分离出去后，河东长期领有太原府以及石、岚、汾、沁、
辽（仪）、忻、代等八府州，大体相当于今山西省中部一带地
区。节度使治所太原，亦称晋阳，因位于晋水之北（阳）而
得名，故址在今太原城南晋源区罗城村至东城角村和西城角
村一带。

　　唐代晋阳城的建制规模颇为宏大，据《新唐书·地理志》
等史籍记载及考古发掘研究，晋阳自武则天天授元年（690）
命名为北都（又称北京），分为东、中、西三城。其中西城在
汾水之西，包括太原府城和晋阳县城，合称并州城，是太原
城的核心部分，里面又包括晋阳宫（新城）、大明城、仓城，
为城中之城；东城在汾水之东，为太原县城，为贞观十一年
（637）长史李勣所筑；中城则在东、西两城之间，跨汾水连
接东、西两城，为武则天时所筑。《新唐书·地理志》记载北
都城长四千三百二十一步，宽三千一百二十二步，周长一万
五千一百五十三步，高四丈。唐代一步大约相当于现在一米
五。而李吉甫《元和郡县图志》则记载太原府城"周回二十
七里"，与《新唐书》大约相同，规模相当可观。

河东镇的地理位置十分重要，五代后周太祖郭威曾说："河东山川险固，风俗尚武，土多战马，静则勤稼穑，动则习军旅，此霸王之资也。"清人顾祖禹在《读史方舆纪要》一书中总结得更为全面到位，其云：

> 山西之形势，最为完固。关中而外，吾必首及夫山西。盖语其东则太行为之屏障，其西则大河为之襟带。于北则大漠、阴山为之外蔽，而勾注、雁门为之内险。于南则首阳、底柱、析城、王屋诸山，滨河而错峙，又南则孟津、潼关皆吾门户也。汾、浍萦流于右，漳、沁包络于左，则原隰可以灌注，漕粟可以转输矣。且夫越临晋，溯龙门，则泾、渭之间，可折箠而下也。出天井，下壶关、邯郸、井陉而东，不可以惟吾所向乎？是故天下之形势，必有取于山西也。

虽然唐代的河东镇并没有包括了清代的整个山西省在内，却也涵盖了大部分地区。而顾氏对于河东节度使治所太原的描述，则云："府控带山河，踞天下之肩背，为河东之根本，诚古今必争之地也。……李白云：太原襟四塞之要冲，控五原之都邑。是也。"所谓"四塞"，即东阻太行、常山，西有蒙山，南有霍太山、高壁岭，北扼东陉、西陉关。而此处之"五原"，泛指太原周边的平原，而非今内蒙古五原县。

诚然，从总体上说，在古代农业社会的和平年代，河东山多地少的地理地貌在发展经济上并不占优势，史书也多有河东地区"地脊民穷"的记载。但在唐末五代那样战乱频仍的时期，河东地区山川险固、"踞天下之肩背"的地形地貌，对于周边河北、河南和关中地区来说，的确形成了一种居高临下、易守难攻的军事地理优势。况且太原作为唐王朝的"北都""龙兴之地"，其在政治上也具有崇高的地位。

李克用上任河东时的官衔全称是："检校司空、同平章事，兼太原尹、北京留守，充河东节度、管内观察处置等使"，一大串的头衔。其中"司空"为唐代三公之一，位高而无实权，只是一种身份、地位的象征；"同平章事"虽为宰相职务，但在晚唐五代，朝廷为了笼络地方藩镇，往往给一些强藩大镇或立有功劳的节度使加上这一类的头衔，称作"使相"，级别很高，却并不行使宰相的权力，同样是一种身份、地位的象征；"太原尹"是太原府一地的长官；因太原是唐王朝的北都，所以又有"北京留守"一职。而"河东节度、管内观察处置等使"，才是真正的权力所在，即他是河东镇及所辖各州、府的最高军事、行政长官。之后，李克用又相继夺取了昭义镇、收复了代北地区，从而使他的统治范围扩大到了今山西的大部分地区（缺西南一块）以及河北西部、内蒙古中部的部分地区。在这一地区内，除河东节度使外，尚设有昭义、振武、大同以及代北等节镇。

作为一个老牌藩镇，河东节度使自然也形成了一个以牙兵为首的"父子相继""亲党胶固"的军人集团。他们的骄横不法，也丝毫不亚于河朔藩镇的牙军，如上所述，乾符年间，河东牙兵曾相继杀害主帅崔季康、康传圭，此外，《资治通鉴》记载了乾符六年（897）五月河东牙兵内部发生的一次相互残杀事件：

> （河东）牙将贺公雅所部士卒作乱，焚掠三城，执孔目官王敬送马步司。节度使李侃与监军自出慰谕，为之斩敬于牙门，乃定。……河东都虞候每夜密捕贺公雅部卒作乱者，族灭之。丁巳，余党近百人称"报冤将"，大掠三城，焚马步都虞候张锴、府城都虞候郭昢家。节度使李侃下令，以军府不安，曲顺军情，收锴、昢斩于牙门，并逐其家；以贺公雅为马步都虞候。锴、昢临刑，泣言于众曰："所杀皆捕盗司密申，今日冤死，独无烈士相救乎！"于是军士复大噪，篡取锴、昢归都虞候司。寻下令，复其旧职，并召还其家；收捕盗司元义宗等三十余家，诛灭之。己未，以马步都教练使朱玫等为三城斩斫使，将分兵捕报冤将，悉斩之，军城始定。

马步司是掌管鞫讼刑狱的衙门，即相当于后来的军事法庭，都虞候则为其长官，但在牙军的压力下，节度使也不得不"曲顺军情"，拟将其收斩于牙门，并驱逐其家，只是后来事态发生变化，张锴、郭昢才免于一死。河东牙军的骄横可见一斑。而这里连续出现的"焚掠三城""大掠三城""三城

斩斫使"中的"三城"，就是前面提到的太原东、中、西三
城。

郑从谠任河东节度使时，曾对河东牙军进行了一番整治，
其骄扈行为有所收敛，但也不可能完全服服帖帖。因此，如
何驾驭和治理桀骜不驯的原河东牙军，是摆在李克用面前的
第一个重要问题。

不仅如此，如上所述，段文楚事件后，河东是唐朝廷讨
伐李克用父子的主要力量之一。之后，李克用又一再侵扰河
东，与河东发生多次军事冲突，双方都有一定的仇恨心理。
李克用在上任前夕，恐人心不安，曾发榜告示河东军民，让
他们"勿为旧念，各安家业"。因此，如何消除代北人与河东
人彼此间的敌意与隔阂，取得河东人的信任，这是摆在李克
用面前的又一个重要问题。

事实证明，李克用在上述两个问题上处理得非常成功，
他通过整顿牙军、收养义儿、任用士人、与汉族士族联姻等
种种手段，不断协调各方面的关系，扩大统治基础，经过二
十多年的反复与努力，终于建立起了一个以牙军为基础、朱
邪李氏为首脑、沙陀三部落为核心、代北人为骨干，包括河
东人及其他外来人员在内的蕃汉联合统治政权，不仅稳固了
在河东的统治，也为后来后唐王朝的建立奠定了基础。

第四章

代北集团——沙陀政权统治的主要社会基础

一、李克用的牙军

李克用自中和三年（883）上任河东后，在不断向外扩张的同时，也在积极加强和巩固内部的统治，组建起了一个以牙军为支柱的统治集团。

所谓"牙军"，也称"衙军"，是藩镇节度使的亲兵或卫兵。其名称的由来是：唐代节度使所居之城因建有牙旗（旗杆上饰有象牙的大旗），故称牙城，而节度使官署称为使牙或使衙，于是保护牙城与使牙的军队便称作牙军或衙兵了。与牙军相对应的，则是外镇兵，即驻守在节度使治所（会府）之外各州县或军事要地的军队。

牙军的职责除了保护牙城和使牙外，到后来也成为藩镇对外作战的主力，甚至一些军事要地也派牙军去戍守。他们都以当兵为职业，是职业军人，早已不习农桑之业，皆成父子之军。唐末五代是一个武人占主导地位的社会，所谓"枪杆子里面出政权"，所以牙军也就成为藩镇特别是那些跋扈割据藩镇统治的主要社会基础，得牙军拥护者，便为将为帅；而失牙军拥护者，则被杀被逐。"兵骄则逐帅，帅强则叛上""天子，兵强马壮者当为之，宁有种耶"是唐末五代武人政治的真实写照。

李克用河东牙军的组成，首先应该提到的是其南下镇压黄巢时所率领的代北部落蕃兵。当年李克用南下，从阴山达靼借兵一万。而李友金在代北招募的三万军士，最后也归到李克用麾下。这样，《资治通鉴》中和二年十二月纪事中说"李克用将兵四万至河中"，是可信的。战争中当然有伤亡，所以李克用进驻太原时所率的代北军在三万左右。

李克用河东牙军的第二个组成部分，是河东原有的牙军。河东作为一个老牌藩镇，在天宝年间有兵力五万五千人。安史之乱后，河东作为遏制河朔藩镇的重要堡垒，继续保有一支强大的军事力量，唐宪宗元和十四年（819），李德裕甚至说河东有"精甲十万"。唐中后期，河东经历了一系列的变乱，实力锐减。但作为一个老牌大镇，即使衰落恐怕也会有两三万甚至更多的军队。郑从谠离开河东时，虽带走一部分牙军，如大将张彦球就跟随郑从谠到朝廷任职，但绝大部分牙军继续留在了河东。郑从谠在离任前，曾以监军使周从寓知兵马留后事，书记刘从鲁知观察留后事，告诫他们要"俟面李公，按籍而还"，即等见到李克用，向其交代清楚兵民户籍等事项后再返还，牙将贺公雅便继续留在了河东。中和四年（884）二月，李克用应朱全忠等人之请，"率蕃、汉之师五万"南下解除陈州之围。这"蕃、汉之师五万"中，除去约三万代北军，其余主要就是原河东牙军了。

李克用河东牙军的第三个组成部分，是其进驻太原后新招募的一些包括河东、河北、河南、关中等地的无业游民和骁勇之士。如李克用的义儿李存贤，许州（今河南许昌）人；李存审，陈州宛丘（今河南淮阳）人。部将张遵海，魏州（今河北大名）人；李周，邢州内丘（今河北内丘）人；张廷蕴，宋州襄邑（今河南睢县）人；杜汉徽，京兆长安人；刘训，隰州永和（今山西永和）人；袁建丰，华州华阴（今陕西华阴）人等。不过，这一部分人所占比例不大。

这样，李克用的河东牙军，从地域上看，大体由代北人、河东人和外来人员三部分组成；而从族属上看，则是以沙陀三部落为核心，融合了突厥、回鹘、吐谷浑、契苾、奚、达靼等"五部之众"以及汉人等多种民族成分在内。所谓"五部之众"，或称作"五部之人"，是泛指除沙陀三部落以外的代北其他蕃胡部落，用当时人的话讲，就是"杂胡"或"杂虏"，包括了前面提到的诸族在内。

笔者曾经对李克用时期部分牙将的出身作过一些统计考察，在出身比较明确的七十人中，代北人有四十五人，占总人数的百分之六十四点多，而且许多高级将领都由代北人担任。《旧五代史·唐武皇纪》记载说：李克用"亲军万众，皆边部人"。同书《唐庄宗纪》亦云："武皇起义云中，部下皆北边劲兵。"这里的"边部人""北边劲兵",都是指代北人。此外,宋人王钦若等编纂的《册府元龟》,列有《将帅部·佐命》一门,其中记载的后唐"佐命"将帅共计二十六人,而代北人就占了二十人之多。在非代北人的六人中,李嗣昭和李存审又都是李克用的义儿,而且李嗣昭自幼就跟随在了李克用的身边。

李克用的河东牙军有许多军号,如决胜军、铁林军、横冲军、突骑军、亲骑军、突阵军、五院军、飞骑军、雄威军、万胜黄头军、厅直军、匡霸军、马前直军、飞腾军、义儿军等,这也是唐末藩镇牙军中的一种新变化。每一军都设有军使或指挥使等军将,上面则有马军都指挥使、步军都指挥使、马步都指挥使、马步都虞候、蕃汉马步军总管等高官,一级一级,最后兵权集中到李克用本人手里。李存勖建立后唐王朝后,李克用时期的河东牙军也就变成了后唐禁军的主体,如铁林、横冲、突骑、突阵、五院、厅直、匡霸、马前直、飞腾等军,也都是后唐禁军的军号。之后后晋、后汉、后周的禁军,又都与后唐的禁军有着一脉相承的关系。

在李克用河东政权和后唐王朝中,出现了许多带有"蕃汉"字眼的军职,如"蕃汉马步总管""蕃汉马步军都指挥使""蕃汉马步都知兵马使""蕃汉内外都知兵马使""蕃汉马步都虞候""蕃汉马步都校""蕃汉马步都部署""蕃汉马步军都排阵斩斫使""蕃汉都提举使""蕃汉兵马都孔目官"等等,这是在其他藩镇即使是河朔三镇中也都不曾看到的。这些带有"蕃汉"字眼军职的出现，无疑反映出李克用河东军和后唐禁军中蕃胡族人大量存在的事实，而这些蕃胡族人主要来自代北地区，因此在许多时候，人们都将李克用的河东兵径自称为"沙陀军"。

关于河东的"沙陀军"，《新五代史·氏叔琮传》还记载了这样一件有趣的事：

朱全忠征服河中后，以部将氏叔琮任晋州刺史。李克用派李嗣昭等攻打晋州州治临汾，氏叔琮从汴军中挑选了两名"深目而胡须"的壮士，在襄陵道旁假装牧马。晋兵把他们当成是自己人。二人便混迹入晋军当中，然后乘晋兵不注意，擒获两名晋兵而归。晋人发现后大惊，以为有伏兵，遂退屯于蒲县（今山西蒲县）。可见具有胡人特点的"深目而胡须"，已经成为河东兵的特点或标志。

而在李克用的一系列重大军事行动中，往往也是代北人在起关键作用。如文德元年（888），李克用应李罕之请求，派康君立、李存孝、薛阿檀、史俨、安金俊、安休休等率大军助李罕之夺取河阳；大顺元年（890）唐朝廷讨伐河东，河东率军抵抗的主要将领是李存孝、康君立、薛铁山（即薛志勤）、李承嗣等；乾宁二年（895）李克用入援河中并进而左右唐室，主要将领为李存贞、史俨、李存信、李存审、盖寓、李罕之等；特别是天复元年（901）、二年朱全忠向太原发起大规模进攻时，关键时刻又是李嗣昭、周德威、李存信、李存璋、李嗣源、李存审、李克宁等人率军作战并保住了太原城；李克用晚年与梁军争夺潞州，派出的将领除昭义节度使李嗣昭、副使李克修之子李嗣弼外，又有蕃汉都指挥使周德威、马军都指挥使李嗣本、马步都虞候李存璋、先锋指挥使史建瑭、铁林都指挥使安元信、横冲指挥使李嗣源、骑将安金全等。上述诸将，除李罕之、李存审外，均为代北人。

以上种种情况表明，李克用的河东牙军，是以代北人为基础和骨干建立起来的，所以我们将其称之为"代北集团"，这是李克用统治的主要社会基础，也是后唐、后晋、后汉以及北汉小朝廷统治的政治、军事基础，甚至后周乃至北宋王朝，亦与这个集团有着一脉相承的关系。当然，代北集团并非铁板一块，随着一次次的皇权更替，统治集团重新组合，它也在一次次分化、演变，代北人的地位在逐步下降，而河东人、河北人、河南人的地位在逐渐上升。到宋朝建立后，随着"重文抑武"政策的推行，代北集团也因失去存在环境而从政治舞台上消失。

二、朱邪李氏家族

同历代封建王朝以及唐代的割据藩镇一样，李克用在河东也力图建立一个"家天下"式的独立王国，除了李克用本人充当了这个王国的最高统治者外，也尽量利用家族中的其他成员分掌要害，实行家族统治。

中和三年（883）李克用上任河东时，他的父亲李国昌尚在世。不过李国昌并没有到太原去享清福，而是驻守在代州，担任了代州刺史、雁门以北行营节度、忻代蔚朔等州观察处置等使等职，为李克用分担着把守河东北部门户的重任，直至去世。当时云州尚在吐谷浑人赫连铎的手中，代州位于太原与云州之间，是李克用进攻或防御吐谷浑的重要堡垒和通道。

除李国昌之外，李克用的父辈在史上留名的还有李尽忠、李友金、李德成等人。如前所述，李尽忠是"斗鸡台事变"中推举李克用上台的主谋之一，后死于唐朝廷对沙陀的讨伐中；李友金曾在唐朝廷对沙陀的讨伐中降唐，后又建议唐朝廷自阴山达靼召李克用父子出山，虽一度有愧于李克用父子，却也将功补过，最后下落不明；李德成曾随从朱邪赤心参加了镇压庞勋的战争，以功授朔州刺史，后来也不知所终。此外，据《新唐书·沙陀传》，朱邪赤心在镇压庞勋时，曾"与官军夹击，败之。其弟赤衷以千骑追之亳东"。此"赤衷"，或许是李德成，或许是李克用的另外一个父辈。总之，李克用的父辈在李克用掌控河东后，除其父李国昌之外，再没有活跃在政治舞台上者。

李克用的兄弟辈在史上留名的则有李克俭、李克勤、李克让、李克恭、李克柔、李克宁、李克修、李克章等人。其中，李克俭、李克让死于段文楚事件中或黄巢起义战争中，史籍对此有不同记载；李克勤在中和四年（884）上源驿事件后，曾被李克用派遣"以万骑屯河中"，可见拥有一定的兵权。此外又有在天祐元年（904）担任宗正卿充按行使的记录，《全唐文》载有钱珝《授宗正卿嗣郑王逊大理卿李克（助）[勤]宗正卿等制》的一篇制文，李国昌当年被赐予李唐国姓，就是编入郑王属籍的；李克柔曾担任过代州刺史，但时间不详；李克章只有在"斗鸡台事变"后，李国昌令其与李克用合诸部兵，南侵忻、代之地一例，一说其死于乾符五年（878）十二月的洪谷之战中。因此，李克用的兄弟辈宗族成员中，在其统治河东时留有较多事迹的，只有李克修、李克恭和李克宁三人。

李克修为李克用的堂弟，李德成之子。《旧五代史·李克修传》称其从少年时起就善骑射，跟随父亲征战。李克用节制雁门，以李克修为奉诚军使。李克用入关镇压黄巢，以李克修为前锋，破黄巢弟黄揆于华阴，败尚让于梁田坡，最后追逼黄巢于光顺门，每战皆捷，可见是一员勇将。中和三年（883）李克用节制河东后，任李克修为左营军使。同年十月，李克修率军平潞州，李克用即表奏其为昭义节度使，在镇七年，颇得好评。

史称李克修生性节俭，不事奢靡，李克用到潞州视察时，嫌其上供的物品简陋，招待不周，便诟骂并鞭笞了他。李克修因受羞辱而发病，于大顺元年（890）三月卒于潞州府第。李克修有二子，长子嗣弼，初授泽州刺史，历昭义、横海节度副使，海州刺史等职；次子嗣肱，少有胆略，屡立战功，夹城之役，随周德威为前锋，以功授三城巡检，知衙内事。

不过这些都已经是李克用以后的事了。

李克恭为李克用的同父异母弟。李克用节制河东，任为决胜军使。李克修死后，代为昭义节度使。与李克修的秉性节俭、不事奢靡相反，李克恭骄横不法，又不熟悉军政，上任后不久，即被潞州牙将安居受所杀。

事情的经过是这样的：

李克用平定邢、洺、磁三州后，准备对河朔藩镇用兵，遂积极扩充兵力。昭义镇有一支精锐的部队称"后院军"，李克恭便选取其中尤其骁勇的五百人献于李克用，令牙将李元审和小校冯霸押送太原。当行至铜鞮县（今山西沁县故县镇）时，冯霸劫持众人反叛，掉转头来一路南下，沿途不断有人加入，及至沁水（今山西沁水），有众三千。李克恭令李元审率兵击之，反被冯霸所败，李元审受伤，回归潞州。军使安居受对李克恭献后院军给李克用本来就极不高兴，于是乘李克恭去看望李元审之际，纵火将李克恭、李元审烧死。李克恭在三月上任，至五月遇害，为时两月。

李克宁为李克用最小的兄弟，李克用云中起兵时，他任奉诚军使。李克用与赫连铎和李可举争战，及后来投奔达靼，南下破黄巢，李克宁都从行。李克用镇太原后，李克宁历任云州防御使、马步军都将等职。天祐初，授内外都制置、管内蕃汉都知兵马使、振武节度使。史称李克宁为人仁孝，在诸兄弟中最为贤达，事奉李克用亦小心谨慎，毫不松懈，军中之事无大小皆参与决断，是河东镇仅次于李克用的第二号人物。关于他的事迹，后面还将叙及。

在李克用的子侄辈中，除了继袭晋王位的李存勖外，在史籍中留下些许事迹的还有落落、廷鸾、存矩三人。

落落是李克用的长子，在乾宁三年（896）李克用同朱全忠的一场战斗中被朱全忠俘获，然后朱全忠送交魏博节度使罗弘信杀害，其当时担任的职务是铁林指挥使。关于此事，《资治通鉴》卷二六〇乾宁三年载道：

> 李克用攻魏博，侵掠遍六州。朱全忠召葛从周于郓州，使将兵营洹水以救魏博，留庞师古攻郓州，六月，克用引兵击从周，汴人多凿坎于陈前，战方酣，克用之子铁林指挥使落落马遇坎而踬（即绊倒），汴人生擒之；克用自往救之。马亦踬，几为汴人所获；克用顾射汴将一人，毙之，乃得免。克用请修好以赎落落，全忠不许，以与罗弘信，使杀之。克用引军还。

落落，《资治通鉴》只记载其为李克用之子，而《旧五代史·唐武皇纪》明确记载说："落落，武皇之长子也。"

廷鸾的事迹也只见到一例，即天复二年（902）三月，朱全忠再次发大军进攻河东时，在河东军大营中俘获了李克用之子廷鸾，廷鸾当时担任什么职务尚不清楚，不过他是李克用安插在牙军中的一个军将，这一点是没有问题的。

李存矩的名字曾出现在《李克用墓志》中，其事迹的出现则已经到了其兄李存勖做晋王的时候，据《旧五代史·卢文进传》记载：当初，李存勖获得卢龙镇山后八军，以爱弟存矩为新州团练使总领之。到李存勖与梁将刘鄩对阵于莘县时，命李存矩于山后招募劲兵。李存矩集合了五百名骑兵，令卢文进率领，与自己一起出发南下。行至祁沟关（在今河北涿州西南），军士哗变，杀李存矩于驿馆榻下。据《资治通鉴》的记载，此事发生在后梁贞明三年（917）二月。而李存勖得山后八军，是在后梁乾化二年（912），因此李存矩在李克用时期或已见用，也未可知。

还有一位李存贞，早在中和三年（883）李克用镇压黄巢时就见诸记载，即同年正月，李克用将李存贞败黄巢将黄揆于沙苑。之后，乾宁二年（895）六月，李克用入关中讨伐王行瑜、李茂贞、韩建时，进军渭桥，遣其将李存贞为前锋。十月，河东将李存贞败邠宁军于梨园北，杀千余人。以上三条材料均出自《资治通鉴》，李存贞分别以"李克用将""河东将"的身份出现。不过在《旧唐书·昭宗纪》乾宁二年八月壬寅记事中，则明确记载李存贞为李克用之子，其云："李克用遣子存贞奉表行在，请车驾还宫。"只是此处之"子"是养子还是亲子，尚不清楚，兹放在这里存疑。

从史料显示的情况看，李克用其余诸子还有存霸、存美、存礼、存渥、存义、存确和存纪等，而据《李克用墓志》，李存勖的亲弟就有二十三人之多，其中以"存"字排序的还有存贵、存顺、存范、存规、存璨。不过他们在李克用在世时大都年纪尚幼，到李存勖时期始封王并领节度，然而除存义外，多留在京师洛阳，不过是食俸禄而已。

但是，家族的力量毕竟是有限的，况且朱邪李氏族人从段文楚事件后因屡遭唐朝廷以及卢龙镇、吐谷浑赫连铎等势力的打击而死伤惨重，人丁衰落。于是，李克用便企图通过大量蓄养义子、制造假拟的血缘关系的方式，来加强统治集团的凝聚力，以巩固他的统治地位了。

三、李克用的义儿

义儿又有义子、养子、假子等不同称呼，也就是一种虚拟的没有血缘关系的父子关系。收养义儿之风在中国历史上久已有之，一般是为了传宗接代，延续香火。但从汉末特别是隋唐以来，收养义子便有了一种新的含义，即它不再是为了传宗接代，而是成为当权者培植亲信力量的一种手段，著名者如唐代安禄山养同罗、奚、契丹曳落河（即壮士）八千人为假子。及至唐末，藩镇节度使几乎都有数量不等的义儿养子，养子成为节度使凝聚集团力量的一个重要手段。

李克用也收养了不少义儿，史书记载有一百多人，而且他还成立了一支"义儿军"，作为贴身亲军。李克用的义儿以"嗣"字或"存"字排序，旧小说中李克用有十三太保，大多数为义儿。在《新五代史·义儿传》中，被列传的义儿有李嗣昭、李嗣本、李嗣恩、李存信、李存孝、李存进、李存璋、李存贤等八人，他们都是"衣服礼秩如嫡"，也就是同亲子一样的待遇。李嗣源因后来做了皇帝，李存审（即符存审）因家族在宋代出了皇后，故没有被欧阳修列入《义儿传》，如再加上二人，则为十人。当然这也不是全部，如史书记载李建及曾典义儿军，及赐姓名，因此一般也将之列入义儿中。此外，在史上留名的义儿还有李存颢和李存实等人。而所谓十三太保中的史敬思、康君立并非李克用的义儿。

欧阳修说，李克用起于云、朔之间，所得骁勇之士，多养以为子，而与英豪战争，成就霸业，诸养子功劳居多，并说养子们"麾下皆有精兵"。从以上列举的十多位养子（义儿）看，他们都有在会府牙军中任职的经历，即使到地方州府任职，也都是手握兵柄。如李嗣恩，初补铁林军小校，后历任突阵指挥使、左厢马军都将；李嗣本，初为义儿军使，后历任威远、宁塞军使、马军都将、代州刺史；李嗣源，任横冲都军使；李存信，官至蕃汉马步都校；李存进，初署为牙职，后历任义儿军使、石州刺史；李存璋，累管万胜、雄威等军，后改义儿军使、泽州刺史；李存贤，初为义儿军副兵马使，后历任蔚州等州刺史、卢龙节度使；李存审，初为义儿军使，后历任左右厢步军都指挥使、蕃汉马步都指挥使；李建及，初以功署牙职，典义儿军；等等。所以，义儿是构成李克用军事统治集团的重要组成部分。

在李克用所有义儿中，最著名者莫过于李存孝。

李存孝本姓安，名敬思，蔚州飞狐（今河北涞源）昭武九姓胡人。后被李克用收为义子，赐姓名。长大后，骁勇善战，冠绝一时，常率领骑兵充当先锋，战无不胜。史称李存孝每上战场，都身穿重铠，携带硬弓长矛，又带着两匹战马随行，换马战斗，上下如飞。他使用一种名叫铁楇的兵器，冲锋陷阵，万人难挡，其勇猛堪比三国的张辽、甘宁。

李存孝在战场上最精彩的一次表现，是在大顺元年（890）唐朝廷讨伐河东镇时，活捉了唐的招讨副使孙揆和朱全忠的骁将邓季筠，从而为河东镇的获胜立下了头功，这在后面予以介绍。然而此次战争却也埋下了他灭亡的根由。

李存孝自以为建立大功，能得到昭义节度使的位子，但李克用却将这一位置给了康君立，心里自然老大不快，由是"父子"间产生裂痕，史称其"愤恚（即恼恨）不食者数日，纵意刑杀，始有叛克用之志"。再加上在他与李存信的争斗中，总感到李克用偏袒李存信，于是最终走上了背叛义父的道路。李存孝后来被任命为邢洺节度使，他便以邢州归朝廷，又引朱全忠和成德镇为援。李克用围邢州一年半之久，击败李存孝，执送太原，处以极刑，车裂而死，时在唐昭宗乾宁元年（894）。本来，李克用并未打算要将李存孝处死，以为临刑前会有大将出来为之求情，不料诸将嫉妒李存孝的勇猛，竟没有一个人为其说话，李克用为了自己的权威，不得不假戏真做。史称处死李存孝后，李克用有十日无心政务。

李存孝在后世民间影响极大，旧小说将他列为唐末五代第一名将。当代戏剧中也有两出关于李存孝的剧目，一出是

《飞虎山》，讲述的是李克用收李存孝为第十三太保的故事；另一出为《雅观楼》（又名《擒孟觉海》），讲述的则是李存孝生擒黄巢部将孟觉海的故事。

李克用义儿中另一个著名而又有争议的是李嗣昭。有人认为李嗣昭其实是李克用的亲子，而且是"元子"，也就是长子，系李克用"内宠"或"姬侍所出"，后过继其弟李克柔为养子，依据的主要材料是出土的李克用的墓志。但如前所述，史籍中明确记载李克用的长子名落落，因此在未发现更加确凿的证据之前，我们仍将李嗣昭按养子看待。

按照旧史记载，李嗣昭本姓韩，为汾州太谷县一韩姓农家子。李克用到太谷打猎时，中途到韩家歇息，主人称家中刚生一子。李克用叫人抱过来一看，觉得这个孩子相貌不凡，便用金帛将其换来，交给李克柔抚养，取名进通。后来，李克用又收其为养子，更名嗣昭。

李嗣昭生得身材短小，但胆识和勇猛过人。他最初喜欢饮酒，李克用劝他戒酒，便终身滴酒不沾，从而深得李克用的信任与重用。他常从李克用征战，历任蕃汉马步行营都将、昭义节度使等要职。李克用死后，又辅佐其子李存勖，功勋卓著，是唐末五代与李存孝齐名的大将。梁龙德二年（922）在进攻镇州（今河北正定）时阵亡。

李克用的义儿出身不同的民族和地区，是多民族、异地域的结合体。如李存孝为昭武九姓胡人；李嗣恩本姓骆，吐谷浑人；李嗣源原名邈佶烈，代北人；李存信原名张污落，

回鹘人；李嗣本本姓张，雁门（今山西代县）人；李存进本
姓孙，振武（今内蒙古和林格尔）人；李存璋为云中（今山
西大同）人；李存贤本姓王，许州（今河南许昌）人；李存
审本姓符，陈州宛丘（今河南宛丘）人；等等。欧阳修对这
种现象予以了猛烈的抨击，其在《新五代史·义儿传》论中
说：

> 呜呼，世道衰，人伦坏，而亲疏之理反其常，干戈
> 起于骨肉，异类合为父子。……岂非因时之隙，以利合
> 而相资者邪！唐自号沙陀，起代北，其所与俱皆一时雄
> 杰虓武之士，往往养以为儿，号"义儿军"，至其有天
> 下，多用以成功业，及其亡也亦由焉。

所谓"以利合而相资者"，在"义儿"们来说，无非是要
利用李克用的权威来得到功名富贵，而对于"义父"李克用
而言，则是要借助义儿们的力量巩固他的统治，即"锡（即
赐）姓以结其心，授任以责其效"。义儿一旦被赐予姓名，便
"同之骨肉"，结成了"父子之恩"，他们与亲子享有同等的权
利，当然也应当尽同样的义务。建立在血缘宗法关系基础上
的社会单位和军事组织，在一定的历史条件下，其稳定性和
战斗力是相当强大的。事实表明，义儿制对于李克用凝聚内
部力量曾发挥了重要作用，在李克用诸义儿中，除李存孝最
后背叛他外，其余都对他忠心耿耿，只是在李克用这个"家

长"去世之后，义子与亲子之间发生权力之争，才出现了欧阳修所谓"及其亡也亦由焉"的情况。

四、李克用与士人

士人是中国古代文人知识分子的统称。唐末五代虽然是一个武人掌权的社会，但无论是在李克用的河东地方政权还是沙陀诸王朝，都离不开士人的参与，只不过其权力地位较武人低下而已。此外，李克用既然以李唐宗室自居，就必须在文化上与之保持一致，以得到士人群体的认同，因此也不得不与他们靠近。

唐代藩镇体制中有文、武两个系统，就节度使本身而言，本来属于武职，但由于节度使都兼任管内的观察处置等使，于是便集文武职于一身了，如李克用出任河东时的官衔是"检校司空、同平章事，兼太原尹、北京留守，充河东节度、管内观察处置等使"，便是集河东镇的文武大权于一身了。

藩镇文职系统中的重要官职有节度副使、行军司马、判官、掌书记、孔目官等等，被称作幕职官或幕府官。从制度上讲，这些职务应当是由文官士人充任的，但在晚唐时期，往往也由武人来担任，有"武职化"的趋势。此外，地方州县官吏本来也是属于文官系统的，而到晚唐以后，同样被"武职化"，特别是州刺史一职，几乎都由武人来担任了，所谓"领节旄为郡守者，大抵武夫悍将，皆不知书"。李克用时期河东的地方州县官吏，也大体是这样一种状况。

相比于唐末五代藩镇普遍轻视甚至迫害士人的情况，李克用对士人算是比较重视和优待的。史称唐末"丧乱之后，衣冠（按即缙绅士大夫）多逃难汾、晋间"，太原一时成为文人荟萃之地。又称"昔武皇（即李克用）之树霸基，庄宗（即李存勖）之开帝业，皆旁求多士，用佐丕图（即宏图大业）"。所谓丧乱之后，即唐末农民起义之后，亦即李克用进占太原之时。正是因为李克用的"旁求多士"，对士人予以重视并给予较好的待遇，才吸引了衣冠士人多逃难于河东。

在李克用所有的文职官员中，最活跃的是被称作"节度之喉舌"的掌书记。掌书记也称"记室""典书记""管记"等，相当于现在的机要秘书一职。据《新唐书·百官志》，掌书记的职责是"掌朝觐、聘问、慰荐、祭祀、祈祝之文与号令升绌之事"。其中"朝觐"是节帅朝拜唐天子；"聘问"是藩镇彼此间相互往来问讯；而"慰荐"以下是藩府内部之事。掌书记的地位在节度副使、行军司马、节度判官之下，升迁概率极高。其工作性质要求，担当此职者要有较高的文化素养，所以他们主要来自科举出身的士人和一些知名文士。当时不少藩镇也都在竞相延聘名士，以装点门面。

李克用的历任掌书记有李袭吉、卢质、王缄、马郁等人。其中自称出自唐玄宗朝著名奸相李林甫之后的洛阳人李袭吉，是最受李克用重用的一个。李袭吉于唐僖宗乾符末年应进士举，遇乱，避地河中（今山西永济）。王重荣任河中节度使，

不喜欢文士，于是投奔太原，李克用任其为榆社县令。上源
驿事变中，李克用原来的记室（即掌书记）遇难，遂署李袭
吉为掌书记。

李袭吉博学多才，"绰绰有士大夫之风概"，尤其熟悉唐
朝以来近事。乾宁三年（896），他随从李克用讨王行瑜，李
克用不被获准入觐，李袭吉为其作《违离表》一文，其中有
"穴禽有翼，听舜乐以犹来；天路无梯，望尧云而不到"等
句，昭宗览后赞叹不已。天复时，李克用以朱全忠势力渐强，
欲修好于汴，命李袭吉写信向朱全忠致意。朱全忠令幕僚敬
翔读此信，当读"至'毒手尊拳'之句，怡然谓敬翔曰：'李
公斗绝一隅，安得此文士！如吾之智算，得袭吉之笔才，虎
傅翼矣！'又读至'马邑儿童''阴山部落'之句，梁祖怒谓
敬翔曰：'李太原残喘余息，犹气吞宇宙，可诟骂之。'"这
也是李克用与朱全忠争霸中的一段趣事，也说明李袭吉的才
气。而成语"金戈铁马"，就出自李袭吉的这篇文章。

李袭吉后任节度副使，"在武皇幕府垂十五年"，李克用
重要的文书奏章多出自其手。他早李克用两年，于天祐三年
（906）六月去世，李存勖建立后唐后，追赠为礼部尚书。

李克用的另外几位掌书记：卢质出身于衣冠世家，祖父
卢衍，为唐刑部侍郎、太子宾客。父亲卢望，唐尚书司勋郎
中。卢质性情聪慧，喜好读书，十六岁时就担任了河中府芮
城县令，后又任同州澄城县令。天祐三年（906），卢质北游
太原，李袭吉以女嫁之。李克用亦爱其才，任为河东节度掌

书记，赐绯鱼袋；王缄原为卢龙节度使刘仁恭的幕僚，曾出使凤翔，返还时经过太原，被李克用强行留下，署为节度推官，后任掌书记。《旧五代史·王缄传》称其"博学善属文，燕蓟多文士，缄后生，未知名，及在太原，名位骤达"；马郁为幽州范阳（今北京）人，有俊才，善言辩，下笔成文，名闻乡里。乾宁末为本府刀笔小吏，后入于李克用幕府，累官至检校司空、秘书监。李克用及李存勖待之颇厚。

李克用时任用的节度副使，除前面提到的李袭吉外，见于记载的还有王瑰和卢汝弼等人。王瑰是李克用刚上任河东时任命的，从"具官王瑰，河汾之气当萃尔家，乐范之宗亦高他族，伯仲继抚封之盛，子孙承锡命之功"的任命制书看，应该出身于河东世家大族。卢汝弼则是在天祐三年随丁会归太原后，被李克用奏授为河东节度副使的。卢汝弼祖籍范阳，后徙于蒲州（今山西永济），是前任河东节度使卢简求之子，唐昭宗景福中擢进士第。卢氏自卢简辞以来，两世贵盛，任六卿、方镇节帅者相继，是一个典型的名门望族。李克用去世后，其墓志就出自卢汝弼之手。

在李克用任用的州县官吏中，州刺史一职绝大多数由武人担任，而且大都为代北、河东人，他们走的也大都是从牙将——州刺史——节度使（部分）这样一条入仕道路。不过其中也有少数几位士人出身或颇具文人气质的州官。如石州刺史杨守业，喜欢藏书，颇有见闻，应该算是一个文化人；代州刺史韩逊和历任忻、汾二州刺史的伊广以及历任代、宪二州刺史的任圜，则都为世族出身。就连曾任岚州刺史的盖寓，也不同于一般的武人。至于县令一职，先后出任介休、西河二县令的任茂弘，以文学先后署交城、文水二县令的韩恽，以及榆社县令李袭吉，倒均是文人出身。

为了获取汉族士人的支持以及提高家族的汉化水平，李克用也积极与他们通婚联姻。其子李存勖的两个妃子韩淑妃和伊德妃，韩淑妃为太原人，也就是韩逊的女儿、韩恽的妹妹，其曾祖父韩俊为唐龙武大将军，祖父韩士则为石州司马，可见是一个衣冠世家。史书记载韩淑妃为李存勖的"正室"或"嫡室"，也就是第一位夫人，其成亲时间，是在唐昭宗乾宁年间。伊德妃则是伊广的女儿，唐宪宗时右仆射伊慎之后。伊广在乾宁四年（897）随李克用出征卢龙时战殁，其女与李存勖成婚的时间，应该是伊广在世时。此外，京兆三原（今陕西三原）人任茂宏，也就是任圜的父亲，其家族也是历代为官，任茂宏的父亲任清，为成都少尹。任茂宏唐末避乱到太原，有子五人，风采各异，李克用很是欣赏这五兄弟，便以宗女嫁与任圜。

李克用戎马一生，是标准和典型的武夫。他一生杀人无数，包括他所重用的义儿李存孝和拥戴他起兵的元勋康君立，都死在他的屠刀之下。但是，李克用很少杀士人，对士人表现出颇为尊重和优容的态度，这在唐末藩镇中是少有的。甚至就在大顺元年（890）朝廷讨伐河东时，李克用俘虏了副招讨使孙揆，因其为"搢绅之士"，欲用为节度副使。只是孙揆至死不降，而且大骂不已，李克用才不得不将其处死。

陶岳《五代史补·徐寅摈弃》有这样一段记载：徐寅在进士及第后归还福建，途经开封，为梁太祖朱全忠献上一篇《游大梁赋》。时朱全忠与李克用为仇敌，李克用一眼失明，又出自沙陀部落，徐寅欲讨好朱全忠，故在赋词中说："一眼胡奴，望英威而胆落。"不久，有人得其文出示李克用，李克用见而大怒。及李存勖灭后梁，闽王王审知遣使前来祝贺。李存勖急召其使，问道："徐寅在否？"使者不敢隐瞒，就以无恙相对。李存勖说："汝归语王审知，父母之仇，不可同天。徐寅指斥先帝，今闻在彼中，何以容之？"也有一说是徐寅因得罪朱全忠，要被砍头，于是想出这一招，讨好朱全忠，逃过一劫。据说徐寅因此事而终身不得高官，止于正九品下阶的秘书正字。

至于宋人刘道醇所撰《五代名画补遗》中说，唐哀帝禅位于朱全忠后，时李克用"阴怀异图，窥伺神器"，但担心事情泄露，"乃矫称（即诈称）按察境内"，杀了具有"文武经术大略"的韩求、李祝两位画家，则从逻辑上也说不通。因为既然此事发生在唐哀帝禅位于朱全忠之后，那么李克用即使是"阴怀异图，窥伺神器"，也没有必要"虑事泄见害"，更用不着"矫称按察境内"了。

第五章

南征北战——李克用的军事扩张

一、收复代北

代北是沙陀的肇兴之地。朱邪执宜、朱邪赤心（李国昌）、李克用祖孙三代对代北地区进行了数十年的苦心经营，无论是在代州、朔州、云州、蔚州，还是振武军、单于都护府、胜州，乃至丰州、天德军一带，都曾是沙陀人染指过的地方。但是，乾符五年（878）段文楚事件发生后，唐王朝一路征讨，将李国昌、李克用父子赶出代北，取而代之的是吐谷浑赫连部首领赫连铎以及契苾族人契苾璋。

吐谷浑本来是鲜卑的一支，后西迁至今青海一带地区，建立了吐谷浑王国，隋及唐初还十分强大，唐太宗时被唐朝所灭，唐曾设置安乐州（在今宁夏同心）以安置吐谷浑王族。安史之乱期间，吐蕃攻陷安乐州，吐谷浑部众又向东迁徙，散居在朔方、河东之境，即今内蒙古中部、山西一带地区，俗多谓之"退浑"或"吐浑"，盖因语急而然。

　　唐末活跃在代北地区的吐谷浑有王氏、薛氏、康氏、党氏、梁氏、慕容氏、赫连氏和白氏等多个部落，其中以赫连氏和白氏两个部落势力最强。吐谷浑与沙陀既有联合，又有争夺，唐武宗会昌年间唐攻击回鹘以及懿宗咸通年间镇压庞勋的战争中，吐谷浑与沙陀曾多次并肩作战；在段文楚事件中，也有不少吐谷浑人参加；后来李克用统治集团甚至其义儿中，也有一些吐谷浑人。与沙陀为敌的，主要是赫连部。

　　吐谷浑赫连部是在唐文宗时期迁到代北地区的，比沙陀人要晚一些。他们最初被安置在丰州大同川也就是今内蒙古乌拉特前旗明安川一带。其首领赫连铎曾在咸通九年（868）随康承训镇压庞勋起事，并因功被唐朝廷授予阴山府都督。段文楚事件发生后，赫连铎认为这是向代北地区扩张的极好机会，遂积极响应唐朝廷的号召，参与对李克用父子的讨伐，被任命为云中防御使，并在沙陀人失败后，名正言顺地占据了代北云州、朔州一带地区。而李国昌曾经任职的振武节度使，则落入了契苾人契苾璋的手里。

　　契苾是铁勒诸部之一，早先活动于今新疆轮台县北部一带。唐太宗贞观六年（632），其酋长契苾何力率部归唐，唐置其部落于甘、凉二州即今甘肃张掖至武威一带之间，设羁縻贺兰州都督府进行管理，契苾何力也是唐太宗时期非常有名的一位大将。之后，契苾人曾几度迁徙，贺兰州都督府也几经废置。安史之乱中，契苾部落曾随同唐河西节度使哥舒翰东进参加了平叛战争。安史之乱后，河西地区被吐蕃占领，契苾人北迁漠北。

与吐谷浑赫连部不同，契苾人在很早以前就在代北地区有了一定的地位。

史书明确记载契苾人进入代北地区，是在唐文宗大和六年（832），比吐谷浑赫连部要早一些，而实际上契苾人进入代北地区的时间可能要更早，他们主要活动在振武军、单于都护府一带。当时是契苾漪担任首领，由于契苾与唐王朝的渊源颇深，因此契苾漪颇得唐朝廷的信任，被任命为胜州刺史、充本州押蕃落义勇军等使。之后到武宗会昌年间，号称"蕃中王子"的契苾漪的儿子契苾通担任了蔚州刺史，到宣宗大中六年（852）又升任振武军节度使，两年后即大中八年卒于任上。在懿宗咸通年间镇压庞勋的战事中，契苾部落也曾出兵参加，但其首领不详。直到僖宗中和元年（881），也就是李克用父子北入阴山达靼后，另一位契苾人契苾璋走到了人们的视野之中，接任了振武军节度使。

当然，李克用绝不允许祖孙三代苦心经营数十年的代北地区落入他人之手，他在中和元年自阴山达靼南下后，就曾试图重新夺回代北地区，但未能如愿以偿，由于赫连铎、契苾璋以及河东、卢龙的连兵抵抗，他只是夺得了代州一地。后来李克用南下，便以其父李国昌镇守代州，之后，唐朝廷升代州为代北节度使，任命李国昌为节帅。代州是河东重要的北部门户，是李克用进攻或防御吐谷浑的重要堡垒和通道。

中和三年（883）李克用出任河东节度使，次年八月，奏请将原隶属于振武军的麟州（治今陕西神木）割属河东，又奏请罢废云蔚防御使，仍隶河东。龙纪元年（889），又上表奏以楼烦监置宪州（今山西娄烦），隶属河东，企图利用唐朝廷政令的方式，将代北地区纳入自己的统治之下。然而吐谷浑以及契苾也绝不会轻易将自己已经占有的地盘拱手让出，特别是赫连铎，他与卢龙镇结盟，同李克用对抗，李克用长期不能夺回代北。

大顺元年（890）二月，李克用派大将安金俊率大军进攻云州（今山西大同），拔其东外城。赫连铎向卢龙节度使李匡威求救，李匡威率三万大军救援云州，杀安金俊。赫连铎和李匡威以及朱全忠遂建议朝廷乘机集诸镇兵力讨伐沙陀，结果惨遭失败。之后，李克用便全力以赴进攻赫连铎。

大顺二年（891）四月，李克用发大军围攻云州，赫连铎虽进行了顽强抵抗，但终因云州城内食尽，弃城投奔卢龙节度使李匡威，李克用占领云州，表奏部将石善友为云州刺史。赫连铎仍不死心，景福元年（892）八月，又与李匡威合军八万进攻云州，被李克用击败。乾宁元年（894）六月，李克用最后一次发起了对赫连铎的进攻，在云州城外彻底击败吐谷浑军队，杀赫连铎，吐谷浑另一位首领白义诚也被擒获。与此同时，李克用也占据了振武，以石善友担任振武节帅，实现了对代北地区的完全占有。沙陀人自乾符五年（878）失去云州和振武十六年之后，自是收复。

二、兼并昭义

昭义镇是安史之乱期间设置的一个节镇，最初称泽潞镇。几经变迁后，长期领有潞（治今山西长治）、泽（治今山西晋城）、邢（治今河北邢台）、洺（治今河北永年广府镇）、磁（治今河北磁县）五州，节度使治所在潞州。其中潞、泽二州位于太行山以西，今山西东南部地区；邢、洺、磁三州位于太行山以东，今河北西南部地区。

昭义镇之所以能够跨越太行山领有河北地区的邢、洺、磁三州，其中还有一段故事：

唐代宗广德元年（763），唐朝廷平定安史之乱后，无力彻底消灭安史余部，不得不任命安史众降将为节度使，裂河北土地以处之，于是又设置了一个新的藩镇——相卫镇，以安史降将薛嵩为节帅，领有相、卫、邢、洺、贝、磁等州，治所相州（今河南安阳）。大历元年（766），赐号昭义军。薛嵩是大名鼎鼎的薛仁贵之孙，安史之乱中追随安禄山、史思明，成为叛将的一员。大历八年（773），薛嵩死，其弟薛崿袭位。薛崿懦弱，各藩镇之间便展开了一场瓜分相卫镇的大战。泽潞镇是当时较为强盛的藩镇，也参与了这场争夺战争。到大历十年（775），相卫镇被诸镇瓜分，其中邢、洺、磁三州便落入泽潞镇的手中，而"昭义"的军号亦为泽潞所有。这样，昭义（泽潞）镇便越过太行山，领有了河北地区的邢、洺、磁三州之地。

昭义镇也是一个实力较强的藩镇。在唐武宗会昌年间，节度使刘从谏、刘稹父子曾试图效法河朔三镇，割据一方，后被唐朝廷平定。如上所述，朱邪赤心即率领沙陀部落兵参加了平定昭义镇的战争，并在战斗中表现不俗。

刘稹被平定后，杜牧曾上了一道《贺中书门下平泽潞启》，文中云：

> 上党之地（即唐代的潞州、泽州一带），肘京、洛而履蒲津，倚太原而跨河朔。战国时，张仪以为天下之脊；建中日，田悦名曰腹中之眼。

所谓"京、洛"，是指西京长安和东京洛阳，"蒲津"即蒲州（河中府）黄河渡口，在今山西永济。所谓"天下之脊"，是指泽、潞地区居高临下，从潞州东出壶关，是河北地区的相州、魏州（即魏博节镇）；从泽州南出天井关，是河南地区的怀州、孟州（即河阳节镇）。因此，无论从河南、河北攻山西，或由山西南下中原，泽、潞二州都是重要的通道，为古来兵家必争之地。而所谓"腹中之眼"，是指邢、洺、磁三州如同安置在河朔藩镇中的几只眼睛，唐德宗建中年间，魏博节度使田悦曾说："邢、磁如两眼（当时洺州尚在魏博镇手中），在吾腹中。"

昭义镇的这一重要的地理位置，使它成为安史之乱后唐朝廷遏制河朔藩镇叛乱的一支重要力量，昭义军节度使李抱真、李抱玉兄弟，曾为打击河朔藩镇、维护唐朝廷的利益做出了重要的贡献。李克用杀害段文楚后，昭义镇也是讨伐沙陀的藩镇之一，昭义军节度使李钧便死于战场。

昭义镇从中和元年（881）起为孟方立所占据。孟方立为邢州人，他以潞州地势险要，民风强劲，军人部下屡屡篡权为由（他本人即是在乱中夺权的），在中和三年（883）将治所由潞州迁至邢州，并欲将军中大将及富家豪族全部徙往太行山以东，引起潞人的强烈不满。监军祁审海利用人心不安，密令武乡镇使安居受用蜡丸装着信件，向李克用乞师，请求李克用武力干预，复军府于潞州。

昭义镇所统的五州，是河东向河南和河北地区扩张的重要通道和战略基地，而且这里也是河东道较为富庶的地区，李克用正在算计如何将昭义镇夺到自己的手中，祁审海、安居受的求助，无疑为其提供了最充分的理由和可乘之机。于是，他毫不犹豫，立刻派遣部将贺公雅及李筠、安金俊等率兵去攻打潞州，但出师不利，为孟方立所败。李克用并不甘心，又派其堂弟李克修率兵击之，最终拿下了潞州。李克用表荐李克修为昭义军节度使，昭义镇从此便一分为二：泽、潞二州为一镇，邢、洺、磁三州为一镇。当时邢、洺、磁三州仍为孟方立所据，潞州为李克用所据，泽州则为河阳军将张言（即张全义）所据。光启三年（887），张全义与李罕之乘河阳军乱，占据河阳（即孟州，今河南孟州西），恐朱全忠进攻，不能自保，向李克用求援，李克用又乘机兼并了泽州。

　　孟方立倚仗宣武节度使朱全忠和成德节度使王镕为援，坚守河北三州，李克用累年攻伐不能取胜。到龙纪元年（889），李克用遣大将李罕之、李存孝率大军向三州发起全面进攻，连下磁、洺二州，孟方立派大将马溉、袁韬率兵数万死守邢州。双方战于琉璃坡（今河北邢台西南三十里处），孟军大败，二将被擒。李克用乘胜进攻邢州，孟方立见大势已去，饮药自杀，部下拥立其弟孟迁为帅。

　　孟迁向朱全忠求援，朱全忠当时正在与时溥鏖战，无暇顾及昭义，只是派大将王虔裕率领数百名军士抄小路到达邢州，与孟迁共同守卫。李克用围攻邢州达八个月，孟迁食尽力竭，于大顺元年（890）正月执王虔裕投降。至此，昭义五州全部纳入李克用的势力范围，李克用的势力扩展到今山西东南部和河北西部。孟迁则被李克用迁至太原，为日后其侄孟知祥建立后蜀国埋下了伏笔。

三、卵翼河中

　　河中镇设置于唐肃宗至德元载（756），初为防御使，次年升为节度。长期领有河中府、晋（治今山西临汾）、绛（治今山西新绛）、慈（治今山西吉县）、隰（治今山西隰县）等五府、州，节度使治所在河中府，即今山西永济市。

　　唐代"府"的建置，都是在京师、陪都以及皇帝曾经驻跸的地方，如京兆府、太原府、凤翔府等，总共也只有十个。

而河中府的由来，颇费了一番周折。

河中府古称蒲坂，唐初武德元年（618）置蒲州。玄宗开元九年（721）曾在此置中都，改蒲州为河中府，但为时极短，同年即罢，依旧为蒲州。肃宗乾元三年（760）又置河中府，宝应元年（762）又置中都，也很快罢废。至宪宗元和三年（808）复为河中府，之后才固定下来。而河中府的设置，大约主要是由于其特殊的地理位置。

关于河中府特殊的地理位置，唐人元载是这样形容的："河中之地，左右王都，黄河北来，太华南倚，总水陆之形胜，郁关河之气色。"的确，河中位于洛阳与长安之间，又处于太原与长安之间，是河南、河东进入关中的必经之地，著名的蒲津渡，就位于河中。对唐朝廷来说，这里是东南财赋运往长安的生命线。而对李克用来说，则是其入关"勤王"或左右唐室的交通线。河中府处于这样一个重要的位置，其战略价值自然不低。

不仅如此，河中所在的涑水盆地，也是古代山西经济、文化发达地区，《隋书·文帝纪》记载说，隋文帝在巡幸蒲州时，曾赞叹说："此间人物，衣服鲜丽，容止娴雅，良由仕宦之乡，陶染成俗也。"指出这里历史悠久、文化发达和经济繁荣。在后世影响巨大的王之涣的名作《登鹳雀楼》和元稹的《莺莺传》（《西厢记》的前身），也都产生在这里。河中还为唐代最重要的产盐基地，著名的安邑、解县两盐池就位于这里。

河中节度使从唐僖宗广明元年（880）起为王重荣所据。王重荣曾一度投降黄巢，后又因建议唐朝廷招沙陀镇压黄巢，而与李克用建立了亲密的关系。之后，李克用又将女儿许配给王重荣之子王珂（实为王重荣兄重简之子，过继给王重荣），双方结成儿女亲家，关系更为密切。

唐朝从肃宗开始，实行榷盐法，也就是盐铁专卖政策，盐利成为国家财政收入的重要来源，甚至占到了国库收入的一半，而安邑、解县两盐池又在盐利中占有相当大的比重，每年达到一百五十万缗（一千文为一缗）。唐朝廷起初由中央户部度支司派出郎官御史辖领安邑、解县两池榷盐使，掌管盐务，当然，盐利大部分归属中央。但在乾符五年（878）李都出任河中节度使时，曾兼任两池榷盐使，两池榷盐使始由河中节度使兼领。王重荣接任河中帅位后，继续兼领榷务。并按照乾符五年以来形成的惯例，每年出课盐三千车上供朝廷，盐利的大半也就落到了自己的手中。

时遭战乱，唐朝廷国库空虚，军费匮乏，神策军统帅宦官田令孜欲收河中盐利以供神策军，又因河中与河东接壤，王重荣与李克用亲党胶固，难于制服，遂于光启元年（885）五月建议朝廷下诏移王重荣出镇泰宁镇（亦称兖郓镇，治今山东兖州），以易定节度使王处存镇河中。王重荣拒不奉诏，上书言田令孜离间方镇，田令孜于是联合邠宁节度使朱玫、凤翔节度使李昌符一起讨伐王重荣。王重荣向河东求援。而朱玫、李昌符亦在暗中勾结朱全忠，并多次派人潜入京城，焚烧官府积聚财物，刺杀皇帝近侍，嫁祸李克用。

李克用从上源驿事件与朱全忠结怨后，一直怨恨朝廷偏袒朱全忠，遂向僖宗上书，说朱玫、李昌符与朱全忠相互表里，欲共灭臣，臣不得不自救，已集合蕃汉兵马十五万，渡黄河讨伐二镇，并保证自己不靠近京城，不惊扰圣驾。随即不顾朝命，举大军南下，击败邠宁、凤翔镇兵，随后率大军入关，进逼京城，田令孜挟持唐昭宗出奔凤翔。李克用迫使唐朝廷收回移王重荣出镇泰宁的诏命，并赐予河中"护国军"的军号，从而稳住了王氏在河中的统治地位。

光启三年（887）六月，河中发生兵乱，王重荣被杀，军士推举重荣兄重盈为帅，李克用表荐于朝。昭宗乾宁二年（895），王重盈死，王重荣之子王珂袭帅位。王重盈的两个儿子保义（陕虢）节度使王珙、绛州刺史王瑶强烈反对，他们一面向朝廷上书论列，说王珂本来不是王重荣之子，不应继袭帅位；一面向朱全忠求援。当这些都无效后，又一面出兵攻打王珂，一面厚结邠宁节度使王行瑜、凤翔节度使李茂贞和镇国军节度使韩建为援。三帅拥兵入朝，为王珙请河中节钺，并以诛杀大臣韦昭度、李谿，同谋废立皇帝相威胁。

王珂则一面向唐朝廷上书，说"亡父有兴复之功"，一面向李克用求救。李克用即大举蕃汉兵马南下，再次入关。拔绛州，杀王瑶，击败三帅，逼使唐廷正式任命王珂为河中节度使。李克用在王重荣生前，大约曾答应过其要关照王珂、不吞并河中之类的事，所以随即返回河东。李克用后来讲自己"入蒲坂而不负前言",指的就是这回事。

乾宁四年(897)三月,王珙再次出兵进攻河中,王珂向河东告难,李克用遣李嗣昭率两千骑救援,破陕军于猗氏(今山西临猗猗氏故城),解河中之围。同年(一说次年)十月,王珙又引汴军万余人来攻河中,王珂告急,李克用又派遣李嗣昭率兵三千入援,于胡壁堡击退汴军。次年即光化元年(898)正月,王珂到太原迎亲,正式成为李克用的快婿,双方关系进一步牢固。所以,李克用虽然未将河中直接兼并占领,却也将其置于自己的卵翼之下。所谓"卵翼",即像鸟儿用翅膀护着自己所产的卵。

第六章

晋汴争霸——李克用由盛而衰

一、上源驿事变——朱、李结怨之始

上源驿是宣武节度使治所汴州（今河南开封）的一个驿站。驿站是古代国家设置在水陆交通要道上类似于招待所的一个部门，是供官员、公差旅行路途中休息和换乘马匹的场所。唐代的驿站非常发达，据统计，共设有水陆驿站多达一千六百三十九个，从业人员有两万多人。

中和四年（884）五月，李克用应朱全忠等人的请求南下彻底击败黄巢，回军途中，经过汴州。朱全忠极力邀请李克用入城，并在上源驿设宴款待。然而，这场宴会最后却演变为一场"鸿门宴"，李克用险些丧命其中。

上源驿事变是朱全忠设计的一场谋害李克用的事件，因此这里有必要对朱全忠的情况做一简要的介绍。

朱全忠原名朱温，唐宣宗大中六年（852）出生于宋州砀山县（今安徽砀山）午沟里。他的父亲是乡下的一位教书先生，早逝，母亲带着他及两个哥哥到邻近的萧县（今安徽萧县）地主家当佣工。黄巢农民军路过宋州时，朱温参加了农民军，并以勇猛善战赢得了黄巢的赏识。黄巢攻下长安建立大齐政权后，中和二年（882）正月，任命朱温为同州防御史（治今陕西大荔）。

朱温驻守的同州，直接面对的是唐朝的河中节度使王重荣。朱温与王重荣曾多次交锋，均遭败绩。当时形势已经对黄巢极为不利，朱温便起了背叛之心。他杀害了黄巢派去的监军和反对投降的大将，向自己的对手王重荣投降。王重荣一面上报都统王铎，王铎承制授朱温为同华节度使；一面又写奏表报呈逃亡在成都的唐僖宗，僖宗大喜，任命朱温为河中行营副招讨使，并赐名朱全忠。朱温的母亲姓王，便以舅父称王重荣，往日的冤家对头，现在变成了甥舅关系。毛泽东曾评价说："朱温处四战之地，与曹操略同，而狡猾过之。"这也是其老奸巨猾的一个表现吧！

中和三年（883）三月，朱全忠被唐朝廷任命为宣武军节度使。宣武节度使亦称汴宋节度使，也是唐代重要的藩镇，领有汴、宋（治今河南商丘）、亳（治今安徽亳州）等州。虽领地不广，但地处中原腹地，四通八达，特别是这里为唐朝的漕运枢纽，也具有重要的战略地位，唐朝往往以重臣坐镇把守。如今，朝廷将这一重镇交到了朱全忠的手中，为他势力的壮大提供了便利，也种下了唐王朝灭亡的祸根。

关于上源驿事变的经过，司马光《资治通鉴》有较为详细的记载，其大概情况是：

中和四年（884）五月甲戌（十四日），李克用军至汴州，安营城外。朱全忠请李克用入城，李克用遂带领亲兵及监军陈景思入城，居于上源驿。朱全忠在驿馆宴请李克用，礼数周到恭敬。然而李克用年轻气盛，乘着酒劲，言语间有轻视朱全忠之处，朱全忠心里愤愤不平，遂顿起歹心，萌发杀机。

傍晚时分，酒席散场，众人都有了醉意。朱全忠与部将杨彦洪密谋后，用车辆和树栅堵塞了驿馆周围的道路，然后发兵围攻驿馆。李克用喝得酩酊大醉，什么都不知道。亲兵薛志勤、史敬思等十余人阻挡汴兵的进攻。侍从郭景铢熄灭蜡烛，扶李克用藏匿在床下，然后用水将其喷醒，李克用这才明白发生了什么事，拿起弓箭跑出门外。

薛志勤发箭射死数十名汴兵。朱全忠又用火攻，霎时间浓烟滚滚，火光冲天。可人算不如天算，突然电闪雷鸣，大雨倾盆，烈火被浇灭。薛志勤率左右搀扶着李克用翻墙突围，乘着电光而行。薛志勤、李嗣源等拼命厮杀得以渡过护城河，史敬思殿后，战死。李克用登上汴州城南门尉氏门，缒城（由城上用绳索放下来）而出，陈景思等全部被杀。

史敬思为昭武九姓胡人，是李克用的得力部将；陈景思虽是一名宦官，但是其首议并亲自从达靼召李克用出山，深得李克用信任，一直在李克用军中做监军；其余被汴人所杀的三百余人，也都是李克用的"腹心"。顺便提一下，唐朝从玄宗时启用宦官做监军，此后监军一职便均由宦官来充任了。

李克用如何能咽得下这口气！返回军营就要发兵攻打汴州城。其夫人刘氏颇有谋略，旧小说和戏剧中，将她塑造成一位女中豪杰。刘氏常随李克用出征，此时正随大军驻扎在汴州城外，便极力劝阻，说："如今汴人（即朱全忠）不道，谋害于公，公自当诉之朝廷。若擅自举兵，则天下谁能辨其曲直？且令对方得了说辞！"李克用勉强听从，暂且引兵归还晋阳。途中写信对朱全忠进行了谴责，朱全忠则嫁祸朝廷，说此事是朝廷使者与杨彦洪为谋，自己并不知情。杨彦洪在事变中被朱全忠误杀，死无对证。这种鬼话，李克用当然不会相信。

李克用回到太原后，仍咽不下这口恶气，他大治甲兵，上表朝廷说自己有破黄巢大功，却为朱全忠所谋害，仅以身免，将佐以下三百多人被杀，将士皆"号泣诉冤，请复仇雠"，要出兵攻打朱全忠，并派其弟李克勤以万骑屯河中。唐朝廷好不容易才镇压了黄巢起义，现在又遇到了这样的麻烦事，无异于雪上加霜，所以得到李克用的上表，极其恐慌，急忙派遣内臣到晋阳宣谕劝和，说知道李克用受了委屈，让他先顾全大局，不要发动战事，并将其爵位由陇西郡公晋为陇西郡王。李克用给了朝廷面子，也就没有真的去攻打朱全忠，不过自此二人彻底交恶，变成了水火不容、不共戴天的仇敌。

对于上源驿事变，史家或说是朱全忠早有预谋，或说是出于一时之愤，但无论如何，这是李克用万万没有料到的一场灾难，李克用能从中逃脱，不能不说是一个奇迹。

上源驿在五代后晋时改为都亭驿，一说后来赵匡胤"黄袍加身"的陈桥驿即在此处。

二、围绕昭义镇的争夺

中和四年（884）的上源驿事变，李克用与朱全忠虽然开始结怨，但双方并没有立刻发生大规模的军事冲突。当时，李克用正忙于对山西地区的扩张，朱全忠则忙于对河南地区的兼并，都无暇顾及对方，直到彼此的扩张兼并基本完成后，他们的争霸战争也就全面展开。

李克用与朱全忠的争霸，首先围绕着昭义镇展开。

李克用虽然在大顺元年（890）将昭义五州全部纳入自己的势力范围，但其对昭义镇尤其是太行山以东邢、洺、磁三州的控制并不牢固。就在同年五月，潞州牙将安居受杀节度使李克恭附汴，朱全忠趁机派兵入据潞州。顺便回顾一下，当年孟方立将昭义节度使治所从潞州迁至邢州时，正是安居受向李克用乞师，请求李克用以武力进行干预，李克用乘机占领潞州的。至是，他又杀潞州节帅附汴。当时李克用正面临着唐朝廷的讨伐，用了四个月的时间，才由李存孝将潞州从朱全忠手里夺回。次年三月，邢洺节度使安知建背叛李克用，秘密勾结朱全忠，率部下三千人将奔长安，路过郓州时，被与李克用关系良好的兖郓节度使朱瑄俘杀殆尽。这次叛乱虽然为时甚短，却也给李克用造成了三千人的兵力损失。

　　景福元年（892）九月，李克用养子、邢洺节度使李存孝背叛，以邢、洺、磁三州归属朝廷，又致书成德节度使王镕及朱全忠求援。这次事变对于李克用的影响尤为严重，他几乎出动了河东所有的兵力，围攻邢州达一年半之久，直到乾宁元年（894）三月，才攻下邢州，杀李存孝。李存孝是河东首屈一指的骁将，他的被杀，是李克用的一大损失。而勇猛与李存孝相当，且私交甚好的大将薛阿檀也受到牵连自杀身亡。就连当年拥戴李克用起兵的元老、时任昭义节度使的康君立，也以一言不慎，招来了杀身之祸：李克用对杀死李存孝始终心怀愧疚，一次与诸将饮酒，在谈到李存孝时，泪流不已。康君立素与李存信关系友善，言谈之中说了不利李存孝的话，遂被李克用杖死或赐药毒死。司马光《资治通鉴》在记述这一事件后指出："自是克用兵势浸弱，而朱全忠独盛矣。"胡三省亦云："史言克用自剪羽翼，故不竞于汴。"

　　光化元年（898）四月，朱全忠在完成对河南地区和魏博镇的征服后，开始向邢、洺、磁三州发起全面进攻。邢、洺、磁三州被魏博镇的相、魏、贝等州环绕，因此魏博镇对于三州既可起到屏障作用，又可成为进攻的前沿阵地。在魏、晋友好之时，魏博镇无疑对三州起到了前一种作用，而当魏博被朱全忠征服后，便发挥了后一种作用。所以朱全忠的进军非常顺利，从四月二十八日至五月初三的五天时间，汴将葛从周连下三州，杀敌两万，俘虏将帅军官一百五十人。三州只有洺州刺史邢善益略作抵抗，战败被杀。邢州刺史马师素弃城走，磁州刺史袁奉淘不战自杀。朱全忠以葛从周为昭义节度留后，守邢、洺、磁三州。同年十月，李克用遣大将李嗣昭、周德威等率军争夺三州，结果被葛从周击败。自是李克用控制下的昭义镇仅剩山西潞、泽二州了。

而潞、泽二州方面，就在邢、洺、磁三州失守的同年十二月，李克用昭义（泽潞）节度使薛志勤病逝，泽州刺史李罕之擅自率兵进入潞府，自称留后，要求李克用承认。李克用大怒，遣李嗣昭率兵讨之，李罕之遂以潞州附汴，朱全忠表奏其为昭义节度使。李罕之原为河阳将，驻守洛阳。上源驿事变后李克用北归太原时，路经洛阳，李罕之盛情款待，于是与李克用"厚相结托"。后因与昔日"刻臂为盟、永同休戚"的密友张言（张全义）交恶，被张言所攻，遂投奔李克用。

李罕之本性残忍，在任河阳节度使时，经常率兵到山西南部的晋、绛二州，"以俘剽为资，啖（即吃）人做食"。而当其任泽州刺史之后，抄略的范围又扩大到河阳节度使所属的怀州、孟州一带，致使数百里内郡邑无长吏，闾里无居民。蒲州（即河中府）与绛州之间有一座山叫摩云山，山势甚为陡险，百姓逃到山上避乱，李罕之率百余人攻下，军中因此谑称他"李摩云"。史称其统治泽州期间，数州之民被其屠啖殆尽，荆棘蔽野，烟火断绝，凡十余年。

李克用派遣李嗣昭讨伐李罕之，李嗣昭没有直接去攻打潞州，而是先攻下泽州，抓获李罕之家属送往太原。潞州则由于李罕之和朱全忠的严密防守久攻不下，双方展开了长期的拉锯战。光化二年（899）三月，朱全忠派部将丁会攻占泽州。五月，李克用遣蕃汉马步都指挥使李君庆率兵攻李罕之，围潞州，朱全忠遣部将张存敬、丁会救之，大破河东兵。李克用杀李君庆，以李嗣昭代之。八月，李嗣昭拔天井关，下泽州，接着又攻下潞州，李克用以李存璋为泽州刺史，孟迁为昭义节度留后，暂时夺回了泽、潞二州。但到天复元年（901）四月朱全忠进攻太原时，转正为昭义节度使的孟迁以泽、潞二州投降。至此，昭义五州全部落入朱全忠之手，直至天祐三年（906）年底，朱全忠杀害唐昭宗，潞州守将丁会不忍相从，才弃汴投晋。

昭义数州的得失，对于李克用来说至为重要。失去邢、洺、磁三州后，李克用被堵截在山西，失去了同朱全忠争夺河北的能力。史称当时唐朝廷想让藩镇间和睦相处，便分别赐诏给李克用和朱全忠，又令宰相致书，使双方和解。李克用本打算奉诏，而耻于先自屈服，乃致书成德节度使王镕，希望其从中协调，朱全忠不予理睬。这说明李克用已从心理上向朱全忠认输。而当"天下之脊"的泽、潞二州被朱全忠夺取之后，李克用只有大发军民修筑晋阳城堑，准备迎击朱全忠的进攻了。

三、围绕河朔藩镇的争夺

河朔即河北，古代的河北，泛指黄河以北，它实际上包括了现在河南省的一些地区。如魏博镇所属的相、卫、澶等州，就都位于今河南省境内。

　　唐末，河朔地区共存在着魏博（治魏州，今河北大名）、成德（治镇州，今河北正定）、卢龙（治幽州，今北京）、义武（亦称易定，治定州，今河北定州）、义昌（亦称横海，治沧州，今河北沧州）五个藩镇。其中魏博、成德、卢龙所谓"河朔三镇"，从安史之乱后即游离于唐中央王朝的控制之外，是唐代藩镇割据的典型代表。

　　上述五个藩镇中，义武节度使王处存亦是建议唐朝廷召沙陀镇压黄巢农民军者之一，后又为其侄王郜娶李克用之女，双方关系至为密切，李克用也曾数次救援过王处存，义武镇正是倚赖与太原的姻好关系，每每为之救援的背景下，从而在一直想兼并它的卢龙、成德两大强藩之间生存的。毫无疑问，在晋、汴两大势力之间，义武镇是倾向于李克用的。

　　魏博节度使乐彦祯一度以太原、汴州两军方盛，虑其窥伺河朔，打算与卢龙、成德两镇歃血联盟，为犄角之备，成德节度使王镕也曾回书响应，但在当时复杂多变的形势下，此举最后还是成为泡影，在李克用和朱全忠的进攻面前，他们只能是或附晋，或附汴，以图苟存。不过从总体上说，两镇最初在大多数情况下都是倾向于李克用的，这也是由它们的实际利益所决定的。如大顺元年（890）唐朝廷决定讨伐李克用时，朱全忠曾上书要与河北三镇共除之，然而成德和魏博却因为要"倚河东为捍蔽，皆不出兵"。特别是魏博镇，随着节帅的更替，对李克用和朱全忠的态度也发生了很大的变化。朱全忠在龙纪元年（889）和大顺元年曾先后请"假道于魏博"，去救援邢州和进攻河东，都遭到魏博节度使罗弘信的拒绝。而对于河东，甚至是在史称魏博"自是服于汴"的大顺二年（891）之后，李克用也曾三次假道于魏博去救援被朱全忠围攻的兖郓镇朱瑄、朱瑾兄弟。

所以，在河朔藩镇中，从一开始就与李克用为敌的，只有卢龙镇。

卢龙镇位于"河朔三镇"的最北边，与河东和代北接壤。卢龙同李克用的对抗，从李克用势力刚刚兴起时就已开始。如上所述，乾符五年（878）段文楚事件发生后，卢龙即是积极响应朝廷讨伐李克用的藩镇之一。之后，卢龙的节帅尽管更换了数位，但与李克用为敌的态度并无改变，特别是其联合吐谷浑赫连铎，给李克用造成很大的压力。直至乾宁元年（894）李克用大举进攻卢龙，消灭节帅李匡筹，表荐自己一手扶植起来的原卢龙将刘仁恭为帅，幽、晋之争才告一段落。李克用说自己"收燕蓟则还其故将"，即指此事。至此，河朔诸镇也都"羁服"于李克用。所谓"羁服"，也就是笼络着使之顺服。

朱全忠当然不甘心在河朔藩镇中所处的劣势地位，当他在数次向魏博镇"借道"而遭到拒绝后，便恼羞成怒，于大顺元年（890）向魏博发起了一场大规模的进攻。魏博节度使罗弘信在五战失利的情况下，不得不派遣使臣持重金向朱全忠求和，史称魏博"自是服于汴"。不过，此时魏博与河东的关系也并没有彻底恶化。

魏、晋关系的彻底恶化是从乾宁三年（896）闰正月的莘县事件开始的。当时，朱全忠进攻兖郓镇，兖郓节度使朱瑄向李克用求援，李克用派大将李存信前往救援。李存信借道魏博，屯兵于莘县（今山东莘县），军纪不严，颇有侵扰行为，从而引起罗弘信的不满。朱全忠乘机从中挑拨，说李克用志在吞并河朔，河东军"回戈之日，贵道堪忧"。罗弘信被朱全忠的恐吓吓坏，于是"托好于汴"，出兵攻击李存信，大败晋军。

同年六月，朱全忠在同李克用的一场战斗中，俘获了李克用之子落落。李克用要与朱全忠修好，以赎回落落，朱全忠不同意，将落落送交罗弘信，让其杀之，魏博与河东的关系也就彻底恶化。胡三省在评论这一事件时说："罗弘信既杀李克用之子，则与克用为深仇，而汴、魏之交益固矣！"朱全忠的老奸巨猾，在这里又得到了一次充分的表现。

魏博的"与河东绝，专志于汴"，对李克用影响是至关重要的。它一方面导致河东有生力量的严重损失：如李存信率领的河东军一万骑兵被魏博军袭击，士卒丧失十分之二三；而先前被李克用派去救援朱瑄兄弟的李承嗣和史俨及其率领的三千骑兵，由于回归河东的通道被阻而走投淮南，史称李克用失去李承嗣和史俨，如失左右手。另一方面如上所述，由于失去了魏博的屏障，也导致了昭义镇邢、洺、磁三州的轻易失守。此外，它还导致了河朔藩镇的纷纷"改图"，即从依附于李克用改向依附于朱全忠。

魏博镇位于河朔藩镇的最南端，隔河与朱全忠的宣武镇为邻。因此，它实际上起着阻挡朱全忠向河朔其他藩镇进攻的屏障作用。朱全忠既拿下魏博，一方面为其征服河朔其他藩镇扫清了道路，再也不会受到被拒绝"假道"时的尴尬，同时也壮大了自己的势力。朱全忠之所以没有立即向河朔其他藩镇发起进攻，是因为他当时正忙于河南的战争，而当战争基本结束并在问津淮南受阻之后，便立即调转头来，将进攻的矛头对准了卢龙、成德等镇。

朱全忠在给卢龙节度使刘仁恭以多次重大打击后，光化三年（900）九月，又以成德节度使王镕与李克用"交通"，为其提供军饷为由，率大军进击成德镇，逼使王镕"纳质请盟"。而王镕既服于朱全忠，又以李克用势力尚强，幽州、沧州、易定（即义武）犹附河东，自己不能与之抗衡，遂劝朱全忠乘胜将几镇统统拿下，使河北诸镇合而为一，说如此则可以制河东矣。朱全忠即遣大将张存敬会同魏博兵继续向卢龙进攻，连下二十城。

由于幽州道路泥泞不能前进，张存敬又引兵向西进攻义武。义武节度使王处直是王处存的兄弟，本来与李克用的关系很好，至是也请求"改图"，即不再依附太原，朱全忠许之。刘仁恭派其子刘守光率兵救义武，再次受到重创，被杀六万人。司马光称"由是河北诸镇皆服于全忠"。

河朔藩镇特别是魏博、成德、卢龙三镇，是从安史之乱以来就割据一方的强藩大镇，因此，它们的向背，无论是对于朱全忠还是对于李克用，都不是无关紧要的。河朔诸镇的"改图"，在朱全忠，由于增添了新的盟友而实力大增，使其在同李克用的争霸中处于绝对优势的地位。天复元年（901），朱全忠向河东发起全面大规模的进攻，协同作战的就有魏博、成德、义武等河朔藩镇的军队。而在李克用，则由于失去了往日的盟友而实力锐减，在朱全忠的进攻前，几乎到了崩溃的边缘。因此，可以说河朔藩镇的"改图"，是朱全忠和李克用势力对比相互转变的一个重要标志。

四、围绕河中镇的争夺

河中节度使王珂倚仗着老丈人李克用的庇护，过了几年较为安稳的日子。然而朱全忠收服河北后，欲取河中以制河东。天复元年（901）正月，他召集诸将说："王珂这个平庸之辈，倚仗着太原而骄横奢侈。我今日要断长蛇之腰，诸君替我用一根绳索把它捆绑起来。"所谓"断长蛇之腰"，是说河东与长安之间犹如一条长蛇，而河中恰恰在中间腰部，朱全忠要将其拦腰斩断。随即遣大将张存敬率兵三万自汜水（今河南荥阳西北泗水镇）渡黄河，从含山路进发袭击河中，朱全忠自率中军随其后。唐朝廷担心汴军向西攻入潼关，急忙赐诏调解，朱全忠不从。

汴军采取了迂回战术，首先向河中府北部的绛、晋二州发起进攻。二州没有料到汴军会骤然而至，毫无防备，未做任何抵抗，绛州刺史陶建钊、晋州刺史张汉瑜相继于正月二十六日、二十八日投降。朱全忠令大将侯言守晋州，何絪守绛州，屯兵两万，据险守要，以切断河东援兵之路，然后以大军向河中府逼近。

面对来势汹汹汴军，王珂夫妇急忙派遣使者向李克用告急，且言早晚要成为朱全忠的阶下之囚，恳求相救，告急的使者前后相望于道。然而河东兵南下的通道被屯守在晋、绛两州的汴军堵塞，李克用爱莫能助，答复王珂夫妇说救则与尔同归于尽，只能建议女儿、女婿举族向西去投奔唐朝廷。

王珂又向凤翔节度使李茂贞求救，喻以唇亡齿寒之意，说天子诏令藩镇不得相互攻击，现在朱全忠不顾诏命，首先兴兵，其野心可见。河中若亡，则同、华、邠、岐等镇俱不能自保，天子的位子也将拱手让与朱全忠了。他恳请李茂贞联合关中诸镇，固守潼关，救援河中，说关中的安危，国运的长短，全仰赖您了。并说若李茂贞肯出手相救，他愿意以河中相让，自己到李茂贞治下的一个偏僻小镇了却一生。然而李茂贞素无远图，也无力与朱全忠相抗，不予救助。

二月初二，汴将张存敬引兵自晋州出发，初六到达河中，遂围之。王珂无力抵抗，打算投奔长安，而人心离贰，恰恰此时通往长安的浮桥毁坏，正在解冻中的黄河流凌壅塞河道，船只通行困难。王珂携领家族数百人打算在夜晚登舟渡河，于是亲自去抚谕守城的兵士，却无人应答。牙将刘训建议王珂暂且归降张存敬，然后视情况再做考虑，王珂听从。初九，王珂于河中府城角树起白旗，派使者携带令牌印信向张存敬投降。张存敬请打开城门，王珂说："吾于朱公有家世事分（亲谊情分），请公退舍（即退却），俟朱公至，吾自以城授之。"张存敬答应，遣使报告朱全忠。所谓"家世事分"，就是指当年朱全忠通过王珂之父王重荣降唐一事。

朱全忠听说王珂投降的消息后，心中大喜，急忙赶赴河中。他先到虞乡（今山西永济虞乡镇），哭祭王重荣墓，极尽悲哀之状，这一举动获得了河中官民的好感。王珂打算反绑着双手牵羊出城迎接朱全忠，这是当时投降的一种礼仪。朱全忠急忙制止，说："太师舅之恩怎能忘记？若郎君如此，叫我日后如何见舅父于九泉之下！"所谓"太师舅"，如前所述，是因为朱温的母亲姓王，朱全忠通过王重荣降唐，便以舅父称之，王重荣曾被封太师官衔。朱全忠的老奸巨猾，再一次得到了充分的展现。王珂乃以常礼出城迎接朱全忠，二人握手唏嘘，然后并驾进城。朱全忠表荐张存敬为护国军即河中节度留后，尽占河中府及绛、晋诸州。

朱全忠将王珂举族迁于大梁（开封），其后又让其赴长安，遣人在华州将其杀害。河中从天复元年（901）正月二十六日、二十八日绛州、晋州相继投降，至二月初九王珂投降，不到半月，全部落入朱全忠之手。

如前所述，李克用曾经两次成功地救援过河中，以他当时的军事实力，完全有可能将河中兼并，置于自己的直接统治之下，特别是乾宁二年（895）的那一次。然而李克用没有那样做，他"入蒲坂而不负前言"，即答应王重荣不吞并河中之事，只是在光化元年（898）王珂到太原迎亲时，派李嗣昭暂时掌典河中留后事，以防他镇趁机袭击，王珂归镇后，李嗣昭也就马上撤回河东。王珂本非将才，不仅朱全忠骂他是"驽材"，他本人也"自知不武"，只是在李克用的"卵翼"之下坐到了河中节度使的帅位上。李克用没有将河中纳入自己的直接统治范围，从而不能对河中的防务做出全面周密的部署，最后只能眼睁睁地看着朱全忠将河中吃掉。所以，河中的降汴，固然是由于王珂的无能，不能抵御朱全忠的军事进攻，而李克用战略上的失误，无疑也是另一方面的重要原因。

河中是河东以及河南进入关中的通道，因此它的得失无论是对于李克用还是朱全忠影响都是重大的。河中降汴后，李克用"自是不复能援京师，霸业由是中否"。他马上派遣使臣带着重礼修好朱全忠。但朱全忠的最终目的是要取代李唐王朝，河东力量的存在，毕竟是他代唐称帝的一块绊脚石，史称："时朱全忠既服河朔三镇，欲窥图王室篡代之谋，以李克用在太原，惧其角逐。"故虽遣使回报，却借口李克用在信中口气傲慢，决欲攻之。于是，李克用只有在晋阳城下迎击朱全忠的全面进攻了。

五、太原的两次被围和李克用霸业中否

朱全忠拒绝李克用求和后，于天复元年（901）三月，发本部以及新近征服的各镇镇兵，从东、南两个方向向河东发起大规模的进攻。其中氏叔琮率领本部大军入自天井关（又名太行关，在今山西晋城南太行山顶），进军昂车关（又名仰车关、芒车关，在今山西武乡上关村）；魏博都将张文恭入自磁州新口（在今河北武安西）；葛从周以兖郓兵会合成德兵入自土门关（又名井陉关，在今河北井陉北）；洺州刺史张归厚入自马岭（在今山西太谷东南）；义武节度使王处直入自飞狐关（在今河北蔚县东南恒山峡谷口之北口）；权知晋州刺史侯言以慈、隰、晋、绛兵入自阴地关（在今山西灵石西南五十里南关镇）。

河东军在汴军的强大攻势下叛降相继，沁、泽、潞、汾、辽等州及承天军连连失守，部将蔡训、盖璋、孟迁、李审建、王周、张鄂等纷纷投降，泽州刺史李存璋弃城逃走。四月，汴军兵临晋阳城下，氏叔琮等多次率兵叫阵挑战，城中大恐，李克用亲自登城号令，废寝忘食。又连续十多天大雨，城墙多处坍塌毁坏。尽管李嗣昭、李嗣源等数次从城内挖暗道乘夜出击汴军，屡有杀获，但形势依然非常严峻，晋阳城几被攻破。幸好汴军因战线拉得过长，粮草不继，且连续大雨也给汴军造成了困难，兵士多患足肿腹泻病，朱全忠乃下令班师。晋军将领周德威、李嗣昭等乘汴军撤退之机，从背后予

以打击，收复了汾州等地。朱全忠第一次进攻太原结束。

同年年底，朱全忠进军关中，同李茂贞争夺昭宗皇帝，李克用派李嗣昭、周德威等率兵攻克慈、隰二州，并向晋州、绛州进逼，以分汴军兵势。朱全忠闻有河东兵出现，马上还军河中。李克用势力的存在，终究是朱全忠的一块绊脚石，于是到天复二年（902）三月，朱全忠再次发大军进攻河东，企图彻底消灭李克用势力。

对于河东来说，这一次的形势比上一次更为严峻。三月十二日，汴将氏叔琮和朱友宁率领十万大军在隰州蒲县（今山西临汾蒲县）与李嗣昭、周德威展开决战。时汴军横阵十里，而河东军不过数万，结果是河东军大败，李克用之子廷鸾也被汴军所获。接着，汴军乘胜长驱，败李存信率领的河东亲兵，连下慈、隰、汾三州。十五日，汴军再围晋阳。《旧五代史·李嗣昭传》对当时的严峻形势有如下一段描述：

> 汴军营于晋祠，（李）嗣昭、（周）德威收合余众，登城拒守。汴人治攻具于西北隅，四面营栅相望。时镇州、河中皆为梁有，孤城无援，师旅败亡。武皇昼夜登城，忧不遑食，召诸将议出保云州。

面对如此严峻的形势，李克用养子李存信建议放弃太原城，他说：关东、河北皆受制于朱温，我们的兵力寡少，太原城又狭小，守此孤城，汴军如果环城修筑堡垒，开挖壕沟，长期围困我们，我们连飞走都无路，只能坐以待毙。现在情势急迫，不如暂且北入达靼，然后徐图进取。李嗣昭、李嗣源和周德威等大将以及刘夫人都反对放弃太原，刘氏骂李存信道："存信不过是代北的一个牧羊儿，怎么能与之谋划成败呢！"又力劝李克用说："您曾笑话王行瑜轻率放弃邠州出走，最终为人所擒获，现在自己难道要重蹈覆辙吗？往日您流亡在达靼，几乎不能自免，赖天下多事，才得以南归。现在军队屡败，且士卒散亡无几，一旦离开太原，谁肯跟随您去？北边可以到达吗？"史称李克用听刘氏一番话后，"大悟而止"。当然，李克用没有出保云州、北入达靼，是众人劝说的结果，不过刘氏在其中所起的作用，确实也不容低估。

数日之后，河东的散亡兵士又集结起来，李嗣昭、李嗣源率敢死之士数次夜袭氏叔琮军营，斩首捕虏，汴军惊慌纷扰，备御不暇。恰好此时又爆发了严重瘟疫，汴军士卒多有染病、死亡者，氏叔琮遂烧营而去。李嗣昭、周德威率兵追击，追至石会关（在今山西榆社西北），氏叔琮在山坡高处留下几匹马及旌旗迷惑晋军，李嗣昭等果然中计，以为有伏兵，领兵退走，攻取慈、隰、汾三州。汴军此次围城共七天，晋阳城虽然得以保全，然而此战对于李克用的打击是巨大的，史称自此李克用数年不敢与朱全忠争锋。

黄巢起义以后，全国再次出现了统一的趋势。朱全忠从大顺元年（890）起就兼任宣义（即义成）节度使，乾宁四年（897）灭兖郓后，又求兼镇天平（即兖郓），朝廷不得已，以

朱全忠为宣武、宣义、天平三镇节度使。至天复元年（901）
灭河中后，又兼任河中节度使。朱全忠正是在不断扩大势力
范围，逐渐实现局部统一的进程中最终夺取了李唐王朝的天
下。李克用失利的原因是多方面的，然而他在"天子命我为
群后"（相当于"盟主"）之后，便不再"好兼并为永谋"，
继续扩大势力范围，而是"收燕蓟则还其故将，入蒲坂而不
负前言"。他的思想观念，还停留在春秋时期尊天子以令诸
侯，或晚唐以来藩镇外奉事朝廷而内行使割据统治的层面，
最后只能在同朱全忠的较量中走向失利。

　　但是，李克用虽然在同朱全忠的斗争中失利，未能阻止
朱全忠灭唐称帝，却也阻止了他对北方的统一，并为其子李
存勖灭掉后梁政权奠定了基础。朱全忠在灭唐建梁的过程中，
自觉或不自觉地对唐末以来适应藩镇割据的一套政治体制进
行了一些改革，也对唐后期以来日益腐朽的宦官集团、朝官
集团、魏博牙兵集团有所清算。李存勖灭梁建唐后，统一事
业向前进展了，但也恢复了一些已经被朱全忠所铲除的腐朽
势力，对历史带来了一些负面影响。

第七章

"尽忠"唐室——李克用与唐朝廷的关系

一、李克用的"勤王之绩"

说到李克用，当然不能不说到其对唐朝廷的"忠诚"，《旧五代史·唐武皇纪》在评价李克用的生平时说："武皇（即李克用）肇迹阴山，赴难唐室，逐豺狼于魏阙，殄氛祲于秦川，赐姓受封，奄有汾、晋，可谓有功矣。"并且将其与齐桓公、晋文公之辅佐周室相比，甚至与周文王、魏武帝相提并论。

所谓"逐豺狼于魏阙，殄氛祲于秦川"，是指李克用率军南下镇压黄巢起义。"魏阙"指古代宫门外的阙门，也作为朝廷的代称；"氛祲"是指预示灾祸的凶气；"殄"，消灭；"秦川"，泛指秦岭以北的关中平原地带。

而据李克用本人讲，他的"勤王之绩"则主要包括"破庞勋、翦黄巢、黜襄王、存易定"几项。李克用的这番话，是在大顺元年（890）唐朝廷讨伐河东时讲的，而在这之后，李克用又击败了拥兵入朝的李茂贞、韩建、王行瑜三帅，这也应该是其"勤王之绩"的重要表现。其中"破庞勋"主要是其父朱邪赤心（李国昌）的功绩，"翦黄巢"也已如上述，下面再看看李克用的另外几项"勤王之绩"。

（一）黜襄王

如上所述，光启元年（885）大宦官神策军使田令孜欲移河中节度使王重荣于兖州，遭到了王重荣与李克用的联兵反抗。李克用举兵入关中，田令孜挟持僖宗逃到凤翔，后来又到了宝鸡。邠宁节度使朱玫和凤翔节度使李昌符本来是与田令孜结为一伙的，现在却耻为其所用，倒戈与李克用联合，追击田令孜。田令孜又挟持僖宗越过大散关，逃往兴元（即梁州，今陕西汉中）。当时肃宗玄孙嗣襄王李煴因病没来得及跟上僖宗，留在了遵涂驿（又名石鼻驿，在今陕西宝鸡东千河东岸），为朱玫所得，朱玫挟持其一起回到凤翔。

朱玫因僖宗为田令孜所左右，又出逃在外，而自己的"勤王"之心却不被褒奖，于是便萌发了废立之心，要另立朝廷，"挟天子以令诸侯"。他招来当时尚留在凤翔的宰相萧遘商议废立之事，说："主上颠沛流离六年，中原将士冒矢石，百姓供馈饷，战死饿死，什减七八，仅得复京城。天下方喜车驾还宫，主上更以勤王之功为敕使（指宦官田令孜）之荣，委以大权，使堕纲纪，骚扰藩镇，召乱生祸。玫昨奉尊命来迎大驾（萧遘曾召朱玫前来勤王），不蒙信察，反类胁君。吾辈报国之心极矣，战贼之力殚矣，安能垂头弭耳（即俯首贴耳），受制于阉寺之手哉！李氏孙尚多，相公盍（即何不）改图以利社稷乎？"

朱玫指出当时宦官干政乱政，的确是事实，但废立皇帝是掉脑袋的大事，萧遘万万不敢答应。他回答说：皇上即位十几年，没有什么大的过错，一切罪过都在田令孜。废立重事，商朝伊尹、汉朝霍光都曾感到为难，我不敢遵命。

朱玫碰了个软钉子，便不再征求他人的意见，宣布道："我立李氏一王，敢异议者斩！"百官再无人敢吱声。光启二年（886）四月，朱玫先是逼迫凤翔百官拥立李煴权监（暂时代理）军国事，他自己兼任左、右神策十军使，控制兵权。接着，率百官及李煴还京师。十月，李煴即皇帝位，遥尊僖宗为太上皇。毫无疑问，这个小朝廷控制在朱玫的手中。

朱玫为了取悦于百官及藩镇，大行封拜，藩镇受其命者十分有六。他又以李煴的名义遣使至河东，拉拢李克用入伙。李克用焚毁伪诏，传檄各藩镇，声称自己已发蕃、汉兵三万"进讨凶逆"。接着又遣使奉表到山南（即梁州，为山南西道节度使的治所），说自己将发兵渡黄河"除逆党，迎车驾"。从史籍记载的情况看，李克用此次只是虚张声势，并没有真正出兵，朱玫最后被其大将王行瑜所杀，襄王李煴则被王重荣所杀，但李克用的态度，对稳定僖宗的帝位也起了不小作用，史称"先是，山南之人皆言克用与朱玫合，人情汹惧"，及李克用表至，人心"由是帖然"。于是李克用便将此次事件作为自己"勤王之绩"的一个重要方面了。

（二）存易定

如前所述，易定（义武）节度使王处存亦是建议唐廷召沙陀镇压黄巢起义者之一，后来又为其侄王邺娶李克用之女，双方关系至为密切。易定镇也一直与唐朝廷保持着较好的关系。广明元年（880）黄巢军进军长安，唐僖宗出逃后，王处存"号哭累日"，不待诏命，即率本军前往勤王，后与李克用一起收复长安，受到唐朝廷的褒奖。

光启元年（885），卢龙节度使李可举和成德节度使王镕以王处存与李克用"亲善"，河北藩镇中又"惟义武尚属朝廷"，便共约合兵灭之以分其地。王处存一面积极准备迎敌，在易州城被卢龙将刘仁恭挖地道攻破的情况下，派士卒三千人披着羊皮假扮羊群，然后乘卢龙军出城抢"羊"之际，率军士猛击，大败卢龙兵，易州城失而复得，这也是中国历史上一次著名而有趣的战役；一面又向李克用求援，李克用亲率大军赴援，先后在无极（今河北无极）、新城（今河北高碑店东南）、九门（今河北藁城西北九门）大破成德兵，从而稳住了王氏在易定的统治。易定镇是唐末少有的几个向唐朝廷表示效忠的藩镇之一，所以李克用将"存易定"也作为自己尽忠唐室的又一项重要内容。

由河东通往易定的主要通道，是著名的飞狐道。唐代飞狐道有两路，一路是自飞狐县（今河北涞源）北入妫州怀戎县（今河北怀来东南怀来镇），另一路是由飞狐县西南循唐河谷道西出蔚州州治灵丘县（今山西灵丘），此道又称"灵丘道"，李克用此次出兵救易定，走的就是这条道。李克用在出师和回师途中，曾两次题字留念，其出师时题字曰：

> 河东节度使、检校太保、同中书门下平章事、陇西郡王李克用，以幽镇侵扰中山，领蕃汉步骑五十万众，亲来救援。与易定司空同申祈祷，翌日过常山问罪。时中和五年二月廿一日克用记。易定节度使、检校司空王处存首题。

而在回师时题字曰：

> 至三月十七日，以幽州请就和断，遂却班师，再谒睟容，兼申赛谢，便取飞狐路却归河东，廿一日克用重记。

该石刻现存河北曲阳县北岳庙中。碑文末有一段小字，云："天会十二年七月六日，尚书都官员外郎、知曲阳县事高君陈模刊。"顾炎武云："则知此字当时所刻，或毁于靖康之兵火，而金天会十二年重刻之金石也。"以上录文俱见顾炎武《求古录》。而清人朱彝尊在《唐北岳庙李克用题名碑跋》中评论道："克用本武人，未尝以知书名，而碑文楷画端劲，词亦简质可诵，英雄之不可量如是夫！"李克用本人流传至今的文字绝少，故将这两段题字附记于此，至于题文中"领蕃汉步骑五十万众"，则是过分夸张了。

（三）败三帅

光启二年（886）十二月，王行瑜在杀朱玫后，被唐朝廷任命为邠宁节度使；次年八月，李茂贞出任凤翔节度使。前面提到，乾宁二年（895）河中节度使王重盈死后，其子王珙、王瑶与王重荣养子王珂展开了激烈的帅位之争。王珙和王瑶重赂王行瑜、李茂贞以及镇国军节度使韩建为援。于是三帅联名上表，请求让王珙继承父职。其实三帅支持王珙，也是各有私心。昭宗以已答应李克用以王珂为河中帅为由，拒绝三帅的请求，三帅便拥兵入朝，杀宰相韦昭度、李谿，"同谋废昭宗，立吉王"，形势甚为严峻。

李克用听说三镇兵犯阙，即大举蕃、汉兵南下，讨其"称兵诣阙之罪"。三帅闻太原起军，乃停废立之谋，还归本镇。王行瑜和李茂贞又欲挟天子以令诸侯，各留兵两千宿卫京师，令其兄弟或养子争夺昭宗。昭宗惧为所迫，先后出逃南山（即终南山）、石门镇等地。李克用遣兵围华州，韩建登城求饶；后听说李茂贞和王行瑜"皆欲迎车驾"，便移兵扎营渭桥，进击李茂贞，并派大将史俨率骑兵三千前往石门镇侍卫昭宗。李茂贞惧，斩假子李继鹏做替罪羊，上表请罪，并遣使向李克用求和。李克用暂时答应李茂贞的求和，集中兵力攻打王行瑜。王行瑜退保邠州（今陕西彬县），李克用率兵围之。王行瑜挈族弃城出逃，至庆州境，为部下所杀。昭宗得以还京，继续"冠通天之冠，佩白玉之玺"。李克用也因功被昭宗授以"忠贞平难功臣"称号，晋封"晋王"。

李克用在这次"勤王"中还有另外一个收获，即得到了一位南方美女——陈氏。陈氏为襄州（今湖北襄阳）人，本为唐昭宗的宫嫔。昭宗为奖赏李克用讨王行瑜功，便将陈氏并内妓四人赐予他。史称陈氏素知书，有才貌，深受李克用的宠重，封为魏国夫人。及李克用病危之际，陈氏在身边侍疾，落泪道："妾为王执扫除之役，十有四年矣，王万一不幸，妾将何托！既不能以身为殉，愿落发为尼，为王读一藏佛经，以报平昔。"李克用卒，陈氏果然削发为尼，唐庄宗李存勖为其赐号建法大师。明宗李嗣源即位后，改赐圆惠大师。后晋天福中卒于太原，追谥光国大师，塔名惠寂。这是后话。

天祐元年（904）四月，朱全忠迫迁唐昭宗于洛阳。诏至太原，李克用含泪对部下说："乘舆不复西矣！"皇帝再也回不到长安了。同年八月，朱全忠杀昭宗，李克用"南向恸哭，三军缟素"，全军戴孝致哀。天祐四年（907）四月，朱全忠灭唐称帝，据说李克用曾"卑辞"召契丹首领阿保机至云州，"约为兄弟"，约定在"冬初大举渡河反正"，后因患病及契丹背盟而未果。这应该也是李克用忠于唐朝廷的重要表现。

但是，李克用的"勤王之绩"，往往又是与"震主之威"联系在一起的。他虽然在镇压黄巢起义中为唐王朝立了首功，但在其最初南下时却也强占忻、代二州，又数度侵掠并、汾二州，争夺楼烦监，唐朝廷甚至不得不对其发出严重警告；所谓"黜襄王"，事件的起因一半也是由李克用引起的，正是由于李克用率大军南下救援河中王重荣，败邠宁、凤翔兵，进逼京城，从而引发了田令孜挟持僖宗出逃、朱玫拥襄王李煴为帝等一系列事变。大顺元年（890）宰相张濬力主讨伐河东的一个理由，就是"先帝再幸山南，沙陀所为也"；乾宁二年（895）王行瑜等三帅同谋废立、逼迫昭宗之事，亦与李克用有着直接的关系。王行瑜等三帅为王珙请河中帅位，昭宗却答应李克用以王珂为河中帅，三帅"不能得，耻之"，遂拥兵入朝，同谋废立。而李克用在败三帅的过程中，也不无表现出"震主之威"之处。

唐王朝在经过唐末农民起义的打击后，名存实亡，一些军阀，如朱玫、王行瑜、李茂贞和韩建等，都曾有过废黜唐天子或挟天子以令诸侯的图谋甚至行动，朱全忠更是觊觎李唐王朝的天下，并最终取而代之。以李克用当时的声势和实力，特别是在他两次入关之时，或占领长安另立朝廷，如朱玫所为；或挟天子以令诸侯，如韩建所为，都不是没有可能。然而他并没有那样做。光启元年事件中，李克用在进逼京城后，为避免事态的扩大，主动撤军，与王重荣一起上表请僖宗还京师；乾宁二年事件中，李克用在击败李茂贞，逼死王行瑜，实际上已经完全可以控制唐朝廷的情况下，却"密迩阙庭"而不入京师，主动引兵东归。

李克用之所以不为朱玫、韩建所为，主要原因是他不曾打算推翻李唐王朝的统治，正如他本人所言："昔天子幸石门，吾发兵诛贼臣，当是之时，威振天下，吾若挟天子据关中，自作九锡禅文，谁能禁我！顾吾家世忠孝，立功帝室，誓死不为耳。"

那么，李克用为何对唐朝廷表现出如此"忠心"呢？

二、李克用"忠唐"背景分析

君君，臣臣，父父，子子，是儒家伦理的核心内容。李克用是生于代北地区的沙陀贵族，从他"始言，喜军中语，龁龀善骑射"的情况看，他青少年时代受儒家思想的熏陶并不很浓。因此，李克用的忠君思想，并不主要来自儒家思想。

沙陀人从内迁到李克用时虽已经过去了半个多世纪，但以血缘为纽带的部落社会结构依然保存。李克用的父亲朱邪赤心因镇压庞勋功而被赐予"李国昌"之名，"预郑王属籍"，这在李国昌、李克用父子看来，他们被吸收为李唐宗室的成员，与他们收养义儿的性质相同。所以，当大顺元年（890）唐朝廷讨伐河东时，李克用就上表理直气壮地说："臣之属籍，懿皇所赐；臣之师律，先帝所命。"李存勖也一直以李唐王朝的正统继承者自居，他称帝后，在建立宗庙制度时，就以唐高祖、太宗、懿宗、昭宗及后唐懿祖、献祖、太祖为七庙，这些都说明了李克用父子对唐赐国姓的高度重视。在义儿制下，养子与亲子享有同等的权利，但也需尽同样的义务，李克用既然以李唐宗室自居，当然也就有维护李唐王朝统治的义务。所以，从某种意义上讲，李克用的尽忠唐室，是在尽一个"义子"的义务。

此外，李克用虽然在青少年时代受到儒家思想的熏陶并不很多，但在其后来的政治生涯中，也受到了一些奉行儒家思想的汉族官员的影响。

对李克用思想影响最大的一个人当属盖寓。盖寓是李克用云中起兵时的元勋之一。史称他"性通黠（即聪慧机敏），多智数（即有谋术），善揣人主情"。"武皇与之决事，言无不从"，是李克用最为信任的部下。盖寓读过多少书，我们不得而知，不过从他的一些行事上看，他并不完全是一个纯粹的武夫，而是具有一定的儒家思想观念。

光启二年（886）李克用接到襄王及朱玫送来的诏书后，盖寓就劝李克用诛朱玫，黜李煴，说昭宗流离迁徙，天下都归罪为我们进逼京师所致，现在如果不杀朱玫，黜襄王，就无法洗清自己；乾宁二年（895）李克用败王行瑜等三帅后，屯军渭北。昭宗担心再引起祸端，就下诏免其入觐之礼，诸将都说：天子近在咫尺，哪能不去行觐见之礼？诸将希望去行觐见之礼，无非是想得到皇帝的赏赐而已。李克用犹豫不决，盖寓觉得军队入京会对京城带来骚扰，便劝说道："君臣相始终，不必朝觐，但归藩守，姑务勤王，是忠臣之道也。"李克用笑着说："盖寓尚阻吾入觐，况天下人哉！"即日班师。"黜襄王"和"密迩阙庭"而不入京师，是李克用对唐朝廷忠诚的两次重要表现，而这两次事件均与盖寓有关。甚至盖寓在去世前，仍遗言劝李克用要省营缮，薄赋敛，求贤俊。

对李克用思想影响较大的第二个人是李袭吉。李袭吉是地地道道的儒士，其在河东幕府"垂十五年"，李克用的书信文件大都出自其手。唐"自广明大乱之后，诸侯割据方面，竞延名士，以掌书檄"。这些"掌书檄"的幕僚们虽然都是秉承主帅的意志办事，但他们的思想无疑也会对主帅产生一定的影响，因为他们不仅要为主帅起草书信文件，还要为其提供咨询顾问。天复二年（902），李克用在再次遭到朱全忠的进攻之后，向幕僚咨询"聚众""克敌""捍御"的方略，李袭吉即向他提出了"崇德爱人，去奢省役，设险固境，训兵务农"的建议。说"至于率闾阎（即按照里巷户数征税），定间架（即规定房产税），增曲糵（即增加酒税），检田畴（即检查田地），开国建邦，恐未为切"。李克用至死不称帝，恐怕与这些忠告建议不无关系。

对李克用思想影响较大的第三个人，是宦官张承业。张承业本姓康，或为昭武九姓胡人。但即使如此，因在宫中服侍多年，也是汉化极深。

李克用讨伐王行瑜等三帅时，张承业曾受命往返朝廷与李克用之间，与李克用建立了良好的关系。后来昭宗准备去河东避难，先派张承业去准备，任命他为河东监军。昭宗最后未能成行，张承业却被李克用留在了河东，从此一心辅佐李克用，主持内务，为晋王"捃拾（拾取、收集）财赋，召补兵马"。天复三年（903）崔胤诛杀宦官，李克用将张承业藏匿于斛律寺。昭宗死后，复用为河东监军。李克用在临终之际，将子存勖托付于张承业，说："吾儿孤弱，群臣纵横，后事公善筹之。"其信任程度可见一斑。

张承业在李克用时期的事迹史籍留下的记载不多，据说在汴、晋潞州争夺战中，李克用曾派张承业到凤翔去求援兵。当时正是早春凌汛季节，黄河中的浮冰很多，舟船无法渡过。张承业便向河神祷告，夜里梦见有一个神人对他说：明天你只管渡河就是了。到天亮时，看守渡口的士兵说浮冰已经冻在一起，可以渡河了，张承业便从冰上步行穿过。等他刚到对岸，浮冰便又融化分开。其实，这也不是什么神人相助，张承业梦见神人或许是真，但在黄河凌汛期间，冰块时结时分也是可能的，何况又隔了一夜，白天融化的冰块完全有可能在夜间重新冻结在一起。

张承业对唐王朝忠心耿耿。龙德元年（921）李存勖准备即帝位时，张承业有一段谏净的话，表达了他的思想。《资治通鉴》卷二七一龙德元年正月记事载：

张承业在晋阳闻之（指李存勖准备即帝位一事），诣魏州谏曰："吾王世世忠于唐室，救其患难，所以老奴三十余年为王捃拾财赋，召补兵马，誓灭逆贼，复本朝（唐王朝）宗社耳。今河北甫（刚刚）定，朱氏尚存，而王遽即大位，殊非从来征伐之意，天下其谁不解体乎！

王何不先灭朱氏，复列圣之深雠（'雠'即'仇'），然
后求唐后而立之，南取吴，西取蜀，汛扫（即扫荡）宇
内，合为一家，当是之时，虽使高祖、太宗复生，谁敢
居王上者？让之愈久则得之愈坚矣。老奴之志无他，但
以受先王大恩，欲为王立万年之基耳。"……知不可止，
恸哭曰："诸侯血战，本为唐家，今王自取之，误老奴
矣！"即归晋王（阳）邑，成疾，不复起。

可见，张承业所主张的，就是要"世世忠于唐室"，"诸
侯血战，本为唐家"，至死不失为唐奴。以张承业同李克用的
密切关系，他的思想不可能不影响到李克用。

但是，李克用"尽忠"唐室的最终目的，还是为了维护
自身的根本利益。黄巢起义失败以后，唐王朝虽然在农民军
的打击下四分五裂，朝廷"号令不出国门"，"王业于是荡
然"，但各地割据者大多数还是要在表面上臣服于唐朝廷，打
出尊王的旗号，利用唐室的余威，来扩大各自的政治声望与
影响，就连朱全忠也不例外。而对于李克用来说，不仅需要
"借"唐的"土地"，"假"唐的"位号"，而且还需要"借"
唐的"属籍"，从而得到中原汉族士大夫们的认可，于是便表
现出了较其他藩镇对唐朝廷更为"忠心"的一面。他的虽
"茂勤王之绩"，又不无"震主之威"，正是其与唐王朝之间既
相互依赖，又相互矛盾的关系的反映。

三、唐朝廷再讨李克用

但是，尽管李克用表现出较其他藩镇更多对唐朝廷的忠心，仍未能完全消除朝廷对他的戒心。唐王朝虽然是一个开放的王朝，唐太宗李世民奠定了有唐一代较为开明平等的民族政策，但在一些人的心中，仍然存在着较深的"华夷之辨"，所谓"非我族类，其心必异"。如上所述，元和四年（809）沙陀人从灵州迁往代北的一个重要原因，就是因为"沙陀在灵武，迫近吐蕃，虑其反复"。之后，随着李克用势力的壮大，唐对沙陀的猜忌防范心理也进一步加深，于是在唐昭宗大顺元年（890），朝廷再次对李克用进行了讨伐。

这年四月，李克用进攻云州失利，卢龙节度使李匡威、吐谷浑首领赫连铎以及朱全忠等上表请乘沙陀败亡之际，与河北三镇等一起平定太原。宰相张濬、孔纬赞同其事，说先帝（僖宗）再幸兴元，实乃沙陀之罪。此前主要顾虑河北藩镇与之结盟，未能动手。现在河南、河北诸藩皆愿诛讨李克用，这是千载难逢的机会，应乘其离贰而除之。正是在这种心理的指导下，唐朝廷开启了一场注定要失败的战争：

五月，唐朝廷下诏削去李克用的官爵、属籍，以张濬为总统帅，京兆尹孙揆为副帅，率领神策诸军及邠宁等西北藩镇兵合五万，浩浩荡荡从长安出发，进讨李克用。恰在此时昭义镇发生兵变，牙将安居受、冯霸等杀节度使李克恭附朱全忠，朱全忠即遣部将朱崇节入驻潞州（今山西长治）。张濬等人认为这是天之所助，立即任命孙揆为昭义节度使，派宦官韩归范前去传送任命的旌节。李克用则派遣康君立、李存孝率兵围潞州城。

六月，张濬会集宣武、镇国、静难、凤翔、保大、定难诸镇军于晋州（今山西临汾）。

七月，朱全忠遣骁将葛从周率千骑自壶关深夜抵达潞州城下，破河东兵围进入潞州城。又遣别将李谠、李重胤、邓季筠率兵攻李罕之于泽州（今山西晋城），遣张全义、朱友裕屯兵于泽州之北，作为葛从周的应援部队。战争似乎进行得非常顺利。

八月，孙揆从晋州出发，率领两千兵士前往潞州上任，李克用派大将李存孝以三百骑埋伏于长子西山谷以待之。当孙揆大摇大摆经过这里时，李存孝突然从林中杀出，擒获了孙揆和宦官韩归范以及牙兵五百余人，余者全部被杀死。

九月，李存孝围潞州，生擒朱全忠骁将邓季筠。接着又在马牢山（在今山西晋城南）大破汴将李谠、李重胤等，斩获数以万计。然后引兵还攻潞州，汴将葛从周、朱崇节弃潞州城而遁，潞州失而复得。李克用又遣李存孝率兵五千营于赵城（今山西洪洞赵城镇），大破镇国军节度使韩建，静难、凤翔之兵不战而退，禁军亦自溃。河东兵乘胜追击，直抵晋州城西门。张濬率兵出战，又败。静难、凤翔、保大、定难之军先渡黄河西归，张濬所剩禁军及朱全忠的宣武军合计万人，与韩建闭城拒守，自是不敢复出。

十一月，李存孝率兵进至晋州，围晋州城三日，后考虑到张濬的宰相身份，俘之无益；天子禁兵也不宜加害，乃后退五十里安营扎寨，张濬、韩建得以自含口（在今山西绛县西南）遁去。

这场战争本来是由朱全忠、李匡威和赫连铎挑起的，唐朝廷所依赖的，也主要是朱全忠的宣武军以及河朔藩镇的兵力。然而卢龙李匡威和吐谷浑赫连铎在整个战争过程中未见多少表现；朱全忠当时正与徐州时溥和兖郓朱宣、朱瑾兄弟争战，虽然也同李克用对泽、潞二州进行过一些争夺，但并未全力以赴；而成德镇和魏博镇则倚仗太原为捍蔽，如破太原，恐危及于己，王镕和罗弘信不仅不出师，而且也不准许朱全忠借道本境。剩下邠、岐、华、鄜、夏等镇乌合之众会集晋州，兵未交锋而副帅孙揆被俘，河西、岐下之师望风溃散，讨伐战争至是失败。

值得注意的是，唐昭宗本人本来就对这次讨伐李克用的行动存有疑虑，认为沙陀有功于国，不宜征讨。在朝廷议论讨伐之事时，唯朱全忠的同党言其可伐，其言"不可者十之七"。特别是宦官观军容使杨复恭极力反对，说先帝流离迁徙，虽然由于藩镇的骄横跋扈，但也是朝中大臣举止不当、措施不力所致。现在朝廷刚刚安定下来，不应该再制造兵端，为国家生事。杨复恭为杨复光的从兄，同为宦官杨钦义的孙子辈，杨复光力主召李克用镇压黄巢，与李克用建立了亲密的关系，杨复恭与李克用的关系也很好。大顺二年（891）唐昭宗令神策军讨伐杨复恭时，其就与养子杨守亮携带族人投奔太原，途中为华州兵所杀。杨复恭的另一位假子杨彦博投奔太原后，收葬其尸，李克用也为杨复恭申雪，昭宗下诏复其官爵。双方关系之非同寻常可见一斑。所以，唐朝廷这次对河东的用兵，一定程度上也反映了朝廷内部朝官集团与宦官集团之间的矛盾和斗争。

从李克用对张承业的保护与重用，以及朱全忠以唐朝廷的名义诛灭宦官后，河东对宦官的保护，都说明了李克用与宦官集团的关系甚为密切。而李克用与宦官关系的渊源，还要提到杨复光在提议召李克用镇压黄巢时所讲的一句话："雁门李仆射（即李克用）以雄武振北陲，其家尊与吾先世同患难。"李克用的"家尊"，当然就是李国昌；而杨复光的"先世"，是指其养父杨玄价。当年在镇压庞勋时，李国昌（朱邪赤心）率部参加，隶康承训部下，杨玄价则是康承训的监军，"其家尊与吾先世同患难"，大约就是这回事，可见在此时朱邪李氏便与宦官杨氏家族相识并结交了。

李存孝擒获孙揆及宦官韩归范后，李克用并没有打算杀害他们，而是派人去说服孙揆，欲以其为河东节度副使。然而孙揆虽无领兵打仗的才能，却颇有一些骨气，坚决予以拒绝，说："我乃天子大臣，兵败而死，此乃本分，岂能伏事你这镇使呢！"李克用受到羞辱，大怒，命人用锯子锯死孙揆。锯齿不能入其肉，孙揆骂道："死狗奴！锯人当用板夹，汝岂知邪！"李克用乃以板夹之，孙揆至死骂不绝声。

李克用杀了孙揆后，遣送韩归范归朝，向昭宗送上了一份"讼冤"表，称自己父子三代，受恩四朝，破庞勋，翦黄巢，黜襄王，存易定，致陛下今日冠通天之冠，佩白玉之玺。又说朝廷在遇到危险时，赞誉自己为韩（韩信）、彭（彭越）、伊（伊尹）、吕（吕尚）；既安之后，则骂自己为戎、羯、胡、夷。当今天下握兵立功之人，难道就不担心陛下他日之骂吗！

李克用连诉冤带恐吓的奏表引起朝廷的震惊恐慌。昭宗急忙下诏令群臣商讨对策，左仆射韦昭度等上了长长的一段奏疏，说李克用是"代漠强宗，阴山贵胤，呼吸而风云作气，指麾而草树成形"，又表彰了朱邪李氏自镇压庞勋以来所建功绩，请将李克用的"在身官爵，并请却还，仍依前编入属籍"，唐昭宗本来对这次讨伐河东就心存疑虑，便毫不犹豫地下诏"从之"，并将李克用的封爵由原来的陇西郡公晋升到陇西郡王，加检校太师兼中书令。

不过，这次战争并没有导致李克用与唐朝廷关系的恶化，因为李克用仍然需要"借"唐的"土地"，"假"唐的"位号"和"借"唐的"属籍"。唐朝廷则面对王行瑜、李茂贞、韩建，特别是朱全忠等人的不轨行为，更加感到李克用的难能可贵，唐昭宗甚至一度打算将河东作为自己的托身之处。

乾宁二年（895），李克用败李茂贞于渭桥后，李茂贞惧怕李克用的讨伐，"修贡献如藩臣"。但当李克用率军东归后，便"绝贡献，与韩建谋以兵入朝"。乾宁三年七月，李茂贞再次进逼长安，昭宗诏令李克用进卫京师，继而谋划前往河东去寻求李克用的庇护，并派遣延王李戒丕去打前站。结果昭宗半道被韩建挟骗至华州，未能到达太原，无奈之下，派延王对李克用说："不用卿计，故逮此，无可言者。今我寄于华，百司群官无所托，非卿尚谁与忧？不则不复见宗庙矣！"充分反映了唐朝廷对李克用河东势力的依赖。后来昭宗被朱全忠挟持后，也一再要求李克用前去勤王，只是李克用此时也是泥菩萨过河，自身难保，也就未能再建"勤王之绩"。

四、李克用英年早逝与晋王墓疑团

公元908年（后梁开平二年），也就是朱全忠建立后梁的第二年，一代英豪李克用在太原病逝，享年五十三岁。

李克用生病是在上一年冬天的十月，据说当时晋阳城墙无故自坏，占卜者说此为不祥之兆。李克用所得的病是"疽发于首"，也就是头上生了毒疮，古人似乎很容易得"疽"一类的疾病，不少人都是因"疽发于首"或"疽发于背"而身亡。到第二年的正月初一，李克用病情加重，《旧五代史·唐武皇纪》云是正月辛卯（初四）、《李克用墓志》云是正月二十日病逝。弥留之际，他遗言丧事从简，发丧后二十七日解除丧期。这在古代帝王或类似帝王中也是少有的。二月十八日，归葬于代州雁门县里仁乡常山里先茔。李存勖建立后唐，追谥李克用为武皇帝，庙号太祖，陵曰建极陵。李克用虽然生前没有称帝，死后却享受到了帝王的待遇。

　　李克用去世之后，归葬于代州雁门县里仁乡常山里先茔，史籍对此本来是有明确记载的，如《旧五代史·唐明宗纪》就记载说："中书奏：据宗正寺申，懿祖（即朱邪执宜）永兴陵、献祖（即李国昌）长宁陵、太祖（即李克用）建极陵并在代州雁门县。"代州雁门县，即今山西代县。

　　然而后来一些地方志的记载，却使李克用陵墓的位置变得模糊起来。

　　如《明一统志·太原府·陵墓》载："李克用墓，在忻州西一十里。克用，五代唐晋王，士人呼为李王陵。金天眷初，盗发之，守坟僧言之郡守。守梦王告云：'墓中有酒，盗饮之唇皆黑，可用此捕之。'明日，获盗，僧居其半。"所谓郡守"梦王（即李克用）告"云云，显然是荒诞无稽之谈，不过它却说明了李克用墓在忻州的传说。

　　《大清一统志·大同府·陵墓》则将李克用墓记载在了应州，云："五代唐李克用墓，在应州东安边镇南。"当今一些旅游宣传词中亦持此说，并且将元朝诗人李俊民游李克用墓时所赋的那首诗附于此处。

　　而雍正《山西通志·陵墓·代州》又将李克用墓列在了代州，其云："五代唐晋王李克用墓，在州西八里柏林寺侧。天祐十八年（921），晋王李存勖命李存霸执刘仁恭至雁门，刺其心血以祭，然后斩之。金天眷初，盗发王墓，守坟僧言于郡守。守梦王曰：'吾墓中有酒，盗饮吾酒者唇齿尽皆黑，可验此捕之。'明日，获盗如王梦中言。弟克谦、子嗣昭墓胥在寺东。正统己巳（即明英宗正统十四年，1449），盗发嗣昭墓，内凿石为圹，有日月星斗象。"所谓"守梦王曰"云云，不过是将一个荒诞的故事从忻州搬到了代州，不足为据。其中值得关注的，是这里提到的柏林寺。

柏林寺创建于后唐同光三年（925），元朝至正十三年（1353）重修，现已不存。据传，李克用墓上原有碑刻十三通，到清初时，仅剩下两通，清初著名学者朱彝尊曾看见过这两块碑。其一曰《唐故左龙武统军检校司徒赠太保陇西李公神道之碑》，碑文云："公讳国昌，字德兴，世为陇西沙陀人，伟姿容，善骑射。"即是为李克用之父李国昌所立之碑；其二曰《唐故使持节代州诸军事代州刺史李公神道之碑》，碑文云："公即太保之次子也，其名克口。"朱彝尊认为，此"太保之次子"，即李克让。朱氏为此还作了一首《满庭芳·李晋王墓下作》词：

独眼龙飞，鸦儿军至，百战真是英雄。沙陀去后，席卷定河东。多少义儿子将，千人敌、一一论功。争夸道、生来亚子，信不愧而翁。前驱囊矢日，三垂冈上，置酒临风。叹绿衣天下，回首成空。冷落珠襦散尽，残碑断、不辨鱼虫。西林外，哀湍斜照，法鼓影堂中。

雍正《山西通志·古迹·代州》还记载了一幅李克用的画像："李晋王像在柏林寺中，（后）唐同光三年庄宗建寺院，内遗像一轴，共七人。王衣绯袍，踞胡床。其右冠王冠而衣黄者，亚子（即李存勖）也。其左冠虎冠而衣青者，存孝（即李存孝）也。其二东向侍，其二西向侍，莫知为谁。王挟矢睨视（斜着眼看）之，盖王眇一目，号独眼龙，画笔为王讳之。明武宗过代，持像去，今摹像留寺中。"

在古代帝王家天下的思想意识中，臣民都是自己的，何况是一幅画呢！所以"明武宗过代，持像去"，并不足为奇。清初著名学者黄叔琳曾游柏林寺，作《柏林寺观李晋王画像歌》一首，其中有"沙陀怀古趋僧舍，驻马柏林还看画""谁与写照妙入神？李家父子皆天人""千载留遗归净土，世无别本须珍惜"之句。当然，黄叔琳在柏林寺所看到的，应该是临摹，而非真迹。

1989年代县李克用墓的发掘特别是《李克用墓志》的出土，证实李克用的墓地确实是在代州。

李克用墓位于今代县县城以西九公里处的阳明堡镇七里铺村。据说墓地原来曾有一座高十米、周围六十米的坟丘，1989年发掘时，从墓室中发现了十二生肖像、墓室浮雕侍从像、坟室外围墙画像砖、壁画以及墓志和志盖等文物，而且人骨有三具，这是一个重要的发现，说明李克用下葬时，当有人殉现象。这些文物现藏于代县博物馆。据介绍，从墓葬被破坏的情况及随葬物包括尸体在内的分析，李克用墓在下葬后不久就被盗掘，而且随着时间的推移而一盗再盗，这也符合了"金天眷初，盗发王墓"的说法。

李克用墓出土的一件重要文物，就是《李克用墓志》。墓志文共三十九行，每行四十二字。志文大体保存完好，为卢汝弼撰写，如前所述，卢汝弼先后在李克用、李存勖手下任职，天祐十八年（921）卒于太原，撰写此志文时的署衔是"门吏、节度副使、朝议郎、前充尚书祠部郎中、知制诰、柱国、赐紫金鱼袋"，而且是"奉命撰"。应该说，志文的可信程度是较高的。所叙述的李克用及其先世事迹，可与传世文献的记载相印证。志文提到李克用字"翼圣"，这在其他史籍中是不曾看到的。

据说李克用在弥留之际，曾以三支箭付其子存勖，说："一矢讨刘仁恭，汝不先下幽州，河南未可图也；一矢击契丹，且曰阿保机与吾把臂（握持手臂）而盟，结为兄弟，誓复唐家社稷，今背约附贼，汝必伐之；一矢灭朱温。"并说："汝能成吾志，死无憾矣！"此事见于宋人王禹偁所著《五代史阙文》，又见于《新五代史·伶官传》。李存勖将三支箭藏于供奉李克用牌位的庙庭，牢牢记住了父亲的遗训，并逐一去实现乃父所交予的使命。

第八章
"生子当如李亚子"——李存勖继袭晋王位

一、平定内难

《资治通鉴》卷二六六在记载后梁开平二年（908）五月梁、晋夹寨之战，朱全忠闻己军大败后，恐惧且感叹道：

> 生子当如李亚子，（李）克用为不亡矣！至如吾儿，豚犬（即猪狗）耳。

李亚子即李存勖，唐昭宗光启元年（885）十月二十二日出生在太原，母亲曹氏，太原人，或为昭武九姓胡人出身。当然，旧史也没有忘记为其出生添上一笔神秘色彩，说曹氏在妊娠时，"尝梦神人，黑衣拥扇，夹侍左右"。而到"载诞之辰，紫气出于窗户"。旧史还说李存勖是李克用的长子，其实落落和廷鸾应该都比他大，只是他们早死，李存勖也就占了长子的名分。乾宁二年（895），李克用进讨王行瑜等三帅，李存勖从行，时年十周岁，被李克用派去入朝献捷，受到唐昭宗的夸奖和赏赐。昭宗抚摸着他的脊背说："儿有奇表，将来为国之栋梁，勿忘忠孝于我家。"并说："此子可亚其父。"一说这就是李存勖小字"亚子"的由来。

李存勖秉承了沙陀人善于骑射的特点，且胆略过人，心性豁达，深得其父的宠爱。他也不同于一般的武夫，十三岁开始读《春秋》，略通大义，并以此为荣，经常对着勋臣夸耀自己曾手抄《春秋》。李存勖还通晓音律，能歌善舞，会演戏，至今在《全唐诗》中还保留着其所作的四首词。而且他还将自己的才艺用到了战场之上，陶岳《五代史补》载："初，庄宗为公子时，雅好音律，又能自撰曲子词。其后凡用军，前后队伍皆以所撰词授之，使扬声而唱，谓之'御制'。至于入阵，不论胜负，马头才转，则众歌齐作。故凡所斗战，人忘其死，斯亦用军之一奇也。"真是用兵之奇迹。

后梁开平二年（908）正月，李克用在临终前，曾遗言以李存勖为继承人，这也符合嫡长子继承制的传统。但当时上党之围尚未解除，李存勖年纪尚轻，而且一直生活在晋阳宫中，未经战事，因此军中私下多有议论，人心惶惶。李存勖恐不为众服，便要把王位让给久经沙场、典握兵柄的叔父李克宁。李克宁说："你是嫡长子继位，况且还有先王遗命，谁敢违命！"并带头拜贺李存勖继任晋王位。

但不久，李克宁就变卦，于是叔侄之间展开了一场争夺晋王王位的殊死斗争。关于这场血腥争夺，《旧五代史·唐庄宗纪》是这样记载的：

初，武皇奖励戎功，多畜庶孽，衣服礼秩如嫡者六七辈，比之嗣王（即李存勖），年齿又长，部下各绾强兵，朝夕聚议，欲谋为乱。及帝绍统，或强项不拜，郁郁愤惋，托疾废事。会李存颢以阴计干克宁曰："兄亡弟立，古今旧事，季父拜侄，理所未安。"克宁妻素刚狠，因激怒克宁，阴图祸乱。存颢欲于克宁之第谋害张承业、李存璋等，以并、汾九州归附于梁，送贞简太后（即李存勖母曹氏）为质。克宁意将激发，乃擅杀大将李存质，请授己云州节度使，割蔚、朔、应三州为属郡，帝悉俞允，然知其阴祸有日矣。克宁俟帝过其第，则图窃发。时幸臣史敬镕者，亦为克宁所诱，尽得其情，乃来告帝。帝谓张承业曰："季父所为如此，无犹子之情，骨肉不可自相鱼肉，予当避路，则祸乱不作矣！"承业曰："臣受命先王，言犹在耳。存颢辈欲以太原降贼，王欲何路求生？不即诛除，亡无日矣。"因召吴珙、李存璋、李存敬、朱守殷谕其谋，众咸愤怒。二月壬戌，命存璋伏甲以诛克宁，遂靖其难。

李克用去世，如前所述，《旧五代史·唐武皇纪》说是正月辛卯（初四），而《李克用墓志》说是正月二十日，到二月壬戌（二十一日）李克宁被诛，则这场争夺晋王王位的斗争持续了一个多月。

旧史多将李克宁后来的变卦归结于李克用义儿李存颢以

及其妻孟氏等人的怂恿蛊惑所致。其实李克宁本人最终不能抵挡权力的诱惑，才是问题的根本所在，正如李存颢所说："兄亡弟及，古今旧事，季父拜侄，理所未安，富贵功名，当宜自立，天与不取，后悔无及。"李存勖和李克宁的互相推让，在李存勖来说，李克宁当时毕竟手握实权，且"勋德俱高，众情推伏"，自己则"年幼稚，未通庶政，虽承遗命，恐未能弹压"，李存勖不知道这位叔父能否扶持于他，故先行试探一下；而在李克宁来说，乃兄在临终之时已有遗言，让他辅佐"亚子"，李克用当时尸骨未寒，余威尚在，而接受遗言的又有数人，再加上梁兵压境，若此时夺权，恐触犯众怒，所以也不敢贸然行动。

其实李克宁在李克用弥留之际时有一句问话："王万一不讳，后事何属？"已经透露出他对晋王之位的渴求和期盼，只是李克用的答复令他大失所望。所以，李克宁态度的转变，固然有李存颢及其孟氏等人怂恿蛊惑的因素，但根本的原因，还是他本人未能抵挡住权力的诱惑。至于说李克宁要"以并、汾九州归附于梁"，包括李存勖数落李克宁时说其"复欲以儿子母投畀豺虎"，恐未必是事实，因为李克宁想做的是独霸一方的"晋王"，与其做朱全忠的"臣下"，还不如"季父拜侄"，当李存勖的"王叔"为好。此不过是后来李存勖为杀李克宁，欲加重其罪状而编造的借口而已。

李存勖在平定内难后不久，便开启了一系列显示自己卓越军事才能的战役，其中第一场就是著名的夹寨之战。

如上所述，潞州从中和四年（884）以来，一直是晋、汴争夺的焦点，二十年间数易其手。天祐元年（904）朱全忠杀害唐昭宗，潞州守将丁会"不忍相从"而弃汴投晋，潞州落入李克用之手。朱全忠自然不甘心，决意重新夺回这一战略要地，在公元907年代唐称帝后，于是年五月遣大将康怀贞率十万大军向潞州发起进攻。

当时镇守潞州的是昭义节度使李嗣昭和副使李嗣弼。康怀贞数次向潞州发起进攻，但潞州城防守严密，半个月不能攻克。于是康怀贞在潞州城北筑起一道壁垒，并挖成一条弯弯曲曲、状如蚰蜒的壕沟，将潞州城团团围住，使之与外界隔绝。朱全忠以康怀贞久而无功，以另一位大将李思安代之。李思安又绕着壁垒再筑一道城墙，称之为"夹寨"或"夹城"，对内防止潞州晋军突围，对外抗拒太原来的援兵。

潞州告急，李克用以蕃汉都指挥使周德威为行营都指挥使，率领李嗣本、李存璋、史建瑭、李嗣源等一众大将前往救援。双方多次交战，谁都不能取胜，战争陷入了旷日持久的胶着状态。朱全忠又以李思安久战无功，损兵折将，以刘知俊代之。而就在关键时刻，李克用病故。朱全忠起先是怀疑李克用诈死，亲自到泽州准备迎梁军归镇；继而当证实李克用确死无疑后，又以李存勖年少嗣位，未经战事，以为潞州必可取，遂留兵继续围攻，自己回到开封。

李存勖与诸将谋划说："上党（即潞州），河东之藩蔽，无上党，是无河东也。且朱温所惮者独先王（即李克用）耳，闻吾新立，以为童子未闲军旅，必有骄怠之心。若简精兵倍道趣之，出其不意，破之必矣。取威定霸，在此一举，不可失也！"于是在天祐五年（908）四月二十四日，亲率大军自太原南下，抵达潞州北部的黄碾（今山西长治潞城西北）安营扎寨。

五月初一，李存勖率亲军埋伏在潞州城北三十里的三垂冈下。天遂人愿，次日早晨，大雾弥漫，晋军乘机发起进攻，直捣梁军所筑夹城。梁军绝没有料到晋军来袭，将士尚在睡梦之中，军中一片惊慌混乱。李存勖命令李嗣源、周德威、李存审三道齐进，梁军大败，招讨使符道昭被杀，丧命和逃亡的将士数以万计，丢弃的粮草堆积如山。朱全忠闻己军大败后，于是发出来"生子当如李亚子"的感叹。这就是历史上有名的"夹寨之战"。李克用在临终之前曾对李存勖说：潞州之围不解，我死不瞑目。这下可以瞑目了。

夹寨之战是晋、梁双方实力消长的一个转折点。李存勖既在战斗中显示出卓越的军事才能，又在内部树立起绝对的威望。他回到晋阳后，休兵行赏，命州县举荐贤才，惩黜贪腐，减轻田赋，抚恤孤寡，申雪冤案，禁止奸盗，于是境内大治。他又整顿军纪，训练将士，使晋军的作战能力进一步提高，史称李存勖之所以能够兼山东，取河南，灭后梁，就是士卒精锐故也。之后，李存勖与朱全忠父子鏖兵十多年，终于在公元923年灭掉了后梁，实现了乃父"一矢灭朱温"的遗愿。

李存勖在夹寨之战中，还有另外一个收获，那就是得到了梁将符道昭的妻子侯氏，宫中谓之"夹寨夫人"。之后李存勖四出征战，常以侯氏随军，一度宠冠诸宫，后被封为汧国夫人，李存勖即帝位后，册封为昭仪。

二、三垂冈上《百年歌》

三垂冈位于今山西长治潞城区西南二十里地，亦名三垂山，绵延九里，被称为"上党之缠护"。据介绍，三垂冈有主峰三座，因山形而得名，当地人分别称之为大冈山、二冈山、三冈山。三座山头分别向三个方向延伸，南临潞州，即今山西长治一带；西指晋、绛，即今山西侯马、绛县一带；东向邢、洺，即今河北邢台、永年一带。唐中宗时，临淄王李隆基（即唐玄宗）曾被贬为潞州别驾，在潞州待过几年，因此冈上有唐玄宗的"原庙"，也就是正庙以外立的宗庙。

三垂冈本来并不怎么知名，只因李克用、李存勖父子的一段故事而闻名天下。

天祐五年（即梁开平二年，908）夹寨之战中，李存勖在三垂冈下伏兵击败了梁军的包围，取得了关键性的一次胜利。而在此二十年前，李克用破孟方立于邢州，还军上党，曾在三垂冈上玄宗时所建祠庙前置酒庆贺，令伶人演唱《百年歌》。据说此歌为西晋诗人陆机所写的组诗，共十首，每十岁为一首，歌唱人的一生从幼年到老年的景况与悲欢。当唱到衰老之际时，歌声凄凉悲怆，座上之人的心情都感到压抑低落。时李存勖在李克用身旁，年方五岁，李克用捋着胡须指着儿子对众人说："吾行（即吾辈）老矣，此奇儿也，后二十年，其能代我战于此乎！"李克用破孟方立于邢州，事在唐昭宗光启四年（即文德元年，888），至是恰恰二十年，李存勖破梁军于此，也是一桩奇事。

后人围绕三垂冈之战，写下了一些脍炙人口的诗赋佳作。其中以清代两位文人刘翰的《李克用置酒三垂冈赋》和严遂成的《三垂冈》诗最为有名，前者为鲁迅《从百草园到三味书屋》所提及，后者曾为毛泽东手书。

刘翰《李克用置酒三垂冈赋》全文如下：

> 漳水风寒，潞城云紫；浩气横飞，雄狮直指。与诸君痛饮，血战余生；命乐部长歌，心惊不已。洒神京之清泪，藩镇无君；席部落之余威，沙陀有子。俯视六州三部，须眉更属何人；悬知万岁千秋，魂魄犹应恋此。

> 方李克用之克邢州也，大敌既破，我军言旋；霓旌渐远，露布纷传。虽贼满中原，饮至之仪已废；而师归故里，凯歌之乐方宣。更无围驿连车，醉教水沃；除是临江横槊，著我鞭先。

> 有三垂冈者，一城孤倚，四战无常；远连夹寨，近接渠乡。于是敞琼席，启瑶觞。举烽命酹，振衣远望。快马健儿，是何意态！平沙落日，无限悲凉。听百年之

歌曲，玩五岁之雏郎。空怜报国无期，慕麒麟于汉代；未免誉儿有癖，傲豚犬于梁王。座上酒龙，膝前人骥；磊块勘浇，箕裘可寄。目空十国群雄，心念廿年后事。玉如意指挥倜傥，一座皆惊；金叵罗倾倒淋漓，千杯未醉。无端长啸，刘元海同此丰神；未敢明言，周文王已先位置。

胜地长留，厥言非偶。问后日之墨衰，果当年之黄口。壮犹乍展，誓扫欃枪；陈迹重寻，依然陵阜。怅麻衣之如雪，木主来无；皎玉树以临风，山灵识否？峰峦无恙，还当陟彼高冈；栉椑空存，岂忍宜言饮酒。雏凤音清，鼎龙髯去。先君之愿克偿，佳儿之功益著。临风惆怅，何处魂招；大雾迷漫，定知神助。生子当如是，孙仲谋尚有降书；杀人莫敢前，朱全忠闻而失箸。三百年残山剩水，留作少年角逐之场；五千人卷甲偃旗，重经老子婆娑之处。

世有好古幽人，耽吟健者；时载酒而题诗，试登高而望野。云霾沛郡，莫寻汉祖高台；日照许都，空拾魏王片瓦。回忆一门豪杰，韵事如新；剧怜五季干戈，忧怀欲写。茫茫百感，问英雄今安在哉！了了小时，岂帝王自有真也。

鲁迅说他"疑心是极好的文章，因为读到这里，他（先生）总是微笑起来，而且将头仰起，摇着，向后面拗过去，拗过去"。的确，刘翰虽然算不上是清代第一流的文人，但其所作的这篇三垂冈的赋文，却也气势恢弘，场面壮阔，囊括史事，融贯古今，写出了李克用父子的英雄气概，不愧为历代咏战史诗中的佳作。

严遂成《三垂冈》诗如下：

> 英雄立马起沙陀，奈此朱梁跋扈何。
> 只手难扶唐社稷，连城且拥晋山河。
> 风云帐下奇儿在，鼓角灯前老泪多。
> 萧瑟三垂冈畔路，至今人唱《百年歌》。

同样写出了李克用父子的英雄气概。

1964年12月29日，毛泽东在读史时，突然想起了一首后唐庄宗李存勖三垂冈战役的诗，但记不清作者是谁，就给秘书田家英留了一个字条，说："田家英同志：近读五代史后唐庄宗传三垂冈战役，记起了年轻时曾读过一首咏史诗，忘记了是何代何人所作。请你查一查，告我为盼！"为了便于查对，毛泽东还凭记忆书写了诗的原文，又在诗后注明："诗歌颂李克用父子"。这就是我们现在所看到的毛泽东手书《三垂冈》一诗。毛泽东的书法大气磅礴，笔墨雄健，挥洒自如，灵动秀美。诗中除将"连城且拥晋山河"的"且"误作为"犹"，以及将"萧瑟三垂冈畔路"的"畔"误作为"下"外，全诗其他各字准确无误。由此可见，严诗及三垂冈战役给毛泽东留下的印象是何等深刻。而一代伟人毛泽东的书法，更为李克用父子甚至严遂成都增添了不少的光彩。

三、一箭讨灭刘仁恭

前面提到，李克用在弥留之际，曾以三支箭付其子存勖，其中一箭即是讨伐刘仁恭，李克用说："汝不先下幽州，河南未可图也。"对刘仁恭的讨伐，实际上在李克用时期就开始了。

刘仁恭原为卢龙节度使李全忠手下的一员低级军将。史称他"幼多智机"，李全忠在攻打易定节度使王处存时，包围易州城（今河北易县）累月，不能攻下，后被刘仁恭挖地道攻陷，从此获得了"刘窟头"的绰号。他又喜欢吹牛，对人讲曾梦见大佛幡出于指端，又说自己在四十九岁时当做节度使。这些话泄露了出去，引起时任节度使李匡威的反感，便不再让他掌典牙军，出为瀛州景城（在今河北沧州西）县令。

正好此时瀛州发生军乱，杀害刺史，刘仁恭招募了一千白丁讨平乱军，李匡威欣赏其才能，令其率兵屯戍蔚州（今河北蔚县）。后李匡威兄弟内讧，其弟匡筹夺取帅位，幽州城中大乱。蔚州戍军拥立刘仁恭为帅，欲攻打幽州城。行至居庸关，为幽州牙兵所败，刘仁恭遂携家小投奔太原。李克用当时正想吞并幽州，但苦于不熟悉幽州内情，所以对于刘仁恭的到来非常高兴，遇之甚厚，任命其为寿阳镇将。刘仁恭也跟随李克用参加了一些战役，表现颇为不凡。

刘仁恭屡次通过盖寓向李克用献计献策，言幽州可取之状，并且夸下海口说，只要给他一万人马，即可指日攻取幽州。李克用当时正在围攻邢州李存孝，就分出数千名军士给他，结果屡战屡败。到乾宁元年（894）十一月，李克用亲率大军攻打卢龙，连下数军州，进兵幽州城。十二月，李匡筹弃幽州城而遁，李克用即表荐刘仁恭为卢龙节度使。

李克用扶植刘仁恭，主要目的当然是为了将卢龙镇变成自己的附庸，从兵力、财力上对河东有所资助。然而刘仁恭利用李克用夺得卢龙帅位后，便忘恩负义，不再听从李克用的号令。乾宁三年（896），魏博与河东关系恶化，李克用向卢龙征兵，刘仁恭借口防备契丹，不发一兵一卒。次年七月，李克用再次向刘仁恭征兵，数月之间，使节往来不绝于路，刘仁恭不但不发兵，还对李克用恶语相加。李克用派使者前往谴责，刘仁恭大骂李克用，拘押使者，并将所有驻守在幽州地区的河东戍兵扣押，然后又用重金诱降河东将领叛归于他。李克用大怒，八月，亲率大军讨伐刘仁恭。结果木瓜涧（在今河北涞源东南四十里）一役，河东军大败，李克用本人也差点当了刘仁恭的俘虏。《资治通鉴》卷二六一乾宁四年九月记载此次战役说：

丁丑，李克用至安塞军（在今河北蔚县东），辛巳，攻之。幽州将单可及引骑兵至，克用方饮酒，前锋曰："贼至矣。"克用醉，曰："仁恭何在？"对曰："但见可及辈。"克用瞠目曰:"可及辈何足为敌!"亟命击之。是日大雾,不辨人物,幽州将杨师侃伏兵于木瓜涧,河东兵大败,失亡太半。会大风雨震电,幽州兵解去。克用醒而后知败,责大将李存信等曰:"吾以醉废事,汝曹何不力争!"

这也是李克用战争生涯中的一件趣事。

木瓜涧战役后,刘仁恭一面向唐朝廷奏称自己大破李克用,请自为统帅以讨河东,昭宗不许;一面又向朱全忠通报此事,朱全忠即奏加刘仁恭同平章事;同时又遣使向李克用表示歉意,陈说自己背叛李克用后心理上不安之意。李克用当时正忙于对付朱全忠的进攻,军势也开始下降,自顾不暇,便暂时放弃了对卢龙的报复行动。

刘仁恭利用李克用和朱全忠的矛盾,依违于二者之间,从中捞取好处,扩大势力。光化元年(898)三月,他派遣长子刘守文袭破沧州(今河北沧州),遂兼有沧、景、德三州之地,兵锋益盛,每战多捷,自以为老天相助,遂有吞噬河朔之志。结果遭到朱全忠和魏博联军的几次重创,"垂翅不振者累年"。

刘仁恭在遭到汴、魏联军的几次重大打击后,"乃卑辞厚礼乞师于晋",李克用出于对付朱全忠的战略考虑,遣兵予以支援,刘仁恭得以继续在幽州苟安数年。天祐三年(906)七月,朱全忠在准备代唐前夕,再次向刘仁恭发起了一场大规模的军事进攻。由于长期战争，兵力锐减，刘仁恭竟命令境内男子年十五以上七十岁以下者，全部自备粮食和武器参军，军人脸上刺"定霸都"三字，士人则在臂上刺"一心事主"四字，以防止其逃亡。史称卢龙境内除妇女和幼童外，几乎没有不被刺字的人。被围困的沧州更是惨不忍睹，甚至出现了吃土吃人的惨相。

刘仁恭再次向李克用求援，前后派出使者有百余次，李克用恨其反复无常，不肯发兵。其子李存勖站在战略的高度，劝其联合刘仁恭以对抗朱全忠。说："现在天下之形势，归朱温者十之七八，虽强大如魏博、成德、义武者，也莫不附之。自黄河以北，能成为朱温心腹之患的，也只有我们与卢龙罢了。现在卢龙被朱温围困，我们不与其合力抗拒，并不符合我们的利益。要想打天下，不能顾念小仇小怨，这是我们再兴的时机，千万不能错过啊！"

李克用听从了儿子的建议，与将佐谋划召集幽州兵一起攻潞州，说："于彼可以解围，于我可以拓境。"乃接受刘仁恭和议，召集幽州兵。刘仁恭这次没有拒绝，发兵三万到晋阳。李克用采取了围魏救赵的策略，遣周德威、李嗣昭率兵与卢龙兵一起攻打潞州，以缓解朱全忠对卢龙的压力。恰巧潞州守将丁会因朱全忠杀害唐昭宗而弃汴投晋，朱全忠急于称帝，再加上得知潞州失守，便结束了这次对卢龙的进攻，刘仁恭又躲过一劫。

不过，刘仁恭这次回到幽州，一下子变得昏庸起来，他在幽州西边的大安山（今北京房山西北）修建宫殿，广蓄美女，整日醉心于声色之中，又招来僧人道士炼长生不老之药，妄想万寿无疆。他的爱妾与儿子刘守光通奸事泄，他将刘守光责打一顿，赶了出去。天祐四年（907）四月朱全忠军队再次进攻时，刘守光趁机领兵进入幽州城，派人将刘仁恭从大安山抓回，囚禁起来。刘守文从沧州起兵讨伐大逆不道的兄弟，最后被心狠手辣的刘守光杀死，卢龙镇遂落入了刘守光之手。

李存勖继袭晋王位后，主要忙于整顿内政及与后梁之间的战争，对卢龙采取了和平共处的策略。刘守光则大耍两面派手法，一面派使者向朱全忠上表，表示要为其扫除并州的敌寇，同时又写信给李存勖，说要和他一起灭掉伪梁。李存勖为了让刘守光妄自尊大，得意忘形，以加速其灭亡，于是在天祐八年（911）六月与成德王镕、义武王处直、昭义李嗣昭、振武周德威、天德宋瑶共六镇节度使共同奉上表册，推尊刘守光为尚书令、尚父。尚父本来是指周朝时期的吕望，即姜子牙，后世用以尊礼大臣的称号。

刘守光却不醒悟，认为六镇确实惧怕自己，更加骄横，便向后梁太祖朱全忠上表陈述说："晋王等人推尊臣下，臣下蒙受陛下厚恩，不敢接受。我私下考虑，适当的做法，莫如陛下授予我河北都统的职位，这样并州、镇州就不足为患了。"梁太祖也知道刘守光的狂妄愚蠢，于是任命其为河北道采访使。

同年八月，刘守光自称大燕皇帝，改年号曰应天，此时距离他的死期已经为时不远了。李存勖派太原少尹李承勋去幽州观察虚实，刘守光怒李承勋不向他称臣，将其下狱，这为李存勖的进攻提供了理由。

天祐八年（后梁开平四年，911）十二月，李存勖派遣大将周德威出飞狐道，会同镇、定之师讨伐卢龙。刘守光遣部将单廷珪率精兵万人出战，在龙头冈与周德威相遇。单廷珪对刘守光夸海口说今天一定生擒周杨五来献，杨五是周德威的小名。开战之后，单廷珪在阵前看到周德威，就单枪匹马追了过来，枪尖刺到周德威的后背，周德威侧身躲过，奋力挥槌反击，单廷珪坠下马，被晋军活捉。单廷珪是卢龙骁将，燕人失去了他，士气大衰。

周德威攻围幽州历年，卢龙属郡皆被攻下，刘守光独守幽州城一隅之地。他向后梁求援，又北诱契丹，但均无结果。天祐十年（913）十月，刘守光派遣使者向周德威乞降，说等晋王到来即出城投降。十一月二十三日，晋王李存勖至幽州城下，与刘守光折断弓箭为誓，许其不死。刘守光答应次日出降，但此时已不是由他说了算的时候，李存勖下令诸军攻城，次日城破，刘仁恭、刘守光父子均被抓获。

李存勖既俘获刘仁恭父子，凯旋班师晋阳，他命掌书记王缄起草露布（即布告）宣告天下，王缄不知"露布"的含义，便将字写在一块布上，命人拉着前行。胡三省云："魏晋以来，每战胜则书捷状，建之漆竿，使天下皆知之，谓之露布。露布者，暴白其事而布告天下，未尝书之于布而使人曳（即拖、拉）之也。"这也是五代文人不知书的一则笑话。

李存勖在幽州时，曾答应刘仁恭父子不杀他们。但一进入河东的地盘，便变了卦。他用白绢捆绑着刘仁恭父子，于晋阳城内游街示众，祭祀南宫七庙，礼毕，将刘守光及其部下李小喜等以及他的两个妻子全部斩首。

刘守光在被杀之前，曾向李存勖哀求道："我善于骑射，大王您想成就王霸功业，为什么不留下我，让我为您效力呢？"李存勖不予理睬，令节度副使卢汝弼及其弟存霸押送刘仁恭一行至代州李克用坟前，先刺其心血祭奠李克用，接着诛之于雁门山下。

《五代史阙文》云：李存勖及讨刘仁恭，"命幕吏以少牢告庙，请一矢，盛以锦囊，使亲将负之以为前驱。凯旋之日，随俘馘纳矢于太庙"。"少牢"，就是在祭祀时只用羊、豕（猪）二牲；"俘馘"，即俘虏的头颅或左耳。李存勖是否按照此仪式行事，已不得而知，不过他终于完成了乃父彻底消灭刘仁恭的遗愿，李克用在九泉之下，也可以得到安慰了。

第九章

"马上天子"——李存勖的"复唐"与覆灭

一、李存勖建唐灭后梁

李存勖在夹寨大胜之后，就开启了灭梁的进程，他与后梁隔河对峙十五年，经历了大大小小无数次战争，其中最重要的有以下几大战役。

（一）柏乡之战

晋、梁之争首先围绕着河朔藩镇展开。李存勖在消灭卢龙刘仁恭的同时，也争取到了成德和义武镇的归附。成德和义武虽然臣属于后梁，但与河东也有一些往来，由此引起朱全忠的猜疑与不满。梁开平四年（910）十一月，朱全忠以抵御刘守光为名，遣军三千进驻深州、冀州，企图消灭成德和义武的势力。随后，又命部将王景仁、韩勍、李思安等率兵四万，向邢州北部的柏乡（今河北柏乡）进军。

成德节度使王镕、义武节度使王处直先后遣使向河东求援，表示愿意与之结盟反梁，并推举李存勖做盟主。河东将佐都说王镕长期臣服朱温，双方又是婚姻关系，这一定是欺诈。李存勖力排众议，先派周德威率兵从井陉关出发赴赵州，接着亲率大军救援。如同当年劝说其父李克用救援刘仁恭一样，李存勖又一次从战略高度出发，与成德结成统一战线，以对付最主要的敌人朱梁。

是年十二月，李存勖进军至距离柏乡五里处的野河（今滏阳河支流）北岸，与梁军隔河对峙。他命大将周德威率领三百胡人组成的精骑到梁军营前挑战，把梁军诱至柏乡城南的旷野，利用地形优势，以逸待劳。梁军意欲速战，李存勖采纳周德威的意见按兵不动。直到次年正月，梁军疲惫不堪，李存勖与周德威两面夹攻，大破梁军，俘获梁军将校以上两百多人，斩首两万，梁军伏尸数十里，其精锐禁军全军覆没，王景仁、韩勍、李思安仅率数十骑连夜逃归。这就是历史上有名的"柏乡之战"。

值得注意的是，在柏乡之战中，河东的"胡骑"起了很重要的作用，如"晋王进军，距柏乡三十里，遣周德威等以胡骑迫梁营挑战""复进，距柏乡五里，营于野河之北，又遣胡骑迫梁营驰射，且诟之""梁兵不出，周德威使胡骑环营驰射而诟之"等等。河东军之所以勇猛善战，很重要的一个原因就在于其拥有一大批代北"胡兵""胡将"。

柏乡大捷后，李存勖继续向河北地区进攻，并于梁乾化三年（913）攻克幽州，俘获刘仁恭、刘守光父子。而在这期间，朱梁朝廷内部则发生连续变乱，梁乾化二年（912），梁太祖朱全忠被其次子朱友珪所弑，接着，朱友贞又杀朱友珪，是为梁末帝。之后，李存勖与后梁的争夺，便是与朱友贞展开的。

（二）故元城之战

梁乾化五年（915），臣属于梁的魏博节度使杨师厚病卒，梁末帝趁机将魏博分为两镇，以削弱其势力，结果引发兵变。变兵囚禁新任节度使贺德伦，请降于晋，李存勖乘机率大军自今山西左权东南部的黄泽岭东下，进占魏州。他收编魏博牙兵为亲军，并兼领魏博节度使。随后又攻取德州、澶州。是年七月，李存勖进兵至莘县（今山东莘县），与梁将刘鄩隔黄河对峙。

刘鄩是梁朝名将，知李存勖兵强，闭壁不出。梁末帝多次催促刘鄩出战。梁贞明二年（916）二月，李存勖声言回师太原，引诱刘鄩出战。刘鄩果然中计，欲趁机夺回魏州，行至故元城（在今河北大名东北），遭到李存勖、李嗣源、李存审的三面夹击，全军溃败，刘鄩带领数十名骑兵突围逃走，其余七万梁兵几乎全部被杀死或淹死。接着，李存勖又连下卫、洺、相、邢、沧、贝等州，河北地区除黎阳（治今河南浚县东）一地外，全部被晋军占领。

不过，李存勖对河北地区的控制并不很牢固。次年，原卢龙降将卢文进叛晋降附契丹，并引契丹军南下。契丹国主耶律阿保机亲率号称五十万大军（显然是无限夸大）入侵幽州。幽州守将周德威孤军坚守，同时遣使回太原求援。李存勖命令李存审、李嗣源、阎宝三将统领七万步骑北上救援。是年八月，李嗣源率援军抵达幽州城外，大败契丹军，解除了幽州之围。这一战，晋军俘斩契丹军数以万计，缴获牛羊、辎重无数，也算是部分实现了李克用"一矢击契丹"的遗言。

卢龙事态平息后几年，成德和义武又相继发生变乱。梁贞明七年（921）二月，成德军将张文礼煽动军士哗变，杀节度使王镕。李存勖当时正在与梁军鏖战，无暇顾及，遂暂授张文礼为成德兵马留后，以安抚之。但到同年八月，便命大将阎宝和史建瑭率军征讨。张文礼惊惧而死，其子张处瑾接掌军事，继续负隅顽抗。而义武节度使王处直也背叛李存勖，勾结耶律阿保机，引契丹军南下，被义子王都囚禁，王都不久被契丹兵围困在定州（今河北定州）。

李存勖亲率五千铁骑北上救援王都，于次年正月先后在新城（今河北高碑店）、望都（今河北望都）大败两倍于己的契丹军，解除了定州之围。又乘胜追击契丹军至幽州，获阿保机之子耶律牙里果。但晋军在镇州战场上却连连失利，损兵折将。先是大将史建瑭中流矢而卒；接着主帅李嗣昭亦中流矢而卒；阎宝攻城受挫，羞愤病逝；继任主帅李存进亦战死。先后损失四员大将。而梁军则乘虚反扑，攻克卫州、新乡等地，重新夺回重镇相州（今河南安阳）。是年九月，镇州终因久被围困，粮尽力穷，被李存审攻破。李存勖又兼领了成德节度使。

李嗣昭是继李存孝之后河东最重要的将领，他的战殁不仅使李存勖失去一员得力战将，也导致了昭义镇的动乱。

（三）胡柳陂之战

在此期间，河南战场打得最惨烈的一场战役，是梁贞明四年（918）发生在胡柳陂的一场战役。胡柳陂，一说位于今山东鄄城西北部，一说在今河南范县西南部，还有一说在今河南濮阳东南部，其实这三种说法都指向了一处。

这年八月，李存勖调发河东、魏博、卢龙、横海、义武等镇以及奚、契丹、室韦（达靼）、吐谷浑诸部齐集魏州，准备直捣开封，一举灭梁。晋军驻扎在麻家渡（在今河南范县西南濮城西北），与梁将贺瓌、谢彦章部隔黄河对峙百余日。

十二月，李存勖由麻家渡渡过黄河，二十三日，进驻胡柳陂，设栅为营。时梁将谢彦章被贺瓌所杀，李存勖认为这是灭梁的绝佳机会，产生轻敌侥幸心理。部将周德威建议以逸待劳，用骑兵骚扰梁军，使其不得休息，然后乘其疲乏之际，一举歼灭。李存勖拒绝采纳这一意见，自率亲军攻打梁军战阵，与梁军展开血战。晋军先胜后败，周德威父子战死，李存勖被迫登上一座土山自保。

战争后来出现了戏剧性的反转。当时，包围李存勖的梁军多是步卒，立足未稳。李存勖部下阎宝、李嗣昭、李建及等建议以骑兵突击，李存勖采纳，最终反败为胜，击溃梁军。

此战晋、梁双方都损失了约三分之二的士卒，晋军虽乘胜夺取了濮阳，但也因伤亡惨重，无力再攻开封，只得撤归河北。周德威是与李存孝、李嗣昭齐名的河东勇将，他的阵亡，也是李存勖的一大损失。史称李存勖闻周德威父子死讯后，深深自责，"哭之恸，曰：'丧吾良将，是吾罪也。'"

（四）德胜南城争夺战

胡柳陂之战后，梁贞明五年（919）正月，李存勖令大将李存审在德胜渡口（在今河南濮阳东南五里处）隔着黄河修筑了南北两座城堡，作为进攻后梁的据点。当年四月，晋、梁双方便在这里展开了一场激烈的水上搏斗：

当时，梁将贺瓌欲攻打德胜南城，遂用竹索将十多艘艨艟战舰（一种狭长的战船）连在一起，蒙上牛皮，再在上面设置矮墙和战栅，如同城墙一样，横排在黄河中流，用来切断黄河北岸晋军的援兵。李存勖亲自率军前往救援德胜南城，却被梁军艨艟阻挡在河北，无法进军。于是在军营门前堆放大量黄金绢帛，招募能击破艨艟的将士。虽说重赏之下必有勇夫，但大家都不知该怎么办。关键时刻，李建及请求拼死与梁军决战，从银枪效节军中挑选出敢死之士三百人，身穿铠甲，手持利斧，乘船向艨艟冲去。

快要接近艨艟时，梁军飞箭像雨点般密集射来，李建及派持斧的兵士冲入艨艟之间，砍断连结的竹索，又用木制的酒坛载上柴草，浇上油点燃，从上游顺流放下。接着用巨舰载满兵士，擂鼓呐喊，冲向梁军。艨艟被断开之后，顺流漂下，上面的梁军士兵被烧死、淹死近半，晋军这才得以渡过黄河，解除了梁军对德胜南城的包围。

梁龙德三年（923）四月，李存勖在基本平定了河北的动乱后，于魏州（今河北大名）称帝，沿用唐国号，改元同光，追赠朱邪执宜、朱邪赤心（李国昌）、李克用三代为皇帝，与唐高祖、太宗、懿宗、昭宗并列为七庙，以表示自己是唐朝的合法继承人，史称为"后唐"，李存勖即后唐庄宗。

李存勖建立后唐后，仍面临着非常严峻的形势：契丹不断侵扰幽州，兵锋直逼河北；李嗣昭之子潞州守将李继韬叛附后梁；梁将董璋急攻泽州，意图吞并昭义镇，直接威胁到太原的安全。李存勖为扭转局面，决定趁梁军东面防守空虚之机，出兵奇袭后梁军事重镇郓州（治今山东东平），以切断梁军右翼。于是在同光元年（923）闰四月，命李嗣源率步骑兵五千，连夜冒雨渡过黄河，一举袭破郓州。梁末帝闻郓州失守，急忙派遣大将王彦章率军阻止唐军西进。王彦章是后梁有名的大将，号称"王铁枪"。李存勖则命大将朱守殷严守魏州通向汴州的重要渡口德胜城，自率亲军进屯澶州（今河南濮阳西），也就是后来宋辽签订"澶渊之盟"的地方。

德胜南城最终还是被王彦章攻破，这也是五代时一个颇有意思的经典战例。《资治通鉴》卷二七二同光元年五月载：

梁主（即梁末帝朱友贞）召问王彦章以破敌之期，

彦章对曰:"三日。"左右皆失笑。彦章出,两日,驰至滑州。辛酉,置酒大会,阴遣人具舟于杨村;夜,命甲士六百,皆持巨斧,载冶者(即从事冶炼铸造的人),具鞴炭(即鼓风囊和木炭),乘流而下。会饮尚未散,彦章阳(即假装)起更衣,引精兵数千循河南岸趋德胜。天微雨,朱守殷不为备,舟中兵举锁烧断之,因以巨斧斩浮桥,而彦章引兵急击南城。浮桥断,南城遂破,斩首数千级。时受命适三日矣。

于是,梁、唐两军最后的决战在杨刘城展开。

(五) 杨刘城决战

杨刘城位于德胜城的下游,其具体地理位置,一说在今山东东阿东北的杨柳村,一说在今山东莘县与河南南乐的交界处,为今徒骇河隔河相望的杨寨村和刘寨村的统称,两地相距大约一百公里。但无论在哪里,它是当时黄河下游的一个渡口重镇。元和十三年(818),唐朝廷讨伐淄青节度使(治郓州)李师道时,就是从杨刘渡黄河;乾宁三年(896)朱全忠攻郓州,也是从杨刘渡河;乾化元年(911)李存勖攻魏博,朱全忠也是派葛从周自杨刘渡河救援;贞明元年(915)李存勖至魏州,梁末帝也遣牛存节屯杨刘以备之。这一切都说明了杨刘镇在黄河南北之间特别是河北与郓州之间交通的重要地位。

早在梁贞明三年（917）十二月，李存勖就趁黄河结冰，渡河从后梁手中夺取了杨刘城，之后杨刘城便一直在李存勖的控制之下，李存勖派部将李周率兵把守。

王彦章攻克德胜南城后，便试图夺回杨刘城，阻断河北唐军与郓州的联系，然后收复郓州。于是拆下德胜南城房屋的木材扎成木筏，顺河东下。而李存勖也命令朱守殷放弃德胜北城，拆下房屋的木材扎成木筏，装载军需器械浮河而下，协助李周固守杨刘城。于是再次发生了戏剧性的一幕：两军一在南，一在北，各自沿着黄河一侧顺流而下，河道拐弯处相遇，便厮杀一阵，各有胜负，及到达杨刘，士卒仅剩下一半。

王彦章进抵杨刘城下后，与后梁另一名大将段凝合军十万攻打杨刘，昼夜不息，并以巨舰九艘横亘于河津，阻挡河北唐军的增援。但唐将李周防守严密，王彦章屡攻不克，只得退屯杨刘城南，筑垒连营，以阻击唐军渡河。

六月，李存勖亲临杨刘，一面命唐军出营挑战，牵制梁军兵力，一面命谋臣郭崇韬领兵奔赴博州（治今山东聊城东北），于马家河渡过黄河，在黄河东岸修筑新城，以接应郓州唐军。王彦章转而率军急攻博州新城，还用十余艘巨舰置于黄河中流配合作战。郭崇韬据城坚守，李存勖亦率军自杨刘增援郭崇韬，王彦章只得退保邹家口。李存勖与驻守郓州的李嗣源恢复了联系。七月，王彦章复攻杨刘，再次被唐军击败，遂撤师西归，不久便被召回开封，段凝接任主帅。

八月，梁末帝朱友贞部署从四路发起反击：命段凝攻澶州，董璋攻太原，霍彦威攻镇州，王彦章攻郓州，打算在十月向后唐发动总攻。但因兵力分散，造成汴州防守空虚。他还命梁军掘开滑州（治今河南滑县）南面的黄河大堤，以阻止唐军进攻都城开封，但同时却也将梁军主力阻隔在决河以北。九月，梁将康延孝投降后唐，将后梁军情尽数告知李存勖，建议唐军乘虚袭取开封。李嗣源则在郓州附近大败王彦章，俘获梁军将校三百余人，迫使梁军退保中都（今山东汶上）。

十月，李存勖自杨刘渡河，进抵郓州，并以李嗣源为前锋，攻破中都，俘获王彦章。王彦章一向看不起李存勖，称其为"斗鸡小儿"。至是，李存勖问其服不服气，王彦章只能对以"天命已去，无足言者"，拒绝投降被杀。

是月初九，李嗣源进攻开封城，梁末帝朱友贞自杀，梁将王瓒开城投降。李存勖于同日抵达开封。段凝率五万大军经滑州回至封丘，闻开封已失，率众乞降，后梁正式灭亡。段凝后被李存勖赐姓名李绍钦，成为李存勖颇为信任的重臣。

十二月，李存勖将后唐京师从开封迁至洛阳，以太原为北京，恢复长安为西京，一如李唐旧制。同时又因魏州是其建唐称帝之地，升为东京兴唐府。

二、后唐击灭前蜀国

唐朝从黄巢起义失败以后，藩镇割据、军阀混战的形势愈演愈烈，最终分裂为五代十国。李存勖既然以李唐王朝的正统继承者自居，也就梦想着恢复唐王朝大一统的政治局面。于是在内部稍作安顿之后，便开始了统一全国的军事行动，他把进攻的矛头首先对准了前蜀。

前蜀是由原唐西川节度使王建所建立的。公元907年朱全忠灭唐建梁后，王建曾劝李克用称帝，"各王一方"，李克用不从，于是王建便在成都称帝，建国号蜀，史称前蜀，成为十国当中的一国。王建即前蜀高祖。

李存勖在灭梁后，威震天下，岐、楚、吴越、闽、荆南等割据政权纷纷入贡称藩，前蜀却不肯臣服。李存勖便有意对其用兵。据宋人周羽翀编撰的《三楚新录》记载，李存勖灭梁后，召荆南（亦称南平）国主高季兴入朝，对他说："今天下负固（即依恃险阻）不服者，唯吴与蜀耳。朕今欲先有事于蜀，而蜀地险阻，尤难之。江南才隔荆南一水耳，朕欲先征之，卿以为如何？"高季兴担心唇亡齿寒，乃劝李存勖先伐蜀，说："臣闻蜀国地富民饶，获之可建大利，江南国贫，地狭民少，得之恐无益。臣愿陛下释吴先蜀。"李存勖听高季兴如是说，更加坚定了其伐蜀的信心。

前蜀在高祖王建统治的十多年间，国力尚属强盛，他励精图治，注重农桑，兴修水利，实行"与民休息"的政策；还积极扩张疆土，使蜀国的疆域发展到了包括今四川大部、重庆、甘肃东南部、陕西南部、湖北西部的广大地区。但公元918年王建去世，其子后主王衍继位，不理政事，军国大政全部交与权臣宦官，他本人则过着奢侈淫逸的生活。

> 者（同"这"）边走，那边走，只是寻花柳。
> 那边走，者边走，莫厌金杯酒。

这是王衍所作的《醉妆词》，非常直白，也是他本人生活的真实写照。再看《资治通鉴》对王衍奢靡生活以及朝廷腐败的一段描写：王衍奢侈纵欲无度，每日与太后、太妃到显贵大臣之家游玩宴饮，或到附近各郡的名山游览，饮酒赋诗，所花费的钱财不计其数。太后和太妃也都公然卖官鬻爵，出售刺史、县令、录事参军等官职，每当有一个官位空缺，就有好几个人争着来买，最后交纳财物最多的便得到这个官职，一派乌烟瘴气。因此，有识之士都预料蜀国灭亡的日子不远了。

同光二年（924）四月，李存勖派客省使李严出使前蜀，趁机刺探蜀中虚实。李严大力赞颂庄宗的威德，说他有统一天下的志向。前蜀大臣宋光葆也看出李存勖的野心，上书说："晋王有侵扰我国的意图，应当选拔将领，训练兵士，驻守边境，积蓄粮草，修造战舰加以备之。"王衍这才在两国边界派驻了一些兵力进行防守，并在今陕西凤县凤州镇东北三十公里处建筑了一座威武城。

李严归国后，极力主张伐蜀，称蜀国已有亡国之象，君臣上下专以奢侈荒淫相比高下，大兵一临，立刻土崩瓦解。这更坚定了李存勖出兵灭蜀的决心。

同年八月，李存勖又派遣使者李彦稠入川，表示要与蜀国修好，以此麻痹王衍。王衍信以为真，派翰林学士欧阳彬为唐蜀通好使，回访后唐。又以两国修好，进行了一系列的愚蠢之举：撤除威武城戍兵；召关宏业等二十四军返回成都，撤除武定、武兴招讨刘潜等三十七军；撤销天雄军招讨，命令王承霔等二十九军返回成都；撤除金州戍守军队，命令王承勋等七军返回成都。原先的边界守备基本废除。

不需要任何理由，同光三年（925）九月，李存勖以其子魏王继岌为主帅、枢密使郭崇韬为副帅、李绍琛为前锋，统领六万大军，征讨前蜀。李继岌少不更事，军务皆由副帅郭崇韬决断。另以高季兴为东南面行营都招讨使，率荆南兵攻取夔（治今重庆奉节）、忠（治今重庆忠县）、万（治今重庆万州）诸州以策应，说若能攻下，这几州就归你。

李绍琛即康延孝。李存勖当权后，效法乃父的手法，也收养义子并广为部下军将及部落酋长赐姓名，试图以此手段加强他们对以自己为核心的沙陀政权的认同感和凝聚力。如元行钦赐姓名李绍荣；段凝赐姓名李绍钦；房知温赐姓名李绍英；王晏球赐姓名李绍虔；朱全忠之甥袁象先，赐姓名李绍安；康延孝赐姓名李绍琛；米君立赐姓名李绍能；霍彦威赐姓名李绍真；吐谷浑首领白承福赐姓名李绍鲁；奚族首领扫剌赐姓名李绍威等等。然而李存勖此举并未能达到多少实效，随着其本人死于乱兵之下，这些"义子"们也都纷纷改回本姓名，四分五裂。这是后话。

后唐军进军十分顺利，李绍琛（康延孝）轻而易举攻克前蜀军事要地威武城，接着，唐军又兵不血刃拿下了凤州（治今陕西凤县）、兴州（治今陕西略阳）等地，缴获大批粮草，解决了困扰军队的粮食问题。而此时王衍仍率领数万军队在国内巡游作乐，到达利州（治今四川广元）时，威武城败兵来告，王衍始相信唐军来犯，急忙组织三万兵马迎战，却被唐军击溃于三泉（治今陕西宁强西南）。前蜀各藩镇纷纷投降，王衍仓皇逃回成都，并截断位于今四川广元西南嘉陵江、白龙江合流处的桔柏渡浮桥，以阻遏后唐军队。

后唐军昼夜兼行，十一月初九，到达利州，前蜀守将林思谔弃城西逃，后又遣使请降。李绍琛（康延孝）修复桔柏渡浮桥。李继岌率大军向前蜀腹地推进，前蜀武信节度使兼中书令王宗寿以遂、合、渝、泸、昌五州，宋光葆以梓、绵、剑、龙、普五州，武定节度使王承肇以洋、蓬、壁三州，山南节度使兼侍中王宗威以梁、开、通、渠、麟五州，阶州刺史王承岳以阶州，全部投降了后唐。其余州县，也都望风归附。

而就在此期间，前蜀中书令王宗弼发动政变，囚禁蜀主王衍、后妃及诸王，自称西川兵马留后。他以王衍的名义邀请李严入成都城，商谈投降事宜。李严迅速进入成都，抚慰官吏、百姓，命蜀军撤去成都的军事防备。十一月二十六日，李继岌率大军进抵成都。王衍率百官出城拜降，前蜀灭亡。后唐从出兵到攻下前蜀，总共用了七十天，取得十个节度使方镇，六十四州，二百四十九县，三万兵卒，铠甲兵器、钱粮、金银、缯帛锦缎等物总数以千万计。

李存勖下诏征王衍入朝，据《新五代史·前蜀世家》记载，其诏令有云："固当列土而封，必不薄人于险，三辰在上，一言不欺！"意思是我一定分封土地给你，绝不会在你有难之时薄待于你，日、月、星辰在上可以作证，一言既出，绝不骗人！同光四年（926）正月，李继岌派李继曮、李严押送王衍及其宗族、百官数千人前往洛阳，当行至长安西部的秦川驿时，伶人景进向李存勖进言说："魏王（李继岌）尚未回来，康延孝刚被平定，西南方面还没安定。王衍亲族同党不少，听说天子准备东征，恐会发生变乱，不如除掉他们。"李存勖予以采纳，派宦官向延嗣去诛杀王衍一行。李存勖在诏书中云："王衍一行，并从杀戮。"枢密使宦官张居翰将"一行"改为"一家"，于是百官及千余随行人员免于一死。后唐明宗李嗣源即位后，王衍族人陕州行军司马王宗寿请求将王衍及兄弟等十八人葬于长安南三赵村，并追赠王衍为顺正公。

王衍作为亡国之君，在治理国家上一塌糊涂，但同历史上许多亡国君主一样，他却有一定的文才，欧阳修就评价其"颇知学问，能为浮艳之辞"。据说《甘州曲》《醉妆词》这些词牌就是由他所创的。

当前蜀国灭亡的消息传到南平时，高季兴正在用餐，惊吓之下，掉了汤匙筷子，说这是老夫当时劝其伐蜀的过错。谋士梁震说："此不足忧也。唐主得蜀后肯定会更加骄傲自大，很快就会灭亡的，焉知蜀国灭亡不是我国之福呢？"

三、庄宗之死与朱邪李氏的覆灭

史称王衍的母亲徐氏在临死前曾高呼道："我儿举国降顺，皇帝许以不死，而今却行杀戮。其言而无信，必遭报应。"或许是应验了徐氏的诅咒，就在王衍一族被处死后不久，唐庄宗李存勖也被乱兵所杀，朱邪李氏几近灭族。

李存勖的覆灭实际上从王衍一家被杀前就已开始了。

李存勖灭梁后，宠信宦官和伶人。宦官制度是中国古代社会的一个变态。作为个体，宦官中当然也不乏一些忠正之士，但作为群体或一种制度，它是长在社会上的一颗毒瘤，造成许多负面影响甚至祸害。如历史上的东汉、唐代和明代都曾遭受过严重的"宦官之祸"。朱全忠在唐末曾对宦官势力进行了一次清理，后梁建立后，基本废除了宦官制度，就连一贯由宦官把持的为皇室服务的内诸司使，也都更换成士人。但李存勖建立后唐，为了标榜自己是李唐王朝的正统继承者，将唐朝一些没落腐朽的东西也全面继承。他下令诸道搜求唐朝时的旧宦官，得数百人，送往京师洛阳，使后唐朝廷的宦官人数增加到一千多人，宦官制度得到全面恢复。

而李存勖又酷爱演戏，史称"帝（即庄宗李存勖）幼善音律，故伶人多有宠，常侍左右。帝或时自敷粉墨，与优人共戏于庭，以悦刘夫人，优名谓之'李天下'"。伶人在皇帝的呵护纵容下，随意出入宫禁，侮弄朝臣，大臣们敢怒不敢言。也有的朝臣为了求得恩赏和提拔，依附伶人，四方藩镇将领也争着贿赂、结交他们。特别是伶人景进，甚至达到了干预朝政的地步，"自将相大臣皆惮之"。"戏子误国"，后唐庄宗朝无疑是历史上最典型的案例。李存勖的覆灭，就与宦官和伶人有着很大的关系。

李存勖命魏王李继岌和郭崇韬任正、副统帅征蜀，以宦官李从袭为监军。郭崇韬一向与宦官不和，李从袭便不断在魏王面前对其诋毁。前蜀灭亡后，郭崇韬留在成都处理善后事宜。宦官向延嗣从成都回朝，向庄宗和刘皇后进谗言，诬陷郭崇韬收受贿赂，滞蜀不归，有谋反之意。李存勖便对郭崇韬产生怀疑，又派宦官马彦珪赶赴成都，观察郭崇韬的动静，说如发现其确实拖延不归、跋扈专横，就让马彦珪和魏王将其除掉。而刘皇后更擅自下令，命魏王直接杀掉郭崇韬。李继岌听从了母后的话，于同光四年（926）正月将郭崇韬杀死。更为离谱的是，河中节度使李继麟（即朱友谦）因拒绝伶人和宦官的索贿，伶人景进就说他与郭崇韬勾结谋反，而李存勖之弟、睦王存乂也因为是郭崇韬的女婿，相继被杀。

郭崇韬是后唐功臣，与朱友谦、李嗣源三人都曾被庄宗赐予免死铁券，却未能免死。李嗣源也被谣言波及，因朱守殷和宦官马绍宏搭救才得以幸免。郭崇韬的被杀，导致了后唐王朝内部的大分裂，一时上下离心，谣言四起，政局陷入混乱不堪的局面。而在平蜀战役中立下"汗马之劳，力摧强

敌"的李绍琛（即康延孝），因郭崇韬及朱友谦皆无罪被族诛
不寒而栗，再加上他本来就有节度西川的野心，其部下又多
是朱友谦的旧部，于是在回师途中又转向成都，自称西川节
度使，发动叛乱。魏王继岌虽最后平定了叛乱，却也耽搁了
回师洛阳的行程。

而直接导致唐庄宗李存勖覆亡的更大变乱此时也在魏博
镇发生。

魏博牙兵从晚唐以来就以凶悍骄横闻名于世，所谓"长
安天子，魏府牙军"。虽然从朱全忠到李存勖，一再削弱魏博
牙兵的势力，李存勖甚至将魏博牙军银枪效节都近八千人收
编为亲军，但其"兵骄则逐帅，帅强则叛上"的本性并无改
变。同光四年（926）二月，魏博指挥使杨仁晸率部下由驻戍
地瓦桥关（在今河北雄县西南）返回魏州（即后唐邺都，今
河北大名），因邺都空虚，朝廷恐怕这支部队到达后会发生动
乱，便下令让杨仁晸部暂驻贝州（治今河北清河）。此举引起
思家心切的士卒们的不满，他们趁机拥戴效节指挥使赵在礼
占据邺都作乱。受此关联和影响，邢州、沧州也相继发生兵
变，河北大乱。

李存勖派假子归德军节度使李绍荣（即元行钦）前往讨
伐乱军，却连连失利。于是群臣推举时任成德节度使、蕃汉
内外马步军总管的李嗣源前去平叛。李存勖对李嗣源虽存有
一定戒备，但因一时没有更为合适的人选，也就不得已令其
率侍卫亲军去平叛。

　　李嗣源率军行至邺都城下，军士哗变，与邺都叛兵合流，一起拥戴李嗣源为主。史称李嗣源最初本无反意，是被逼无奈，在五代诸帝多由军士拥立的政治背景下，这应当是事实。然而一旦被推上了这个位子，便没有了回头的余地，军士不会答应，皇帝也不会答应，正如石敬瑭所说："安有上将与叛卒入贼城，而他日得保无恙乎！"于是李嗣源也只能顺着反叛的道路走下去了。他将驻防瓦桥的齐州防御使李绍虔（即王晏球）、泰宁节度使李绍钦（即段凝）、贝州刺史李绍英（即房知温）、北京右厢马军都指挥使安审通等统统招致麾下，其养子李从珂、部下王建立也分别率部众从横水栅和镇州日夜兼程奔赴过来，形成了与庄宗对抗的态势。

　　三月，李存勖自洛阳出发，亲自率军东征，欲坐镇汴州（即开封）指挥平叛。但李嗣源的女婿石敬瑭已抢先占据了汴州城。李存勖知局面已无法挽回，行至万胜镇（在今河南中牟西北）后，便又仓皇返回洛阳。沿途士卒逃散过半，从洛阳出发时，扈从军队有两万五千人，行至汜水关（又称虎牢关，在今河南荥阳西北），军士已经失去一万多人。

　　李存勖把一切希望都寄托在魏王李继岌的身上。本来，李继岌在杀了郭崇韬后，令任圜留守成都，等新任西川节度使孟知祥到来，自己亲率征蜀大军班师。然而归途中由于康延孝叛变，李继岌又组织平叛，直到三月初六抓获康延孝，才日夜兼程引兵东归。

　　四月初一，李存勖决定前往汜水关与李继岌会合，联兵进剿李嗣源。他令扈从军士在洛阳宫门外等候，自己在内殿进食。亲军从马直军指挥使郭从谦，是李存勖从伶人中提拔起来的将领，素以叔父礼待郭崇韬，又是李存乂的假子，对郭崇韬的被杀极为不满，遂发动叛乱，率部下攻入兴教门。李存勖亲率卫兵出战，将乱兵赶出门外。而此时自幼在李存勖身边为童仆，被认为是"心腹"的蕃汉马步使朱守殷正率兵在城外北邙树林中歇息，庄宗派人令其前来救驾，朱守殷却坐视不管。乱兵最终焚毁兴教门，李存勖被流矢射中，死于洛阳绛霄殿，时年四十二岁。伶人善友将乐器覆盖在他的身上，纵火焚尸。一代英雄，最后竟落得如此下场。

对于唐庄宗李存勖的迅速覆灭，人们从各个方面总结原因，有说是由于宠信宦官、伶官，有说是由于后宫乱政，也有说是由于李存勖的全盘汉化，等等。其实李存勖虽然具有杰出的军事才能，却没有良好的政治才能，所谓马上得天下，不能马上治天下。五代的中央王朝，说穿了就是一个个扩大了的藩镇，唐末藩镇的种种恶习，在朝廷中继续蔓延，节度使要维护牙兵集团的利益，否则就会被杀、被逐。同样，作为皇帝的李存勖，也需要维护禁军，特别是当年一起打天下的代北军人集团的利益。而李存勖灭梁后，却只顾自己享乐，营造宫殿，充实后庭，劳民伤财，完全不顾及军士的利益，"军士之家乏食，妇女掇蔬于野"，甚至到了饥寒交迫的境地。直到最后时刻，才想到要"优给军人"，赏赐钱物。但为时已晚，军士皆背着赏赐的物品骂道："吾妻子儿女已被饿死，要这些东西有何用！"最后众叛亲离，死于非命，悲哉！哀哉！

李嗣源到达罌子谷（在今河南荥阳汜水镇廖峪村西黄河南岸），听到庄宗死去的消息，放声痛哭，对随行将领说："皇上一向深得将士拥戴，都是受了一群小人的蒙蔽和迷惑，才走到了这个地步啊！"痛哭之后，于四月初三进入洛阳，从灰烬中捡取庄宗的骨灰入殓。

宰相豆卢革率领文武百官上表，劝李嗣源即皇帝位，李嗣源三拒之后终于答应，这也是古代帝王易代惯行的礼仪。四月二十日，李嗣源于李存勖的灵枢前即皇帝位，是为后唐明宗。

李嗣源之所以迟迟没有即帝位，按照他自己的说法是要等待魏王李继岌的归来，等国家有了新的君主，庄宗的陵墓修完下葬后，他就回到自己的藩镇去，为国家捍卫北疆。又说自己本来是奉皇上的诏令去讨伐叛贼的，不幸的是部属叛乱离散，想亲自到朝廷说明情况，又被李绍荣（即元行钦）所阻隔，被逼无奈，以至于此，并无做皇帝的野心，所以当时只是称"监国"，在新君主到来之前代管朝政。

但李嗣源的这番话真假难辨。

当时后唐的主力部队是由李继岌率领的征蜀军，此时正在回朝途中，李嗣源并不知虚实，他担心征蜀军回来事态变化，遂任命女婿石敬瑭为陕州留后、义子李从珂为河中留后加以防备。直到李继岌军至渭南，被迫自缢而死，征蜀大军在副使任圜的率领下归附自己，李嗣源感觉没有了后顾之忧，才在庄宗的灵柩前即帝位。

七月，李嗣源将李存勖葬于今河南新郑境内，陵墓曰雍陵，上庙号庄宗，追谥为光圣神闵孝皇帝。如今，李存勖的雍陵已淹没在三门峡水库之中。

李嗣源入主洛阳后，对李克用的子孙进行了无情的杀戮，《新五代史·唐太祖家人传》云："当庄宗遇弑时，太祖子孙在者十有一人，明宗入立，其四人见杀，其余皆不知所终，太祖之后遂绝。"这子孙"十有一人"中，包括李存勖的五个儿子继岌、继嵩、继潼、继蟾、继峣以及六个弟弟存美、存霸、存礼、存渥、存确、存纪。

当然，"太祖之后遂绝"未必是事实，如宋人陶谷《清异录》云：

> 后唐福庆公主下降孟知祥，长兴四年，明宗晏驾，唐乱，庄宗诸儿削发为苾刍，间道走蜀。时知祥彰（即显露出）称帝，为公主厚待犹子。

"苾刍"指削发为僧的男子，即唐庄宗有子（太祖之后）削发为僧逃到了蜀地。陶谷卒于宋太祖开宝三年（970），享年六十八岁，则其生于唐昭宗天复三年（903），历仕后唐、后晋、后汉和后周，长兴四年（933）时他已三十一岁，其所言后唐事，可信程度是相当高的。

但无论如何，李存勖的覆灭，标志着朱邪氏自沙陀金山以来一直作为沙陀核心首脑时代的结束，代之的李嗣源、石敬瑭、刘知远相继成为沙陀政权亦即代北集团的核心首脑人物。

四、劣迹斑斑刘皇后

没有女人的社会，便不是一个完整的社会，尽管从父系社会以来，权力基本掌握在男性的手中（女皇武则天及慈禧等个别皇太后除外）。在欧阳修《新五代史》中，沙陀三王朝被列传的后妃计有十三人。当然，实际人数绝不止这些，如《五代会要》卷一《内职》所列的沙陀三王朝皇后以外的贵妃、淑妃、昭仪、夫人、内人等就不下六七十人。

在《新五代史》后妃列传中，唐庄宗李存勖的皇后刘氏是着墨较多的一个，其之所以得到如此待遇，并不是因为刘氏的贤淑聪慧或治理后宫有方，恰恰相反，她是被作为反面教材批判的，欧阳修所谓"宦、女之祸"中的"女祸"，主要就是针对刘皇后的，而孙光宪《北梦琐言》则将其与历史上的褒姒、妲己相提并论。

从史籍记载的情况来看，刘皇后的劣迹主要表现在以下几个方面：

其一是丧失人伦，不认亲父。

刘氏为魏州成安（今河北大名东北）人，家世贫寒，其父以行医占卜为业。刘氏五六岁时被李克用部将刘建丰掳掠，带回晋阳，初为李克用夫人曹氏的侍女，成人后被曹氏赐予儿子李存勖，成为李存勖众多妃嫔中的一员。

当时在李存勖后宫中专宠的，是在夹寨战役中获得的梁将符道昭之妻侯氏，李存勖征战四方时，常令侯氏在身边相伴，宫中呼为"夹寨夫人"。不过，刘氏很快为李存勖生下第一个儿子，母以子贵，刘氏也由此得到李存勖的宠爱。史称李存勖"自下魏博、战河上十余年，独以刘氏从。刘氏多智，善迎意承旨，其他嫔御莫得进见"。

李存勖在魏州即帝位后，刘氏与李存勖的正室韩氏争夺皇后位置，互比出身高低。恰在此时，一位自称是刘氏父亲的老人求见，李存勖让刘建丰前来辨认，刘建丰说正是刘氏之父。刘氏却矢口否认，说："臣妾当年离开家乡的时候，父亲已经不幸死于乱军之中了，记得当时我还曾抱着父亲的尸首痛哭，这是哪里来的乡下老头，到此乔装行骗！"于是让人在宫门口鞭打了老人一顿，将其赶走。人品之差，令人不齿。

李存勖对此事心知肚明。一天，他装扮成一个老者，背着用来占卜的蓍草袋子和治病药箱，还让儿子继岌戴顶破草帽跟在后边，就像当年刘氏父亲行医占卜的样子。刘氏正在午睡，继岌悄悄走近她的床前，大声说：刘老头寻访女儿来了。刘氏惊醒之后，见是儿子和丈夫乔装改扮来戏弄自己，不由大怒，拿起板子就打继岌。李存勖本来就喜欢和善于演戏，此亦为其最为精彩的一幕戏。

刘皇后的劣迹之二，是抠门敛财，不顾国家。

刘氏最终通过宦官说动宰相豆卢革和枢密使郭崇韬，迎合庄宗旨意，如愿以偿当上了皇后。然而这个皇后不仅未能为皇帝分忧解愁，反而专以敛财为务。当初在魏州时就让人经商贩卖物品，打着中宫的名义出售以获利。立为皇后以后，凡地方藩镇贡献的钱物，都分为两份，一份送皇帝，一份送皇后，于是宫中贿赂货物堆积如山。河南尹张全义家中巨富，刘氏便认其做义父。张全义受宠若惊，自然给刘皇后送去大批贡品谢恩。刘氏拒认亲父而认张全义做义父，充分展现了其嫌贫爱富、势力小人的丑恶面目。

刘氏敛来的巨额财物，除用作抄写佛经布施尼姑外，不肯拿出一点以解国家急需。同光四年（926）三月，魏州兵变已经发生，守卫皇宫的将士缺乏粮饷，连家人都要饿死了，宰相请求拿出一些内库也就是皇家私人仓库的钱财赏赐将士，李存勖也已答应。但刘皇后坚决不肯，说："吾夫妇君临万国，虽是凭借武功，亦由天命。命既在天，人如我何！"宰相又在便殿论说，刘氏便拿出日常使用的两个银盆，又将皇子满喜等三人领出来，让宰相卖了钱犒赏将士，真是叫人哭笑不得。李存勖死后，刘皇后携带大批金银珠宝，伙同申王李存渥出奔太原，并在路上与李存渥通奸。到达太原后，刘皇后出家为尼避祸，但终究未能逃脱审判。当年四月，李嗣源即帝位后，派人抓捕并赐死刘皇后。刘皇后辛苦恣睢、敛财一生，最终还是落得个空！

刘皇后的劣迹之三，是下令杀死了郭崇韬。

刘氏能升上皇后的位子，郭崇韬其实起了很大的作用。

然而刘皇后不仅没有领情，反而恩将仇报，与宦官合谋，亲自下令，命其子魏王李继岌杀死了郭崇韬。《资治通鉴》同光三年闰十二月和天成元年正月分别对此事记载道：

> （孟）知祥发洛阳。帝（即后唐庄宗）寻复遣衣甲库使马彦珪驰诣成都观（郭）崇韬去就，如奉诏班师则已，若有迁延跋扈之状，则与继岌图之。彦珪见皇后，说之曰："臣见向延嗣言蜀中事势忧在朝夕，今上当断不断，夫成败之机，间不容发，安能缓急禀命于三千里外乎！"皇后复言于帝，帝曰："传闻之言，未知虚实，岂可遽尔果决？"皇后不得请，退，自为教与继岌，令杀崇韬。知祥行至石壕，彦珪夜叩门宣诏，促知祥赴镇，知祥窃叹曰："乱将作矣！"乃昼夜兼行。
>
> 魏王继岌将发成都，令任圜权知留事，以俟孟知祥。诸军部署已定，是日，马彦珪至，以皇后教示继岌，继岌曰："大军垂发，彼无衅端，安可为此负心事！公辈勿复言。且主上无敕，独以皇后教杀招讨使，可乎？"李从袭等泣曰："既有此迹，万一崇韬闻之，中途为变，益不可救矣。"相与巧陈利害，继岌不得已从之。甲子旦，从袭以继岌之命召崇韬计事，继岌登楼避之。崇韬方升阶，继岌从者李环挝碎其首，并杀其子廷诲、廷信。

虽然，李存勖对郭崇韬有所猜忌，但只是令孟知祥前往观察，如发现其有异常后，再行杀戮。如此，郭崇韬尚有一线生机。而刘皇后不问青红皂白，就令其子杀死郭崇韬，由此引发一系列变乱，并最终导致了唐庄宗李存勖的覆灭。

最后需要指出的是，沙陀王朝中的一些后妃出身低微，如唐庄宗刘皇后、明宗魏皇后、王淑妃、汉高祖李皇后等。此外，李克用刘太妃、曹皇后；唐末帝刘皇后，其出身门第估计也不高。这种情况的出现，一方面是由于沙陀三王朝的皇室除李克用、李存勖一系出自沙陀贵族外，其余如唐明宗李嗣源、晋高祖石敬瑭、汉高祖刘知远都出自沙陀平民，他们的婚姻主要在社会中下层进行，因此在他们发迹以前的原配夫人大都出身门第不高。而另一方面，则与当时的社会风气以及沙陀人的婚姻习俗有关。唐末以来的战乱，使唐王朝建立起来的等级制度受到严重打击，李克用、李存勖父子虽然以维护唐王朝的统治为号召，并以李唐王朝的正统继承者自居，李存勖甚至以唐朝士族作为择相的先决条件，但在他们本人，则并不把门第看得多么重要。出身低微的刘皇后"甚有色，庄宗见而悦之"，后立为皇后；王淑妃为邠州饼家女，有美色，号"花见羞"。少卖与后梁故将刘鄩为侍儿。刘鄩卒，安重诲遂举荐给明宗而纳之。李嗣源此时虽未称帝，却也已有相当的地位。因为是以姿色取人，所以许多后妃都曾是他人之妻，如李克用陈夫人、张氏，唐庄宗侯昭仪，唐明宗魏皇后、王淑妃等。甚至晋出帝石重贵娶叔母冯氏为妻并立为皇后，这也反映了沙陀人在婚姻上遗留的收继婚习俗残余。

第十章

五代"小康"之君——后唐明宗李嗣源

一、唐明宗的"小康"社会

李嗣源接手的，是李存勖留下的五代诸王朝中版图最大而政治又很烂的一个国家。如何治理这个大而烂的国家，确实是摆在李嗣源面前的一个难题。王禹偁《五代史阙文》载，李嗣源即位后，每天夜间在宫中焚香向天祷告，说："某蕃人也，遇世乱，为众推戴，事不获已。愿上天早生圣人，与百姓为主。"欧阳修《新五代史》和司马光《资治通鉴》都采用此则故事，只是将"某蕃人"改作"某胡人"。说每夜祈祷，有点夸张，不过李嗣源大概的确有过如此举动，这也说明他当皇帝确实感到很累，不像后来赵匡胤"杯酒释兵权"时所说的"然天子亦大艰难，殊不若为节度使之乐"那句假话。

不过，经过数年的治理，唐明宗朝竟然开创了一个五代的"小康"局面，《新五代史·唐明宗纪》赞说：

呜呼，自古治世少而乱世多！三代之王有天下者，皆数百年，其可道者，数君而已，况于后世邪！况于五代邪！予闻长老为予言："明宗虽出夷狄，而为人纯质，宽仁爱人。"于五代之君，有足称也。……其即位时，春秋已高，不迩声色，不乐游畋。在位七年，于五代之君，最为长世，兵革粗息，年屡丰登，生民实赖以休息。

薛居正《旧五代史》和司马光《资治通鉴》对李嗣源的评价也都不低，所谓"小康"局面，最早就是在《旧五代史·唐明宗纪》中提出的。

"小康"一词，在先秦典籍《诗经》《礼记》中即已出现，一种解释是：小康是儒家理想中的所谓政教清明、人民富裕安乐的社会局面，或广大群众所享有的介于温饱和富裕之间的比较殷实的生活状态，是儒家理想中的人人友爱互助，家家安居乐业，没有差异，没有战争的所谓"大同"世界的初级阶段。当然，古代的"小康"社会尤其是后唐明宗朝的"小康"社会，与我们现在已经全面建成的小康社会，无论在内涵上还是标准上，都是不能同日而语的。

后唐明宗李嗣源虽然在前面已多次提及，不过对其本人的基本情况，还需作一简要介绍。

李嗣源是李克用的养子，也是旧小说中李克用的十三太保之一。他的父亲名霓，代北胡人，无姓氏，为朱邪赤心（李国昌）部将。李嗣源于唐僖宗乾符三年（876）出生在应州金城县（今山西应县），本名邈佶烈，也算是一个"将二代"。他最初跟随李国昌，后随李克用，并赐姓名李嗣源。所以，当其即帝位后，一些大臣认为后唐运数已尽，应该重新建立一个新的国号。李嗣源断然拒绝，说："我十三岁开始跟随献祖（即李国昌），献祖以我为宗属，对待我如同儿子一样。我又跟随武皇（即李克用）近三十年，跟随先帝（即李存勖）近二十年，筹谋划策，攻城略地，没有不参加的。武皇的基业就是我的基业，先帝的天下就是我的天下，哪有一家人而不同国的道理呢？"遂继续以"唐"为国号，只是将庄宗的同光年号改为天成，这也是新君即位后的惯例。于是，李嗣源也就成为后唐王朝的第二位皇帝——后唐明宗。

按照欧阳修的说法，后唐明宗朝之所以在五代乱世中被称为"小康"，主要表现在李嗣源"不迩声色，不乐游畋"，在位七年中，"兵革粗息，年屡丰登，生民实赖以休息"。这个标准其实很低。不过按照当今流行的"没有对比就没有伤害"来考量，相比于五代其他君主，李嗣源也是当之无愧可以胜任这个评价的了。

自唐朝安史之乱以来，到后唐明宗李嗣源即位的一百七十多年间（755—926），一直是战乱不断：先是长达八年的安史之乱战争，接着是唐朝廷与藩镇以及藩镇之间的连绵战争，然后是唐末农民战争以及以朱全忠、李克用为中心展开的军阀争霸战争，再后是晋王李存勖与河北藩镇、后梁王朝彼此间的战争，最后又是后唐平前蜀、魏博乱军与后唐王朝的战争。特别是从黄巢起义以来的四十多年间，可以说，老百姓没能过上几天安宁的日子。

事实上，在李嗣源时期，虽然没有发生像李克用、李存勖时期那样长年累月的大规模战争，但小的战乱甚至比较大的战事也是接连不断的。比如就在李嗣源刚即位的天成元年（926）六月，汴州军将张谏等就试图叛乱，将士以下三千人被族诛；七月，滑州军士数百人作乱，夷（杀尽）其族；天成二年（927）二月，后唐出动蕃汉马步军四万人征伐南平王高季兴，至五月罢兵；同年三月，戍守卢台的魏博兵三千五百人哗变，李嗣源下令将他们以及留在魏州的家属万余人全部处斩；天成三年（928）四月，义武节度使王都联络契丹反叛，直至次年二月，官军攻破定州，王都全族自焚而亡；长兴元年（930），西川节度使孟知祥和东川节度使董璋有割据倾向，李嗣源又对东、西两川用兵，直到长兴四年（933）封孟知祥为蜀王，承认孟知祥独立为止。因此，所谓"兵革粗息"，也只是相对而已，后唐明宗朝并没有出现一个国泰民安的太平社会。

在政治上，明宗朝虽然革除了庄宗朝的一些弊政，但远远没有达到"清明"的程度。因此，要说李嗣源与五代其他十几位君主最大的不同，大概就在于他比较注重和关心民生疾苦，所谓"小康"社会，也主要是针对普通百姓而言的。

李嗣源即位的第二年也就是天成二年，这一年粮食丰收。十二月的一天，李嗣源在元德殿接见宰臣，在谈论到民事时，宰相冯道奏说："庄宗末年，不抚恤军民，迷惑于声色音乐，致使民怨国乱。陛下自即位以来，众望所归，年景丰收，这也是敦行王化的结果。更需要居安思危。"李嗣源深以为是。

一日，李嗣源问冯道："如今天下丰收，百姓是否富足？"冯道回答道："谷贵饿农，谷贱伤农，这是常理。"接着冯道吟诵了唐代诗人聂夷中的一首《伤田家》诗：

> 二月卖新丝，五月粜秋谷，
> 医得眼下疮，剜却心头肉。
> 我愿君王心，化作光明烛，
> 不照绮罗筵，偏照逃亡屋。

李嗣源便命侍臣将此诗录下，经常诵读，以警示自己。

长兴二年（931）九月，李嗣源敕令把内廷五坊豢养的鹰隼（泛指凶狠之鸟）全部放回山林，并且下令以后朝廷内外都不得再进献这些鸟。宰相冯道赞誉说："陛下的仁爱可以说是波及于禽兽了。"李嗣源解释道："也不是这么回事。朕从前曾随武皇帝打猎，当时正值秋季，禾稼刚刚成熟，有的野兽逃入田中，武皇派人骑着马去猎取，等到抓住野兽，禾稼也已经被糟蹋得所剩无几了。想到打猎有害无益，所以我不干那种事情。"

这几则事例反映了李嗣源对于民生疾苦的关心，所以在他的一些施政措施中，也体现出了一些以民为本的思想精神。

孔谦是后唐庄宗宠信的一位大臣，由于他善于敛财，从物质上支持了李存勖对朱梁王朝长年用兵，从而被赐予"丰财赡国功臣"之号。然而孔谦在满足国家和皇帝需要的同时，自己也捞得钵满盆满，招致民怨沸腾。李嗣源在"监国"数日后，便将这位"侵剥万端，奸欺百变，遂使生灵涂炭，军士饥寒"的财神爷处死，没收其田宅，废除其所制定的各种苛敛于民的法令。

晚唐五代以来，战乱频仍，人口急剧下降，而从中央到地方，都在招兵买马，尽最大可能扩充兵力，这一方面吸走了大量的劳动力，另一方面将沉重的经济负担全部压到日益减少的纳税人头上。为增加财富来源，以养活皇室及各级官员、军队，各级政府都不顾百姓死活，巧立名目，横征暴敛。后唐庄宗朝的"损耗"，就是其中的一种。所谓"损耗"，就是在征收夏、秋两税时，官府为补偿在运送或仓储过程中的损耗，于正税之外每斗再加征一升，将之转嫁到百姓头上。对此，李嗣源在正式即帝位后就宣布废除，只征收正税。之后，又多次颁发了免去全国或部分地区百姓的赋税徭役以及限制高利贷盘剥等的诏令。

从晚唐以来，地方藩镇节帅为了讨好朝廷，得到升迁，都不时向朝廷进贡钱物，称作"羡余"。不言而喻，羊毛出在羊身上，所谓"羡余"的钱物，都来自对百姓的盘剥。对此，李嗣源在一号诏令中也做出了以下规定：节度使、防御使等高官除在正旦（正月初一）、冬至、端午以及皇上的生日这四个节日可以向朝廷贡献少量钱物以表达情意外，其余时间都不许进奉，不许盘剥百姓，刺史以下的官员则在任何时间都不允许向朝廷贡献财物。

后唐庄宗豢养了一大批宦官、伶人及后宫佳丽，形成一支庞大的宫廷队伍，他们不仅干政乱政，而且耗费巨大，增加了国家的财政困难。李嗣源对此等人员也进行了大幅度精简，规定宫中根据需要留宦官三十名、宫女一百人、教坊乐工一百人、鹰坊二十人、御厨五十人，其余人员全部裁撤。其中遣散的宫女中，有一位姓柴的宫女，后来嫁给郭威，也就成为后周的柴皇后。而裁撤的数百名宦官或窜匿山林、或落发为僧，而逃到晋阳的七十多人，都被明宗侄李从温杀死了。在这之前，李嗣源还下令罢黜由宦官充任的诸道监军使，命诸道尽杀之。当然，李嗣源后来也曾重用过一些宦官，如孟汉琼等。

自古以来，贪官污吏是造成百姓贫困和社会矛盾的重要因素之一，史称"明宗皇帝尤恶贪货"，因此对贪官污吏的处置不留丝毫情面。他除了"监国"期间立即处死了"侵剥万端"的租庸使孔谦外，即位后又惩处了一批贪官：邓州留后陶玘、掌书记王惟吉因在税外科配被贬官流放，亳州刺史李邺因贪赃罪被赐死、判官乐文纪发配祁州，登州刺史孙元因无依据随意向百姓征收钱物被罢官，等等。

对于贪官污吏们的官官相护、说情求情，李嗣源也一概不给情面，《北梦琐言》记载了如下两个案例：

一件是汴州一名掌管仓库的官吏因贪赃被查处，案件涉及史彦珣。史彦珣是功臣旧将之子，官数代，又是驸马石敬瑭的亲戚。于是大臣王建立等为其求情，希望能免史彦珣一死。李嗣源说："王法无私，岂能因为是亲戚而徇情！"下令将史彦珣在内的涉案官吏全部处斩。

另外一件是掌管国库的一位供奉官丁延徽，善于巴结权贵，后因监仓自盗而被下狱，依法当死。侍卫使张从宾等许多朝中权贵为其求情，李嗣源说："丁延徽拿着我的俸禄，反而偷盗我的财物，论罪当死！别说是你们，就算是苏秦复生，也不能说服我给他减刑！"最终将丁延徽处死。

在李嗣源的强势打压下，官员的贪腐之风得到了一定的扭转，朝廷的政治生态环境得到了改善。

许多事实表明，李嗣源是一个好杀的君主，如他对于庄宗李存勖的兄弟子侄，亦即他的义父李克用后人的无情杀戮；对他曾经倚赖过的重臣任圜、安重诲的杀戮；以及将魏博三千五百名哗变士兵和他们的家属万余人全部处斩等。不过对于普通平民百姓，他却表现出了"仁慈"的一面。

天成三年（928）正月曾发生过这样一件事：

当月十七日，巡检军使浑公儿奏称有百姓二人以竹竿练习战斗，李嗣源令石敬瑭前往处置，石敬瑭不问青红皂白，便将二人杀死。后来经安重诲核实，其实是两名孩童在玩游戏。李嗣源对此深感愧疚，"方觉失刑，循揣再三，愧惕非一"，专门下了一道诏旨进行自责，并"减常膳十日，以谢幽冤"。石敬瑭被罚一月俸禄，浑公儿杖二十，配流登州。小儿家属赐绢五十匹、粟麦各百石，令如法埋葬，作为补偿。并且下令今后无论是在朝廷，还是诸道州府，凡有极刑，必须仔细裁断核查，不得轻率处理。在五代那样视人命为草芥的社会背景下，李嗣源能做出这样的举动，这大概就是欧阳修所说的"宽仁爱人"吧！

李嗣源在位的七年间，天公也作美，风调雨顺，"年屡丰登"。李嗣源即位的第二年即天成二年（927）十二月，蔚州刺史周令武任满归朝，李嗣源问起北边之事，周令武奏道："山北甚安，诸蕃不相侵扰。雁门已北，东西数千里，斗粟不过十钱。"盛唐玄宗时期，当时的米价是每斗十三文，青、齐间（今山东青州至济南一带）贱至一斗谷五文钱。米价的便宜，表明粮食丰收。如果周令武的话可信的话，确实是"年谷丰登"了。

后唐明宗李嗣源在长兴四年（933）五月初九突发伤寒疾病，之后身体就每况愈下，时好时坏。十一月十六日再次发病，期间发生了秦王从荣叛乱，惊吓之下，于二十六日去世，享年六十七岁。次年四月二十七日葬于徽陵（位于今河南洛阳孟津区送庄镇送庄村东南），谥号圣德和武钦孝皇帝，庙号明宗。

二、明宗朝的三位大臣

后唐明宗李嗣源被旧史说成是被迫继承了庄宗的天下，即便如此，他在担任禁军将领和地方节帅期间，也组建起一个势力集团，网罗了诸如高行周、王仁镐、李彦珣、王清、张延朗、梁文矩、范延光、郭璘、王继弘、张延播等一大批亲信部下，到其即位后，这些人都得到了提拔和重用。明宗"小康"社会的取得，离不开团队的配合协作。而在李嗣源所重用的大臣中，任圜、安重海、冯道尤值得一提。

（一）任圜

任圜在前面已有所提及，他的父亲任茂宏在唐末避乱迁居太原，有子五人，都得到李克用的赏识，其中任圜最为出色，李克用以宗女嫁之，所以也算是皇亲国戚。之后，任圜曾担任李嗣昭昭义镇观察支使等职务。李嗣昭在征讨成德镇时阵亡后，任圜代总昭义军，处理军务，颇得好评。胡柳陂战役中，任圜立有战功，受到李存勖的褒奖，说："儒士亦破体邪？仁者之勇，何其壮也！"所谓"破体"，即超出了常态，意思是说任圜的勇敢超出了儒士性格形象。同光三年（925）后唐伐蜀时，任圜奉命从征，在郭崇韬幕下参赞军机。蜀国灭亡后，随之发生了一系列事变：郭崇韬被杀、康延孝反叛、李继岌自杀，任圜最终率领征蜀军东归，从而消除了明宗的后顾之忧。

李嗣源即位后，一方面为了嘉奖任圜率领征蜀军归己之功，另一方面也欣赏其才能，拜他为同中书门下平章事，兼判三司，也就是宰相兼财政部长。史称是时明宗新诛孔谦，任圜掌管大权，为政清廉，选拔任用才能之士，杜绝侥幸之徒，"期年（一年）之间，府库充实，军民皆足，朝纲粗立"，天下便之。同僚孔循嫉恨任圜，骂道："天下事一则任圜，二则任圜，圜乃何人！"可见其在朝中的地位。所以明宗朝"小康"社会的取得，应该有任圜的一份功劳。

可惜任圜在相位上的时间并不长，由于性格原因，他与枢密使安重海常常在朝堂上因为一些事情争得面红耳赤，各执己见，互不相让。如安重海提出要任用崔协为宰相，任圜坚决反对，说崔协是"没字碑"（时人将虚有仪表而不通文墨的人称为"没字碑"），不宜为相。官员的差旅费，以往都是由户部报销，安重海提出由内库即皇宫的府库中报销，任圜不同意，与安重海在明宗面前争执。

一日，李嗣源退朝回宫，宫人（即王淑妃）问刚才与安重海争论的人是谁？李嗣源说是宰相。宫人奏道："妾在长安，见宰相奏事，未尝如此，盖轻大家（即皇帝）耳！"李嗣源本来就怀疑宰相看轻自己，宫人的一番话无疑是火上浇油，于是对任圜逐渐冷淡。任圜也感到安重海不能容己，便请求罢职，辞官退居于磁州（今河北磁县）。恰在此时发生了朱守殷的叛乱事件，安重海借机诬陷任圜与朱守殷通谋，密遣供奉官王镐赴磁州假传圣旨，赐其自尽。任圜从容受命，与族人畅饮而死。李嗣源曲从安重海，知而不问，下诏说任圜在与朱守殷的书信中，有怨望之意云云。

（二）安重海

在明宗朝最受宠信和重用的大臣，是枢密使安重海。

安重海为应州（今山西应县）胡人，也就是昭武九姓胡人，与明宗李嗣源同乡里。其父安福迁为李克用部将。安重海自少年起就跟随李嗣源南征北战，李嗣源任安国（邢州）节度使时，以其为中门使。中门使是当时藩镇设置的一种官职，相当于朝廷的枢密使，当节度使升为天子后，中门使也就顺理成章地变成了枢密使。所以当庄宗李存勖即位后，郭崇韬由中门使升任枢密使；李嗣源即位后，安重海也由中门使升任枢密使。

据说安重海跟随李嗣源长达三十年，就私人感情而言，李嗣源与安重海的感情要远比与任圜深厚得多，所以在任圜与安重海的争斗中，李嗣源无疑是倾向于安重海一边的。长兴元年（930）八月，有告密者说安重海有异志，大将安从进、药彦稠二人"以宗族保之"。李嗣源遂召安重海予以慰抚，君臣相对而泣，说明了他们的私人关系是多么亲密。

枢密使在五代是"权侔（即等同）宰相"的要职，有时甚至权力超越宰相。安重海任枢密使近五年，作为明宗李嗣源的股肱重臣，他具有一定的政治才能，懂得一些安邦济世的道理，辅佐明宗也是忠心耿耿，尽心尽职，明宗统治最盛的时期，也正是安重海掌权的那几年。所以明宗朝"小康"局面的取得，也有安重海的一份贡献。

但在中国历史上，权臣与皇帝的关系最难处理。安重海一旦控制朝政后，也滋生了专横跋扈、恣意妄行的作风，威慑百官，欺上瞒下，甚至连李嗣源本人也要畏他三分。《新五代史·安重海传》在讲到安重海的骄横时说：

> 重海自为中门使，已见亲信，而以佐命功臣，处机密之任，事无大小，皆以参决，其势倾动天下。虽其尽忠劳心，时有补益，而恃功矜宠，威福自出，旁无贤人君子之助，其独见之虑，祸衅所生，至于臣主俱伤，几灭其族。

其中提到"明宗不得已"而曲从安重海之事有三处：

第一次是在天成元年（926）七月，安重海外出，路经御史台，殿直（皇帝侍从官）马延无意中冒犯了他，安重海当即拔剑将马延斩于御史台门前，而后奏请明宗下诏处分，说马延冒犯朝廷重臣，罪该当死，李嗣源不得已而从之。

第二次就是安重海诬陷任圜与朱守殷通谋叛乱，并私自将其处死。安重海自觉理亏，恐遭到天下的谴责，便奏请明宗下一份处死任圜的诏令，李嗣源不得已从之，诏中说任圜"不遵礼分，潜附（朱）守殷"云云。

第三次则涉及李嗣源养子李从珂。当时李从珂任河中节度使，安重诲说李从珂非李氏子，后必为国家祸患，便想方设法要将其除掉。他以枢密院的名义下令给河中牙将杨彦温，让其乘李从珂外出之际，关闭城门拒绝其入内，然后以李从珂"失镇"为由治其罪。李嗣源颇疑此事，欲究其原委，安重诲便遣禁军将领药彦稠、西京留守索自通杀杨彦温灭口，然后说李从珂失守河中，应治其罪。李嗣源气愤地说："公欲如何处置，我即从公。"也是不得已。

安重诲必欲除去潞王的真正原因，其实也并非仅仅因为"从珂非李氏子"。安重诲与李从珂同时在镇州李嗣源部下时，因酒桌上事，李从珂要打安重诲的脑袋，安重诲逃走，只是击中了头上的梳子。李从珂过后虽向其道歉，但安重诲始终不予原谅，所以其决意要除掉李从珂，也有公报私仇之嫌。

安重诲虽为昭武九姓胡人出身，却是汉化极深，不懂胡语。前磁州刺史康福通晓胡语，李嗣源在退朝后，往往把康福召至便殿，问以时事，康福便用胡语回答。安重诲厌恶康福用胡语与明宗交谈，告诫他说："你若敢在皇上面前乱说，我一定会杀了你。"康福害怕，请求外任。安重诲以灵州远在胡境，担任节帅者大多遭到杀害，便任命康福为朔方、河西节度使。康福去见李嗣源，哭泣着想辞掉这件差使。李嗣源让安重诲给康福重新换一个藩镇，安重诲不肯，说诏命已下，难以更改。李嗣源没有办法，只好对康福安慰一番，并派万人重兵护送他赴任。

康福在河西任上，还有一则有趣的故事，《旧五代史·康福传》载：

> （康福）在天水日，尝有疾，幕客谒问，福拥衾而坐。客有退者，谓同列曰："锦衾烂兮！"福闻之，遽召言者，怒视曰："吾虽生于塞下，乃唐人也，何得以为烂奚（按即奚族)!"因叱出之，由是诸客不敢措辞。

"锦衾烂兮"，是形容织锦的花被鲜艳美丽，语出《诗·唐风·葛生》，衾即被子。康福不懂其中含义，误以为是幕客在讥笑他的出身。康福常自言其为沙陀种，这里又说自己"乃唐人也"。这段小插曲，反映了昭武九姓胡人在沙陀化的进程中，又随着沙陀人的汉化而汉化，在心理上对汉族的认同。

安重诲与明宗李嗣源之间的矛盾越来越尖锐。李嗣源"常疑宰相轻己"，事实证明，枢密使若大权在握，往往也会侵犯皇帝的权力，因此，安重诲已渐不能为李嗣源所容。安重诲显然也意识到了这一点，便接连请辞，最后以太子太师致仕（退休），居住在河中（今山西永济）。但为时已晚，不久，李嗣源任命李从璋为河中节度使，派重兵包围安府，然后将安重诲夫妇乱棒打死。时在长兴二年（931）闰五月。

李嗣源最后给安重诲定的罪名是"以其绝钱镠，致孟知祥、董璋反，及议伐吴"。虽然安重诲做这几件事的目的是

"欲内为社稷之计，而外制诸侯之强"，孟知祥、董璋背叛的责任也不在安重诲，"二人皆有异志，重诲每事裁抑，务欲制其奸心"，恰恰是安重诲要"裁抑"他们的野心。但李嗣源既然不甘受安重诲的钳制，必欲除之，欲加之罪，何患无辞！

（三）冯道

明宗朝颇受倚重并得到善终的一位大臣，就是号称五代"不倒翁"的冯道。

冯道是一位在古今都颇有争议的人物。他为瀛州（治今河北河间）人，好学能文，先在幽州节度使刘守光幕下供职，后归太原，李存勖署为掌书记。历仕后唐、后晋、辽、后汉、后周五朝，后唐庄宗和明宗、后晋高祖、后汉高祖、辽太宗、后周太祖等十帝，被欧阳修骂为"无廉耻者"。其云："当是时，天下大乱，戎夷交侵，生民之命，急于倒悬，道方自号'长乐老'，著书数百言，陈己更事四姓及契丹所得阶勋官爵以为荣。"亦曾被司马光斥为"奸臣之尤"，说他不管是华夏还是夷狄之君，都"迎谒劝进""窃位素餐"。

不过在五代时期，冯道却有着很高的声望，按照欧阳修的说法，"当世（即五代）之士无贤愚，皆仰道为元老，而喜为之称誉"。而李嗣源对冯道的评价也是极高，说他本性纯朴节俭，往日在德胜寨（即李存勖与后梁对峙时）住一座茅棚，与仆人同吃一锅饭，睡觉就在一捆茅草上，内心安然自若。因父亲去世到家乡守丧，自己耕种砍柴采摘，与农夫们住在一起，丝毫不以贵贱为意，这是真正的士大夫，把冯道当作了当时的道德楷模。

冯道之所以能得到李嗣源如此高的评价，除了其个人品行外，主要是因为他们有着相同的"以民为本"的治国理念，前面提到李嗣源爱惜百姓、关心民生疾苦的几件事中，就都与冯道有关。此外，还有两件事也值得一提。

天成、长兴年间，天下连年丰收，朝廷无事。一次议事后，冯道对明宗进言说："臣以前在太原时，曾奉命前往中山，路过井陉天险时，担心马匹失足，都会紧紧地抓住缰绳。但等到达平地后，就不再小心抓牢控制，结果被马颠覆下来，差点摔伤。臣所说的这件事情虽小，但可用来说明大的道理。希望陛下不要因为清平安闲，年景丰收，就放纵享乐，应该更加兢兢业业、小心谨慎才是。"这件事不知是冯道杜撰出来开导明宗的，还是确有其事，不过李嗣源深以为然。

还有一次，李嗣源得到一个玉杯，上面写着"传国宝万岁杯"几个字样，便拿给冯道观看。冯道说："这是前朝的有形之宝。王者有无形之宝，仁义便是帝王之宝，因此有'大宝曰位，何以守位曰仁'的说法。"冯道的这句话，出自三国时文学家李康的《运命论》，原话是："天地之大德曰生，圣人之大宝曰位，何以守位曰仁，何以正人曰义。"李嗣源武夫出身，没听明白。冯道走后，又问侍臣，这才知道冯道是说守住皇位要靠仁义。

李嗣源不识字，但喜欢听儒者论道，冯道即是论道的主要儒者之一，冯道能够深入浅出地通过一些小事情来说明大道理，李嗣源也能听得懂，所以称其为"真士大夫也"。如果说儒家仁人爱民的治国理念对明宗朝"小康"局面的出现产生了一定影响的话，那么冯道在其中是发挥了积极作用的。

在后唐明宗时期，与冯道和安重诲相关联的还有一项制度上的创新，这就是端明殿学士的设立。《资治通鉴》天成元年五月载：

> 帝目不知书，四方奏事皆令安重诲读之，重诲亦不能尽通，乃奏称："臣徒以忠实之心事陛下，得典枢机，今事粗能晓知，至于古事，非臣所及，愿仿前朝（指唐朝）侍讲、侍读，近代（指后梁）直崇政、枢密院，选文学之臣与之共事，以备应对。"乃置端明殿学士，乙亥，以翰林学士冯道、赵凤为之。

据《五代会要·端明殿学士》及《新五代史·赵凤传》，端明殿学士是由孔循"献议"或其"教重诲"而设置的，但原因则与《资治通鉴》所记相同，与李嗣源不知书和安重诲不晓古书文义有关。端明殿学士位在翰林学士之上，此职一直延续到了宋代。

第十一章
"小康"之后的乱局——后唐王朝的灭亡

一、后唐政坛斗争的牺牲品——唐闵帝

唐明宗李嗣源虽然在国家的治理上取得了"小康"的局面，然而他在"小家"的治理上却是失败的，在他去世前后，发生了一系列的变乱，"小康"局面也就此终止。

据欧阳修《新五代史》，后唐明宗有四个儿子，分别为从璟、从荣、从厚、从益。长子从璟在邺都兵变时被元行钦所杀。从荣、从厚、从益于明宗即帝位后分别封为秦王、宋王和许王。从荣、从厚都曾担任节度使的职务，从荣还掌握禁军兵权。此外，李嗣源与李克用、李存勖一样，也有许多养子，如元行钦，最初本为李嗣源的养子，后被李存勖所夺，并赐名李绍荣。李嗣源的其他养子有李从温、李金全、张彦超等。当然，最有名的是李从珂，从小就跟随明宗征战四方，屡立战功，历任西京留守、凤翔节度使等职，封潞王，明宗将其当亲子一样。

　　秦王李从荣作为明宗的次子，又手握兵权，本来最有可能继承皇位，明宗也着意培养他，在他身上下了不少功夫。然而李从荣操之过急，在长兴四年（933）十一月明宗病重期间就想抢夺帝位，带领一千人的军队强闯宫门，结果兵败被杀。明宗紧急派宦官孟汉琼召镇守邺都（即魏州，今河北大名）的宋王李从厚回京。十一月二十六日，明宗去世，而李从厚则在三日后方抵达洛阳，于十二月初一即皇帝位，是为后唐闵帝，改长兴四年为应顺元年。

　　李从厚虽然是在明宗的指定下继承了皇位，但他本人并无争夺皇位的意愿，这一方面是由于其性格宽柔懦弱，不愿与强势跋扈的同母兄从荣相争；另一方面则是明宗一直嘱意秦王从荣接班，因此闵帝的继位，可以说是一个意外。正如他后来对康义诚和朱弘昭、冯赟等人所说："先帝辞世之际，朕正在外边戍守藩镇，当时由谁来继承大位，只在于你们取舍而已，朕实在没有争皇帝的心思。"而选他做皇帝的人，就是朱弘昭、冯赟以及宦官孟汉琼和王淑妃等人。

　　朱弘昭和冯赟都是太原人，也都是李嗣源的旧人，李嗣源在藩时就在其手下供职。明宗即位后，朱弘昭历任宣徽使，凤翔、襄阳节度使等职，长兴四年（933）入为枢密使；冯赟则历任客省使、忠武军节度使、三司使等职，与朱弘昭同时任为枢密使。枢密使在五代除后梁外，是最具实权的官员，秦王从荣就是被朱弘昭和冯赟以及康义诚、孟汉琼等同谋而杀的。之后，他们又拥立闵帝李从厚即位。

　　李从厚虽然也曾历任河南尹以及汴州、河东、镇州、邺都诸镇节帅，并担任过禁军统帅"判六军诸卫事"，却始终未能建立起一个自己的权力班底，就连其最信任的亲信宋令询，也因"朱、冯用事，不欲闵帝旧臣在左右"，出为磁州刺史。所以，当时朝政实际上被朱弘昭和冯赟等人掌控，闵帝不过点头而已，正如其本人所言："诸公以社稷大计见告，朕何敢违？"当然，朝廷的命令，还是得以皇帝的名义发布下去。

　　"一朝权在手，便把令来行"。朱弘昭素来猜忌潞王李从珂，为削弱李从珂的势力，先是罢免了其子李重吉禁军将领控鹤指挥使的军职，出为亳州（治今安徽亳州谯城区）团练使，接着下令将李从珂由凤翔改镇河东，同时将河东节度使石敬瑭改镇成德，成德节度使范延光改镇天雄（即魏博），而将闵帝的堂兄弟李从璋调任凤翔，接替李从珂的职务，将节度使来了一个大轮换，这也是唐末五代朝廷为防止地方藩镇形成割据势力的一贯手法。李从厚本来与潞王"兄弟之间，必无榛梗"，即没有隔阂，但对于朱弘昭等人的决定，又何敢违抗？只能点头同意。

　　李从珂当然也明白朝廷的用意，故拒绝接受命令，同时向周边藩镇发出檄文，称朱弘昭等人乘明宗皇帝病危之际，杀长立少，专制朝权，离间骨肉，动摇藩镇，社稷恐要倾覆。说自己有心入朝清君侧之恶，但以一己之力不能办到，因此恳请邻藩助一臂之力。于是朝廷派西都（即长安，今西安）留守王思同为主帅、前静难节度使药彦稠为副帅，苌从简、尹晖、杨思权等为偏将，与兴元节度使张虔钊等共六节镇前往凤翔（今陕西凤翔）征讨。

本来，官军最初的进展是很顺利的。三月十五日，诸道之兵会集到凤翔城下。凤翔不属于军事大镇，城垣低矮，堑壕浅薄，守备器材也不足，官军当日便攻克了东、西城关。次日继续攻城，李从珂登上城头哭诉说："我从十几岁起就跟随先帝，历经百战，出生入死，满身创伤，打下了今日的天下，这些都是你们亲眼所见。现在朝廷信任谗佞之臣，猜忌骨肉，我犯了什么罪而要诛杀我？"李从珂的这番哭诉，并非虚言妄语，李存勖就曾对李嗣源、李从珂说过："复唐社稷，卿父子之功也！"前来征讨的官军本来有不少就是李从珂原来的部下，因此许多围城将士被他的痛哭声所打动。

于是形势急转直下，偏将杨思权因势大呼道："大相公是我们的君主。"便率领军队解甲向李从珂投降，从西门进入凤翔城。王思同尚不知道西边发生的情况，仍在督促士兵从东边登城。尹晖又大喊道："城西的官军已经入城接受赏赐了。"于是城东的士兵也都缴械投降。王思同、药彦稠等见部下投降的投降，逃散的逃散，也就与其他几个节度使一起撤退。

李从珂把城中所有将吏士民的财物搜集起来，犒劳官军，甚至连锅釜等器皿都估价赏赐给军队。更为滑稽可笑的是，杨思权在倒戈时，曾写了一张纸条递给李从珂，说："希望大王攻克京城后，派我当节度使，而不要只给我一个防御使、团练使的职务。"李从珂便写了个"杨思权可任邠宁节度使"

的字条给他。李从珂后来也的确没有食言，即位后授杨思权为静难军（邠宁）节度使。

王思同等失败的消息传到洛阳后，朝廷上下一片震惊。李从厚束手无策，将康义诚和朱弘昭、冯赟等人召来责问道："这次兴兵讨伐凤翔之初，你们都说乱寇很容易讨平。现在事情到了这个地步，有什么办法可以扭转祸局呢？朕打算亲自前去迎接潞王，把皇位让给他，如果不能免去罪罚，也心甘情愿。"

朱弘昭、冯赟不敢答对。康义诚说："朝廷军队溃散，是由于主将指挥失策。现在侍卫部队还有很多，臣请亲自率兵去扼守冲要之地，召集离散以图后效，请陛下不要过于忧虑！"李从厚又想派使臣召石敬瑭率兵前去抗拒李从珂，康义诚坚决请求自己去。闵帝不得已，便把将士召集起来慰问动员一番，调用了府库全部财物犒劳军队，并且许诺平定凤翔之乱后，每人再加赏钱两百缗，如果府库不足，便用宫中锦帛珍玩变价补充。而军士更加骄横，肆无忌惮，背着赏赐的物品，在路上张扬说："到了凤翔，再要一份！"

而就在此时，潞王李从珂的军队已经在杀向洛阳的路上。

李从珂在杨思权、尹晖投降后，立即整顿旗鼓，率大军自凤翔东进。一路斩关纳降，势如破竹，连下长安、华州（今陕西渭南）、阌乡（现淹没在三门峡水库中）、灵宝（今河南灵宝），杀王思同，收药彦稠入狱。二十七日到达陕州（今河南三门峡），距离洛阳已经不到三百里。康义诚及其所率的侍卫禁军本来就无心应战，都相继投降。李从珂在陕州稍作停留，发布公告安抚洛阳文武士庶，说除了朱弘昭、冯赟两家不得赦免外，其余人等都不要有忧虑怀疑。

李从厚听说潞王到达陕州，康义诚军队投降，忧愁害怕，不知如何是好，急忙召朱弘昭前来商量对策。朱弘昭以为闵帝急切召见，是要加罪于他，便投井自尽。京城巡检使安从进听说朱弘昭死讯后，便到冯赟的府第杀了他，并灭其家族，然后把朱弘昭、冯赟的首级传送给潞王请功。

李从厚想逃奔魏州，让宦官孟汉琼先去安置，孟汉琼却骑马直奔陕州向李从珂投降，被李从珂处死。李从厚率帐下亲兵百余骑出玄武门仓皇向魏州逃去，途中遇到河东节度使石敬瑭，石敬瑭见李从厚大势已去，便尽杀其随从，将他软禁在卫州（今河南卫辉）。

四月初三，李从珂率大军进入洛阳城，入宫拜谒明宗夫人曹太后。初四，以曹太后的名义下诏废闵帝李从厚为鄂王，令李从珂监国。初六，立李从珂为皇帝，是为后唐末帝，改应顺元年为清泰元年。初九，末帝李从珂派人将李从厚杀死，李从珂最终还是把朝廷讨伐自己的账算到了李从厚的头上。李从厚从长兴四年（933）十二月初一即皇帝位，到次年四月初四被废，做了四个月零三天的皇帝。

宋令询听说闵帝遇害后，"大恸半日，自经而卒"。石敬瑭即位后，追谥李从厚为闵皇帝（或作"愍皇帝"），并将其与明宗子秦王从荣和末帝子李重吉一同葬于后唐明宗徽陵之中。据说石敬瑭曾为未能搭救闵帝而长期心怀愧疚。

司马光《资治通鉴》对后唐闵帝李从厚评论说："闵帝性仁厚，于兄弟敦睦，虽遭秦王忌疾，闵帝坦怀待之，卒免于患。及嗣位，于潞王亦无嫌，而朱弘昭、孟汉琼之徒横生猜间，闵帝不能违，以致祸败焉。"悲哉！哀哉！

二、短暂统一后的分裂——孟知祥割据建后蜀

后唐庄宗同光三年（926）的征蜀战争，虽然迅速取得了军事上的胜利，但事实上后唐王朝并未能真正将蜀地纳入自己的直接统治之下，随着庄宗李存勖的覆灭，新任西川节度使孟知祥便逐步走向割据之路，后唐王朝在蜀地行使了数年羁縻统治后，到应顺元年（934）正月，孟知祥正式称帝，建立后蜀，成为五代十国当中的一国。

孟知祥为唐末邢洺节度使孟方立和昭义节度使孟迁的侄子。其父孟道，为官不显。孟知祥早年曾任李克用河东左教练使，并娶后唐琼华长公主为妻。李存勖嗣晋王位后，任孟知祥为河东中门使、马步军都虞候。后唐建立，任北京留守、太原尹。琼华长公主一作"福庆长公主"，《新五代史》和《十国春秋》等史籍记载其为李克用之弟李克让之女，《五代会要》及出土的《大唐福庆长公主墓志》则说其为李克用的长女，庄宗李存勖之姊，与李存勖同为曹太后所生。

孟知祥与郭崇韬关系甚好，郭崇韬在同光三年（925）出

征前蜀前，曾向唐庄宗推荐孟知祥，作为平蜀后镇守西川的第一人选。前蜀灭亡，庄宗便任其为成都尹、剑南西川节度使。史称孟知祥接到任命后，赶赴洛阳陛辞。庄宗设盛宴款待，与孟知祥语及平生，言谈甚欢。他对孟知祥说，听说郭崇韬有异心，你到成都后，将他给我杀了。孟知祥称郭崇韬是国家有功之臣，杀不得。并说等我到成都后观察一下，如果他没有异心便将其送回朝廷。当然，孟知祥最终未能保住郭崇韬，当他抵达成都时，郭崇韬已被魏王李继岌杀掉。

孟知祥在入蜀上任时，从河东带去了一大帮亲信元从，仅据《九国志》的记载，就有以下一些：

张公铎，太原乐平人，孟知祥为北京（太原）留守，录为亲从，及镇成都，补为牙校。

庞福成，河东太谷人，善骑射，聚众剽掠乡里。孟知祥为北都留守，率众归附，从入蜀，补牙内指挥使。

高彦俦，太原人，善骑射，孟知祥留守太原，召为军校，从入成都，授亲卫指挥使。

李廷珪，太原人，七岁时隶于孟知祥帐下使唤，从入蜀，任为牙军指挥使。

王彦铢，太原人。事孟知祥于太原，后从入蜀。

李奉虔，太原人，即李克用养子李存贤之子，曾任幽州衙内都指挥使，孟知祥镇蜀，恳请从行，补厅直左押衙。

安思谦，并州人，事孟知祥于太原，从入蜀，补为军校。

申贵，潞州人，唐明宗天成中归于孟知祥，补定远都头。

入蜀后，任决胜耀武指挥使。

武漳，太原文水人，任太原牙前兵马使，后随魏王李继岌入蜀，留成都。孟知祥入蜀后，奉命迎琼华长公主至成都，历任节度使等职。

此外，见于《宋史》及《十国春秋》的还有伊审征之父伊延璬，并州人，随孟知祥入蜀，孟知祥称帝，以女嫁之；韩保正之父韩昭运，潞州长子人，从孟知祥入蜀，孟知祥称帝，任为珍州刺史；沙延祚，太原人，孟知祥义胜都头，曾在长兴初击败唐兵于龙州。

孟知祥称帝建后蜀后，相继前来投靠的还有：

张虔钊，辽州榆林人，历事李克用、李存勖、李嗣源，任诸镇节度使。李从珂起兵入洛，率部投后蜀。

孙汉韶，太原人，李克用养子李存进之子，孟知祥留守太原时，署为部下。明宗时历任诸镇节度使。李从珂入洛，率部投后蜀。

何重建，其先回鹘人，生于太原，后晋时任诸镇节度使。契丹灭晋，率部投后蜀。

上述都是后来成为后蜀的重要人物，从而被史书列传的，至于那些没有在史上留名而入蜀的河东将士，肯定还有不少。所以，孟知祥建立的后蜀国，是以代北集团中的河东人为核心和骨干而建立起来的一个政权。

据《资治通鉴》记载，孟知祥从天成元年（926）七月也就是唐明宗李嗣源即位三个月之后，就"阴有据蜀之志"。他一方面加强军事力量，从七月到九月两个月的时间里，就设置了左右牙、左右冲山、左右骁卫、左右宁远、左右牢城、义宁、左右飞棹兵等数十营的军队，总数达到十万左右，分别驻扎于成都府及西川节度使管内各地，形成了一套由牙城到罗城（外城）、成都府、西川节度使、长江沿岸各州县——由内到外、由近及远、水陆并备的严密防御体系。

蜀地号称"天府之国"，后唐灭前蜀后，李继岌、郭崇韬向蜀中富民征得六百万（一说五百万）缗犒军钱（一缗为一千文），其中除赏给兵士之外，还剩余二百万缗。及任圜担任后唐三司使，主管中央财政。他知晓蜀地富饶，便派遣盐铁判官赵季良前往成都，兼任三川都制置转运使，试图将蜀中赋税转运给朝廷。孟知祥说："府库中的财物为别人所积，可以交给朝廷；而州县上交的租税，是用来供给本镇十万士兵所需，决不可以上交。"赵季良只好运走府库中的财物，不敢再提转运赋税之事。后来，孟知祥上奏朝廷留下赵季良担任西川节度副使，称帝后，被委以宰相职务，成为后蜀的重臣。孟知祥又设场征收入境盐税，每年得钱七万缗。同时断绝对峡路军的粮草供应，从物质上为割据作准备。

孟知祥企图割据西蜀的野心，最早被枢密使安重诲所察觉。就在安重诲寻找对策时，客省使李严请求出任西川都监，并夸下海口说自己一定能够控制孟知祥，安重诲便以该职命之。李严的母亲对他说："你往日率先提出灭蜀谋划，现在再去蜀中，必定会以死来回报蜀人啊！"事实也确如李母所料，李严最终做了孟知祥的刀下之鬼。

李严到达成都，孟知祥对他说："你往日奉命出使蜀主王衍，回去后建议朝廷伐蜀，结果导致蜀国灭亡。现在你又来这里，蜀人非常害怕。况且现在天下都废掉了监军，独有你还来监视我的军队，这是为什么？"连数李严五宗罪状，叫人杀了他，然后向朝廷上奏，诬告李严假传皇上口谕，要代替他的职务，又擅自许诺给将士优赏，他只好将李严杀了。朝廷当然知道其中的虚实，但也无可奈何，不仅未能治孟知祥的专杀之罪，反而派客省使李仁矩前去抚谕孟知祥及蜀中官吏百姓，并且听任孟知祥派人前往晋阳迎接妻子琼华长公主和儿子孟仁赞至成都。

后唐平前蜀后，将蜀地划分为东、西二川。东川节度使董璋颇为跋扈，常常抗拒朝廷。天成四年（929）十月，后唐朝廷划出蜀地的阆州（治今四川阆中）、果州（治今四川南充），单独成立保宁军，并向遂州（治今四川遂宁）增兵，而且传言又要划出绵州（治今四川绵阳东）、龙州（治今四川绵阳平武东南），建立新的节镇，以此来分化、削弱东、西川二镇，遂州、绵州、龙州都是东川的支郡（属州）。于是，孟知祥和董璋结盟，共同对抗朝廷。

长兴元年（930）九月，董璋率兵攻打阆州，孟知祥也派出将领攻打遂州。后唐朝廷派天雄节度使石敬瑭率军前往平叛，没有战绩。安重海请求亲自前去督战，遭到诬陷，被杀。石敬瑭军粮草不济，只好撤退。孟知祥趁机派遣将领相继攻陷忠州（治今重庆忠县）、万州（治今重庆万州）、云安监（今四川云阳）等地，扩大自己的地盘。后来孟知祥想向朝廷上表谢罪，但遭董璋拒绝，双方关系恶化。长兴三年（932），董璋向孟知祥发动进攻，孟知祥亲率大军迎战，在汉州弥牟镇（今四川新都北）大败董璋，董璋被部下杀死，孟知祥于是据有了东、西两川之地。

长兴四年（933）二月，唐明宗任命孟知祥为东、西川节度使，并封为蜀王。同年十二月，明宗李嗣源去世，此时后唐朝廷内乱，孟知祥便乘机正式称帝，改元明德，国号蜀，史称后蜀，时在后唐清泰元年（934）闰正月。同年七月，孟知祥病逝，终年六十一岁。遗诏太子孟仁赞改名孟昶，即帝位，赵季良、赵廷隐等大臣辅政。十二月，孟知祥葬于和陵，庙号高祖。和陵位于今成都市北郊约七公里的磨盘山南麓，为孟知祥与福庆长公主的夫妇合葬墓，与位于成都市区的前蜀高祖王建墓永陵，均列为全国重点文物保护单位。

最后还值得一提的是，在2010年成都市龙泉驿区十陵镇青龙村道路施工中，发现了赵廷隐的陵墓，据专家介绍，这是继前蜀王建墓、后蜀孟知祥墓后，四川五代墓葬考古的第三大发现。墓中所出土的陶质伎乐俑和由彩绘伎乐俑组成的完整乐队，被认为是考古界的两大发现。赵廷隐亦是随孟知祥入川的，历任左厢马步军都指挥使、保宁军节度使等职。后主孟昶即位后，官至中书令，封宋王，是后蜀国的重臣。

三、运去英雄不自由——李从珂及后唐王朝的灭亡

五代社会一直处于中央朝廷与地方藩镇的博弈之中，而且地方藩镇往往是最终的胜利者，它们击败中央，建立新的朝廷；而新朝廷建立之后，又开始了与地方藩镇的博弈，最后又被藩镇推翻，建立又一个新的朝廷。新朝廷有时沿袭旧朝廷的国号，李嗣源、李从珂是也；有时建立新的王朝，石敬瑭、刘知远是也。当然，石敬瑭又借助了契丹外力。

李从珂虽然从李从厚手里夺得了后唐王朝的天下，但他的日子并不好过。

李从珂本姓王，出生于镇州平山（今河北平山）民家，自幼丧父，与母亲魏氏相依为命。唐昭宗乾宁二年（895），李嗣源作为李克用的骑将，率军攻取平山，俘虏魏氏母子，魏氏颇有几分姿色，李嗣源便将其纳为妾室。

李嗣源纳魏氏时，其子年十余岁，李嗣源便将其收为养子，取名李从珂。当时李嗣源任低级军校，收入不高，家人衣食不足，李从珂便去扛石灰、收马粪，换钱补贴家用，所以当枢密使安重诲要除掉李从珂时，明宗含泪回顾了这一段往事，保住了李从珂的一条性命。后来，李从珂跟随义父南征北战，以骁勇敢战著称，晋王李存勖曾称赞他说："阿三不惟与我同齿（即同龄），敢战亦相类。"李从珂小名"二十三"（一作"阿三"），故李存勖如是称。所以，如果说以对后唐王朝贡献的大小来决定皇位继承人的话，在李嗣源诸子中，

李从珂无疑是最有资格的一个。

同闵帝李从厚一样，李从珂自己大概未曾有过争夺皇位的奢望，正如他自我表白的那样："予之此行（即进兵洛阳），事非获已"。不过与李从厚不同的是，他在即位后没有受制于人，而是做了一位大权在握、名副其实的"皇帝"。

李从珂自唐明宗天成初出任河中节度使以来，就组建起了一个核心班底。史称末帝起于凤翔，与共事者五人：节度判官韩昭胤，掌书记李专美，牙将宋审虔，客将房暠以及孔目官刘延朗，"事无大小，皆此五人谋之"。他们都是在李从珂镇守河中时进入幕府、以后又一直跟随在其身边的旧人，李从珂就是带着这个核心班底入主洛阳的。而当其即帝位后，便立即把他们安排到各个要害部门：韩昭胤为端明殿学士；李专美为枢密院直学士；宋审虔为皇城使；房暠为宣徽北院使；刘延朗为枢密庄宅使。不久，韩昭胤、房暠升迁为枢密使，刘延朗为枢密副使，宋审虔为侍卫步军都指挥使，而当初响应李从珂檄文的陇州防御使相里金的判官薛文遇，亦被任为枢密院直学士。由是"审虔将兵，专美、文遇主谋议，而昭胤、暠及延朗掌机密"。当然，为了笼络人心，李从珂也没有忘记对原朝廷官员和诸道节度使、刺史等文武臣僚相继加官晋爵。

李从珂在应顺元年（即清泰元年，934）四月进入洛阳后所做的第一件大事，就是大肆搜刮民财奖赏军士。

当初，李从珂从凤翔出发时，答应进入洛阳后每个士兵奖赏一百缗钱，预计需要五十万缗。但洛阳国库的钱财已经被闵帝赏赐军士殆尽，无奈之下，只好搜刮京城百姓。然而十几天过后，也只得到了十几万，远远不够所需之数。李从珂发怒，把掌管财政的三司使王玫等一些官员都抓进了监狱，继续不分昼夜催逼，监狱都被抓来的人填满了，甚至有人被逼得上吊、投井自杀。最后连太后、太妃所用的器皿、服饰、簪环等物全部搜刮出来，也才又凑出二十万缗，仍不够奖赏。这时，李专美建议根据现有的财物平均分给将士，说国家的存亡不光在于优厚的赏赐，也在于修正法令制度，建立纲常伦理秩序，何必一定要履行当初的诺言呢？李从珂这才停止了搜刮。但贪得无厌的士兵们很不满意，编造歌谣说："除去菩萨，扶立生铁。"意思是说闵帝李从厚仁慈软弱如菩萨，而末帝李从珂严厉坚强如生铁，感觉有点后悔了。这可以说是李从珂在位两年多最大的一个污点和暴政。

不过，唐末帝李从珂接下来的一些施政措施，却也颇有几分明宗时的遗风，如他几次下诏大赦天下，释放囚犯；下诏蠲免长兴四年（933）十二月以前天下百姓所欠的残税三百三十八万，"贫民大悦"；又下诏放免振武、新州、河东西北边经契丹蹂践过地区三年的两税差配；等等。他也曾试图整顿一下吏治。太常丞史在德上书对朝廷及地方文武官员的贪腐行为和不作为进行抨击，对一些不合理的制度提出了意见，由此惹怒了宰相卢文纪、补阙刘涛等一批官员，一致要求严惩史在德。李从珂对翰林学士马胤孙说："我刚刚登极治理国家，应该开放言论，如果官员中因为提出不同意见而被定罪，以后还有谁再敢说话？"于是下诏说："过去魏徵请求太宗奖赏皇甫德参，现在刘涛等人却要我处罚史在德。史在德只是想为国尽忠，怎么可以责罚他呢？"他甚至还下令让军队护送前来入贡贸易的回鹘商人使者。只是由于统治时间较短，又受到地方藩镇特别是河东节度使石敬瑭的牵制，所以也就没有太多的作为。

石敬瑭与李从珂的渊源颇深，二人都是久经沙场的战将，一个是唐明宗李嗣源的女婿，一个是义子，都是明宗倚重的对象。但二人关系并不融洽，一直明争暗斗，互不服气。李从珂即帝位后，石敬瑭不得不入京朝见，并参加明宗的葬礼。明宗葬礼举行完毕，也不敢提回归河东的事，怕引起李从珂的猜疑。当时石敬瑭长期患病，身体瘦弱，其妻魏国公主（即明宗之女）和曹太后多次在李从珂面前为其说情。李从珂见石敬瑭骨瘦如柴，估计难成大事，便放下心来，顺水推舟卖个人情，说："石郎不仅是与我关系密切的亲戚，还是从小和我一同经历过艰难困苦的人。现在我做了天子，除了石郎还有谁可以依托呢？"于是继续任命石敬瑭为河东节度使，放虎归山。

石敬瑭回到太原后，便处心积虑地从兵力、财力、人力诸方面做好自保甚至夺取皇位的准备。李从珂后来也觉察到了石敬瑭的野心。当时石敬瑭兼任北面招讨使一职，清泰二年（935）七月，李从珂派武宁节度使张敬达为北面招讨副使，屯驻代州（今山西代县），以牵制并监视石敬瑭的行动。

次年即清泰三年正月二十三日是末帝李从珂的生日，也就是所谓的"千秋节"，石敬瑭的妻子晋国长公主从太原前来祝寿。上寿祝贺完毕后，就要告辞回晋阳。李从珂乘着酒意说："为何不多留些日子，难道急着赶回去帮助石郎造反吗?"虽是醉话，却也道出了其对石敬瑭已经忍无可忍的真实心情。

李从珂下决心要除掉石敬瑭。清泰三年（936）五月，调石敬瑭镇天平（治郓州，今山东东平）。石敬瑭拒绝调任，同时上表指责李从珂即位非法，应立即将皇位让给许王李从益。李从珂大怒，撕毁奏表，削去石敬瑭官爵，任命张敬达为主帅，杨光远等人为副帅，率大军前往讨伐。

石敬瑭派人向契丹求救，契丹国主（即辽太宗）耶律德光答应在八月份倾国赴援。

张敬达修筑长堤围攻太原城，但是进展极不顺利，不仅太原城久攻不下，而且所构筑的战阵工事遭积水冲泡，也长期不能合围。九月，耶律德光亲率五万骑兵，号称三十万，自雁门关西部要隘扬武谷（在今山西原平西北）南下，一路无阻，抵达太原。石敬瑭与契丹联兵在团柏谷（在今山西祁县）与后唐军队展开激战，唐军失利，死伤万余人，太原之围遂解。接着，石敬瑭与契丹连军构筑长围，反而将后唐军队牢牢地围困在了晋安寨（在今太原南部）。

李从珂急忙调兵遣将，派禁军将领彰圣都指挥使符彦饶率洛阳步骑兵屯守河阳；诏天雄（魏博）节度使范延光率兵两万由邢州青山口赶赴太原东部的榆次；卢龙节度使、东北面招讨使赵德钧率幽州兵由飞狐道从背后出击契丹军；耀州防御使潘环集合西路戍兵由晋、绛两乳岭（在今山西乡宁西南三十五公里）出慈州、隰州，共救晋安寨，并下诏说要亲征。后又派赵德钧之子忠武节度使赵延寿率兵两万赴潞州、右神武统军康思立率扈从骑兵赴团柏谷救援，以赵德钧为诸道行营都统（总指挥）。但手握重兵的赵德钧也想让契丹支持自己做中原之主，故意拖延不进，拥兵观望，不去救援张敬达。

晋安寨长期被困，与外界失去了联系。粮草匮乏，只好削木屑淘马粪中的草筋来喂马，马匹互相啖咬，尾巴和颈鬃都秃了，死了就由将士分而食之。最后，大将杨光远杀张敬达，向契丹投降。石敬瑭随即率军南下，从河阳（今河南孟州）渡过黄河，向洛阳逼近。此时的李从珂已无半点抵抗意志和决心，昼夜饮酒悲歌，坐等灭亡。

清泰三年（936）闰十一月二十六日，唐末帝李从珂带着传国玉玺，与曹太后、刘皇后以及儿子李重美等人登上玄武楼自焚而死，终年五十一岁，后唐灭亡。李从珂死后无谥号及庙号，史家称之为末帝或废帝，传国玉玺亦在此时遗失，不知所终。天福二年（937）二月，后晋高祖石敬瑭命人收殓李从珂的遗骨，葬于唐明宗李嗣源徽陵以南。

史称当石敬瑭和契丹联兵与张敬达对决时，大臣中曾有人劝李从珂北上亲征，李从珂说："卿勿言，石郎使我心胆坠地！"想一想当年的李从珂在胡柳陂之战、德胜城争夺战以及唐军奔袭郓州之战中的表现，是何等的英勇威风，与此时的涕泪沾巾、胆战心惊简直判若两人。

《旧五代史》史臣对此评论道："是知时之来也，雕虎可以生风；运之去也，应龙不免为醢。""应龙"是古代神话中的一种强龙；"醢"是古代一种酷刑，即把人杀死后剁成肉酱。意思是说，时运来了，即使是雕刻的老虎都能生风，时运去了，纵然是强龙也免不了成为砧板之肉。也正如唐代诗人罗隐《筹笔驿》一诗中所描述的："时来天地皆同力，运去英雄不自由"。

第十二章

兴也契丹,亡也契丹——后晋王朝始末

一、"儿皇帝"石敬瑭与幽云十六州

在五代乃至中国历史上所有帝王中,后晋高祖石敬瑭无疑是最为后人所诉的一个。因为他向契丹称臣称儿,又割让幽云十六州与契丹,从而留下千古骂名。

石敬瑭的族属,一般认为是融入沙陀的昭武九姓胡人。他的父亲名臬捩鸡,似乎没有姓氏。史称他的四代祖名璟,唐元和中与沙陀军都督朱耶氏自灵武入附。所以我们将他建立的后晋,也归结到沙陀王朝。至于其自称本春秋时卫国大夫石碏、西汉丞相石奋之后,无非是攀附古代名人的托词。

石敬瑭于唐昭宗景福元年(892)出生于太原汾阳里,母亲何氏,当是一位昭武九姓胡人。石敬瑭自幼沉默寡言,喜读兵书,崇拜战国时赵国名将李牧和汉代名将周亚夫。李嗣源任代州刺史时,对他很是器重,将女儿许配与他。之后,石敬瑭便跟随李嗣源转战各地。后梁贞明二年(916),在李存勖与后梁大将刘鄩对阵交战时，晋军初战不利，石敬瑭曾率十几名亲军掩护李存勖后撤，事后得到李存勖的大力称赞，说："将门出将，其言不谬。"史称后唐"灭梁室，致庄宗一统，集明宗大勋，帝（即石敬瑭）与唐末帝（即李从珂）功居最"。不过在后唐庄宗朝，石敬瑭的官位一直不显，史称是因其"不好矜伐（即夸耀）故也"。

唐明宗李嗣源即位后，石敬瑭凭借着自己的军事、政治才能以及与明宗的翁婿关系，官位青云直上，赐号"竭忠建策兴复功臣"，先后担任了陕州、宣武、天雄（魏博）、河阳等镇节度使，并一直兼任六军诸卫副使、侍卫亲军马步军都指挥使等职务，这是后唐握有实权的禁军统帅。

长兴三年（932）十一月，朝廷以北方契丹、吐浑、突厥犯边，需派一名大将统帅边军防御。石敬瑭主动请缨，愿意北上，唐明宗遂命他为太原尹、北京留守、河东节度使，并兼任大同（治云州，今山西大同）、振武（治朔州，今山西朔州）、彰国（治应州，今山西应县）、威塞（治新州，今河北涿鹿）等地军队蕃汉马步军总管，回到了后唐王朝的发祥之地。

据说石敬瑭在离别宴会上，捧杯为明宗祝寿，说："我虽然微小怯懦，但想到边陲大事，岂能不竭力尽忠？只是要远离京都，长久见不到皇上，不能随时向您请安申报。"明宗为之动容落泪，后来果然再未与石敬瑭相见。

末帝李从珂即位后，石敬瑭迫于形势，不得不前往洛阳朝见，但当参加完明宗的葬礼后，便通过妻子魏国公主和曹太后的一再疏通斡旋，重新回到河东太原任职。

太原是石敬瑭的出生地，这里有他的宗族、亲属、故旧，因此他在这里具有比在他乡更大的号召力。后晋末年，刘知远在太原起兵时，其妻李氏就曾说过："自晋高祖建义，及国家兴运，虽出于天意，亦土地人民福力同致耳。"指出石敬瑭和刘知远的兴起都与河东的"土地人民"有着极大的关系。

事实上，石敬瑭在长兴三年（932）首次出任河东节度使时，就是带着他过去的元随故旧如刘知远、李延韬、周环（一作周瓌）、景延广、王延超、李守贞、王饶、刘继勋、王继弘等一干人前往太原上任的，这也是唐末五代时期的惯例。到河东以后，他又创置新军，招募了如武行德、李万超等一批骁勇之士，建立起一支牙兵队伍。此外，在他身边还聚集了一批幕职官如节度判官赵莹、掌书记桑维翰、节度推官窦贞固、观察判官薛融、从事段希尧等，组成了一个文人智囊集团，这是石敬瑭文、武统治的核心班底。石敬瑭即位后，给予他们很高的待遇，"霸府旧僚，皆至达官"。特别是桑维翰和刘知远二人，是石敬瑭的文、武两大领班。

石敬瑭当然也觉察到了唐末帝李从珂对他的猜忌，所以再度回到太原后，便积极着手从财力物力上做好自保甚至取代后唐朝廷的准备。他与卢龙节度使赵德钧一起，以防御契丹为名，接连不断地向朝廷请求"益兵运粮"，赵德钧也妄图割据一方甚至成为"中原之主"。石敬瑭还奏请将河南地区怀州和孟州的租税输送到自己管辖下的忻州、代州。李从珂则先后下诏向河东有积蓄的人家征借菽粟以充军；令镇州输纳五万匹绢购买军粮，然后出车一千五百辆运抵代州；又诏令魏博开市购粮，运往河东。当时因水旱灾害，百姓饥饿，石敬瑭派人督催缴纳，致使崤山以东的百姓流离失散，民怨沸腾。最后，石敬瑭又将其在洛阳及诸道任职时积累的财货全部收拢送到晋阳。石敬瑭的所作所为，已经是司马昭之心，路人皆知了。

清泰二年（935）六月，石敬瑭率大军屯驻忻州，朝廷派使臣为其军颁发夏衣，军士四次欢呼万岁。"万岁"只能用在皇帝的身上，石敬瑭对此深感恐惧，便命都押牙刘知远斩杀了带头呼喊的挟马都将李晖等三十六人以平息事态。但李从珂听说此事后，大为不悦，立即以张敬达为北面行营副总管，率兵屯代州，"以减敬瑭之权"。接下来便是石敬瑭招契丹为援击败后唐官军，这些前面已经提及，此不再赘述。

清泰三年（即后晋天福元年，936）十一月，辽太宗耶律德光在柳林（今太原小店区刘家堡乡西柳林村）册封石敬瑭为皇帝。因河东和晋阳是春秋古晋国之地，遂建国号为"晋"，史称"后晋"，改元天福，石敬瑭也就是后晋高祖。石敬瑭起初以洛阳为都城，桑维翰奏称："大梁北控燕、赵，南通江、淮，水陆都会，资用富饶。"于是天福二年（937）四月，迁都大梁（今河南开封）。

需要指出的是，《资治通鉴》是将石敬瑭向契丹称儿、称臣、割让卢龙一道及雁门关以北土地，放在天福元年七月"石敬瑭遣间使求救于契丹"时一起叙述的，即石敬瑭获得契丹的支持，是以此为先决条件的。但在新、旧《五代史》中，耶律德光与石敬瑭"约为父子"或"论父子之义"，是在九月契丹南下破后唐官军之后；而石敬瑭"愿以雁门已北及幽州之地为戎王（即耶律德光）寿，仍约岁输帛三十万，戎王许之"，是在十一月耶律德光册封石敬瑭为皇帝之后。《五代会要》更将"结为父子""岁输绢十三万匹"（"十三万"当为"三十万"之误）"割雁门已北及幽州所属县并隶番界"均记在天福元年十一月。虽然，石敬瑭向契丹称儿、称臣、割让土地是既成事实，但毕竟与以此为先决条件获得契丹的支持而当上皇帝稍有些差异。

还需要指出的是，石敬瑭从与后唐朝廷对抗，到向契丹称儿、称臣、割让幽云十六州，都有一个"智囊团"在出谋划策。如当初唐末帝要移石敬瑭去镇天平，石敬瑭拿不定主意，向幕僚征求意见，刘知远就说："明公久将兵，得士卒心，今据形胜之地，士马精强，若称兵传檄，帝业可成，奈何以一纸制书自投虎口乎！"而当石敬瑭欲"外告邻方，北构强敌"，结契丹为援，与后唐朝廷相对抗时，征求僚属意见，"掌书记桑维翰、都押衙刘知远赞成密计"。只是据说对于石敬瑭向契丹称儿割地，刘知远不赞成，说："向契丹称臣可以，认其做父则太过分；用重金贿赂足可以使其出兵，不必割让土地，恐怕将来会成为中国大患，到时后悔也来不及。"

如确有此事，倒是颇有见地（主要是割地一事）。不过刘知远后来却也荣幸地被耶律德光称"儿"。

至于桑维翰，则不仅主张石敬瑭拒绝移镇天平，而且说："契丹素与明宗约为兄弟，今部落近在云州、应州，公诚能推心屈节事之，万一有急，朝呼夕至，何患无成。"可以说是石敬瑭向契丹称臣、称儿、割地的始作俑者。后来，听说卢龙节度使赵德钧亦厚赂契丹，欲倚仗契丹做中原之主时，桑维翰又被石敬瑭派去见辽太宗耶律德光，跪在耶律德光的帐前，从早到晚，涕泣不起，苦苦哀求。耶律德光最终被桑维翰的"赤诚之心"所打动，拒绝了赵德钧的请求，立石敬瑭为帝。并说桑维翰对石敬瑭忠心不二，应该做宰相，石敬瑭即以桑维翰为中书侍郎、同平章事。而就是这样一个桑维翰，后来却得到了宋太祖赵匡胤的赞赏，说连赵普都不如他。

幽云十六州包括幽（治今北京）、蓟（今天津蓟州）、瀛（今河北河间）、莫（今河北任丘）、涿（今河北涿州）、檀（今北京密云）、顺（今北京顺义）、新（今河北涿鹿）、妫（原属北京怀来，今被官厅水库所淹没）、儒（今北京延庆）、武（今河北宣化）、蔚（今河北蔚县）、云（今山西大同）、应（今山西应县）、寰（今山西朔州东马邑镇）、朔（今山西朔州）等十六州。后来幽州改称燕京，所以又称"燕云十六州"，包括了今河北大部和北京、天津以及山西北部的大片地区。

幽云十六州的北部是燕山和太行山两大山脉，地势险峻复杂，形成了一道天然的军事防线，是古代中原王朝防御北方游牧民族铁骑南下的重要屏障，长城北京至山西一段即位于这条线上；而十六州的南部，则气候温和，降水充足，适合农业生产，自古以来就是物产丰富、农业发达、人口稠密之地，在我国北方占有重要地位。因此，十六州的得失，无论是对于辽朝还是中原王朝，都是至关重要的。宋人叶隆礼在《契丹国志》中所谓："幽、燕诸州，盖天造地设以分番、汉之限，诚一夫当关，万夫莫前也。"只是叶氏没有提到"幽、燕诸州"在"番、汉"之争中特别是辽朝一方重要的经济地位。

从石敬瑭割让幽云十六州与契丹后，后周和北宋都曾试图收复，但均告失败，于是幽云十六州也就成为中原王朝三百年的一个心结，直到元朝建立，再次实现了南北的统一，这个心结才不复存在。

石敬瑭在位六年，在五代诸帝中，也算是统治时间较长的一位。抛开其向契丹称臣、称儿、割让幽云十六州而留下千古骂名这一点不说，在治理国家方面，一依后唐明宗朝旧制，却也取得了一些成效。

后晋建国时所面临的形势，按照司马光的话说，是"藩镇多未服从，或虽服从，反仄不安；兵火之余，府库殚竭，民间困穷；而契丹征求无厌"。石敬瑭采纳桑维翰的建议，"推诚弃怨以抚藩镇，卑辞厚礼以奉契丹，训卒缮兵以修武备，务农桑以实仓廪，通商贾以丰货财"。于是在"数年之间，中国稍安"。应该说，这是一个可以与后唐明宗"小康"社会相媲美的社会局面。

欧阳修《新五代史》对于石敬瑭本人没有留下任何评论，只是在其本纪中记载了若干史事。薛居正《旧五代史》则对石敬瑭的评价颇高，说其在称帝以后，"旰食宵衣，礼贤从谏，慕黄、老之教，乐清净之风，以綈（一种粗丝绸）为衣，以麻为履，故能保其社稷，高朗令终"。并说"倘使非由外援之力（即不借助契丹之力），自副皇天之命，以兹睿德，惠彼蒸民，虽未足以方驾（即比肩、媲美）前王，亦可谓仁慈恭俭之主也"。

所谓"旰食宵衣"，出自南北朝时陈朝徐陵的《陈文帝哀策文》，意即天色很晚才吃饭，天不亮就穿衣起来，形容勤于政事；而"高朗令终"，出自《诗经·大雅·既醉》，意为高风亮节，得以善终。说石敬瑭"旰食宵衣"尚可，而"高朗令终"，则是莫大的滑稽和笑话了，实际上石敬瑭是在一种忧郁恐惧的状态中死去的。

薛居正生于五代，历仕后晋、后汉、后周、北宋四朝。《旧五代史》成书于宋太祖开宝七年（974）；欧阳修生于宋真宗景德四年（1007），《新五代史》成书于宋仁宗皇祐五年（1053）。薛居正（包括他的修史班子）与欧阳修其实属于五代和宋朝两个不同时代的人。五代人对于石敬瑭向契丹称臣、称儿甚至割让幽云十六州，反应并不十分强烈，晋出帝石重贵时，宰相李崧就说："屈身以为社稷，何耻之有！"可以说是代表了相当一部分人的态度。而欧阳修生活的宋朝中叶，随着经济、文化的空前繁荣发展，以及辽、西夏压力的加大，传统的华夷观念也进一步加强。石敬瑭的向契丹"夷狄"称儿、称臣并割让土地，这在欧阳修看来，即使其把国家治理得再好，也难以抵消其卑躬屈膝的罪责。虽然，站在今人的立场上，无论是后晋、宋朝还是辽朝、西夏，都是建立在中国这块土地上的历史政权，但在当时，毕竟属于不同的国家。

石敬瑭于天福七年（942）六月在邺都（即魏州，今河北大名）去世，年五十一岁，谥号圣文章武明德孝皇帝，庙号高祖，死后葬于显陵，在今河南宜阳西北石陵村西，现为全国重点文物保护单位。即使是历史上的反面人物，至少对后人也有警示教育的价值，后来的秦桧、汪精卫也莫不如此。

二、"绝两国之欢"——石重贵与契丹的抗争

天福八年（943）六月，后晋高祖石敬瑭死后，宰臣冯道与禁军侍卫马步都虞候景延广拥立石敬瑭的侄子——齐王石重贵即帝位，是为后晋出帝或少帝。次年，改元"开运"，顾名思义，就是开启新的国运。景延广因拥立功而擅政用事，权倾朝野。

石重贵初即位时，在商讨如何向契丹通报国丧的问题上，景延广态度十分强硬，主张不用高祖时以下对上的奏表文体，

而采用国与国之间平行的书信文体，在信中称孙不称臣，石重贵如是照办。契丹国主耶律德光大怒，派遣使臣前来责问，并且质问他为什么不事先禀告，就自作主张匆忙即了帝位。景延广再次以强硬的措辞回复契丹。

晋高祖石敬瑭时，"通商贾以丰货财"，后晋与契丹的贸易往来频繁。契丹任命原河阳将乔荣为掌管贸易的回图使，在契丹与后晋之间往返贸易，并在后晋都城大梁（今开封）设置邸店。景延广说服石重贵把乔荣关进监牢，没收其邸店中的全部货物，并且凡是在后晋境内贸易的契丹商人，统统被杀，夺取货物。这种不道行为遭到大臣们的纷纷反对，景延广这才释放了乔荣，让其返回契丹。

乔荣向景延广辞行，景延广大话连篇地说："回去告诉你的主子，先皇帝是由你们契丹国所立，因此向你们奉表称臣。而当今皇帝是我们中国所立，之所以向你们北朝降低身份，是因为我们不敢忘记先帝与你们缔结盟约的缘故。作为邻邦而称孙，已经足够了，没有再向你们称臣的道理。你们北朝皇帝不要听信赵延寿的欺骗引诱，轻视侮辱中原国家。中原国家的将士战马，是你亲眼所见的。老头子如果发怒，就来争战，孙儿自有十万横磨剑，足以相待。以后如果为孙儿打败，被天下人笑话，不要后悔。"

乔荣因为丧失了全部财产，担心回到契丹后被治罪，并且想为日后留下证据，就说景延广所说的内容太多，自己不能全部记下，希望用纸笔记录下来。景延广便命令小吏将自己所说的话记下来交给乔荣。乔荣回契丹后，将这一切全部报告给耶律德光。这也是景延广所办的留人以把柄的一件蠢事。到后来契丹灭后晋，耶律德光责问景延广道："致使两主不和，全是你干的事。你所说的'十万横磨剑'在哪里？"景延广最初不服，乔荣把当初纸上所记的话拿给他看，这才承认，共十件事，每承认一件，就交给他一个筹码，等到了第八个筹码时，景延广只能跪下求死了。

耶律德光决心要教训一下这位不懂规矩的"孙儿"，再加上一心想取代石晋称帝中原的辽幽州节度使赵延寿的极力鼓动，以及后晋叛将郓州天平军节度使杨光远的勾引，便决意对后晋用兵。

契丹与后晋的战争，从后晋开运元年（契丹会同七年，944）正月开启，至天福十二年（947）正月契丹灭晋结束，双方在三年的时间内，进行了连绵不断大小无数次的战役。其中最为激烈、扣人心弦的，是从开运元年闰十二月开始，至次年三月结束的那场持续三个多月的战争。

开运元年闰十二月，契丹再次大举进攻后晋，前锋赵延寿部到达邢州（今河北邢台）附近。契丹国主耶律德光率大兵随其后，建牙于元氏（今河北元氏）。后晋朝廷也派出了最强阵营：天平节度使张从恩、邺都留守马全节、护国节度使安审琦会诸道兵屯邢州，武宁节度使赵在礼屯邺都（在今河北大名东部）。之后，又相继派右神武统军张彦泽屯驻黎阳（今河南浚县），西京留守景延广从滑州（今河南滑县东）引兵把守胡梁渡（在今滑县东北黄河北岸），义成军节度使皇甫遇领兵赴邢州。

开运二年（945）正月十五日，张从恩、马全节、安审琦集结所有行营部队数万人，在相州（今河南安阳）安阳水南布阵。皇甫遇和濮州刺史慕容彦超率数千名骑兵前去侦查契丹军的行踪，行至邺县（今河北临漳县邺城镇），准备渡过漳水时，与契丹军数万人相遇。皇甫遇等边战边退，退到榆林店（今河南安阳北）时，契丹更大一队人马出现。皇甫遇和慕容彦超商议说："我们如果再后退，必定会全军覆没。"于是停止撤退，与契丹军展开战斗。从午时（上午十一点到下午一点）一直到未时（下午一点到三点），交战一百多个回合，双方伤亡都十分惨重。皇甫遇所乘马倒毙，随从杜知敏将自己的马让给他，皇甫遇上马再战。过了许久，战斗稍微缓解，皇甫遇回头寻找杜知敏，发现他已被契丹军抓获。便说："杜知敏是义士，不能遗弃。"与慕容彦超跃马再次杀入辽军阵地，夺回杜知敏。

不久，契丹又一支人马杀了过来，皇甫遇和慕容彦超都做好了为国捐躯的准备，说："我们坚决不能退却，只能以死报效国家了！"幸亏安审琦率兵前来救援，契丹军撤退，皇甫遇等得以生还。皇甫遇和慕容彦超的英勇奋战，鼓舞了后晋军的士气，也打击了契丹军的嚣张气焰。当时耶律德光驻扎在邯郸，听到这一消息后，连夜向北撤退，一路撤到了鼓城（今河北晋州）。

晋出帝石重贵听说契丹军北撤，一面命令北面行营都招讨使杜重威（史书多因避出帝讳而作"杜威"）率领本道兵马会同马全节等部北上追击，同时前往滑州，准备亲征。

晋军最初的进军比较顺利，相继夺回被契丹占领的泰州（今河北保定）、满城（今保定满城区）、遂城（今保定徐水区遂城镇），俘虏契丹酋长没剌及下属兵士两千人。而耶律德光见晋军追来，便调转马头，率八万骑兵再次南下迎击晋军。

杜重威得知契丹军再次南下后，心生恐惧，也转而向南，自满城退保泰州。三月二十二日，契丹大军到达泰州，晋军不做任何抵抗继续向南撤退。退至阳城（今河北保定清苑区阳城镇）时，被契丹军追上，不得不与之展开战斗，并击败契丹军，向北追赶了十余里，契丹军越过白沟逃去。

晋军继续整队南撤，二十七日，到达阳城南十余里的白团卫村，埋下鹿角安营扎寨。鹿角是一种守城工具，就是用削尖的木棒制成木栅栏，以防止军营遭到敌军骑兵的偷袭，因其形似鹿角故名。

契丹军重重包围了晋军，并派兵截断了晋军的运粮通道。这天夜晚，东北风大起，房屋倒塌，树木折断。士兵们口渴难耐，便在营地挖井取水，但每次总是在刚要出水时井却崩塌，士卒们只好取上带水的泥土，用布帛绞出水喝。等到天亮，风刮得更大了。契丹国主耶律德光坐在奚车（奚人制作的车子）上，对部众说："晋朝就剩这些军队了，应当把他们全部擒获，然后南下直取大梁。"于是命令精兵铁鹞骑军下马拔除晋军埋下的鹿角，进入晋军营地，用短兵器攻击晋军，又顺风纵火扬沙以助声势。

晋军到了背水一战的地步，军士们气愤地高呼："都招讨使（即杜重威）为什么不出兵而让我们束手待毙？"众将领也纷纷请求出战。杜重威说要等风势稍小一点再做定夺。马步都监李守贞说："现在敌众我寡，但风沙弥漫，敌军无法了解我们的虚实，只要勇猛冲杀，就可获胜。如果等到风沙停止，我们会死得一个不剩。"随即呼唤各部队一齐攻击敌人！

有将领说契丹现在正在上风，应该等风向转后再与他们交战。药元福对张彦泽说："现在军中饥渴交迫，如果要等到风向回转，我们都已成俘虏了。敌人以为我们不能逆风出战，我们应该出其不意去攻击他们，这就是兵法上所说的诡异之道。"符彦卿也说："与其束手就擒，不如以身殉国！"于是与张彦泽、药元福以及皇甫遇率领精骑冲出西门向契丹军发起反击，众将领也相继出动，契丹军向后退却了数百步。

这时风势越刮越猛，天昏地暗如同黑夜一般。符彦卿等率领一万多名骑兵横冲猛击，喊杀声震天动地，契丹军大败而走，势如山崩。李守贞也命令步兵把鹿角全部拔掉出战，与骑兵同时挺进，向北追杀二十余里。契丹铁鹞军既已下马，仓皇之间来不及再跨上马背，抛弃的战马和铠甲兵器遍地都是。这就是历史上著名的"阳城之战"。

这一仗，后晋取得了最后的胜利。契丹军退到阳城东南河边，杜重威又派精骑攻击，契丹兵纷纷渡河而去。耶律德光在北逃时也十分狼狈，开始是乘坐奚车跑，晋军追得很急，奚车行驶缓慢，便赶忙换了一匹骆驼骑上，挥鞭急逃。众将要求继续追杀，杜重威这时却说："遇上强盗，不被杀死已是万幸，难道还要拉住强盗要回被抢走的衣物钱袋吗？"李守贞也说："两天以来，人马极度干渴，今天得到了水，人马都喝多了，腿脚加重，难以追击敌人，不如全军而还。"于是退守定州（今河北定州）。二十九日，后晋各支部队从定州班师。至四月十六日，石重贵从澶州出发返回大梁。

阳城战役后晋由败转胜，虽然展现了晋军将士英勇不屈的一面，但却也带有一定的侥幸性。特别是主帅杜重威，已经表现出怯懦惧敌的苗头。从后晋王朝的结局来看，这次胜利竟是其灭亡前的一次回光返照。

三、契丹南下与后晋灭亡

阳城之战晋军的侥幸胜利，使晋出帝石重贵觉得契丹也不过如此，从此天下太平，骄奢心理日增。他开始大肆扩建宫殿，装饰后庭，广置器玩，其豪华壮丽，近来的几个王朝都望尘莫及。而且与唐庄宗李存勖一样，石重贵对于优伶也尤为钟爱，赏赐无度。在国难当头、百姓饿毙于道的时刻，还如此挥霍，其离灭亡的日子也就不远了。

桑维翰曾劝谏石重贵说："往日陛下亲自率军抵御胡人入侵，战士受重伤，赏赐不过为几端绸缎。而今艺人们一谈一笑，往往就赐帛一束、钱一万以及锦袍、银带等物，如果让那些战士看到，岂不怨恨？说：'我们冒着钢刀白刃，绝筋断骨，竟然不如戏子们一谈一笑的功劳之大！'这样一来，军队将会解体，陛下依靠谁来保卫国家社稷呢？"石重贵不听。

而近两年来，后晋国内的蝗灾、旱灾也特别严重，地方税收收不上来，国家财政出现枯竭，石重贵便派遣使臣三十六人分赴各道去搜刮民财，每人赐给他们一把尚方宝剑，授予生杀之权。使臣们率领一帮随从吏卒，携带锁链、刑具、刀枪棍棒闯入民宅，老百姓小孩大人无不惊慌恐惧，求生无路，求死无地。州县官吏也借机为非作歹，狼狈为奸。而且为了扩大兵源，石重贵下诏令天下按户籍征集乡兵，每七户人家出一名士兵并共同负担这名士兵的兵器粮饷，定名为"武定军"，总共得到七万余人。桑维翰已经预感到"晋氏的宗庙得不到祭祀了"，即国家要完了。

而在契丹方面，阳城之战失利后，耶律德光将战斗不力的部将各杖数百，之后便一方面积极准备下一次的军事行动，征集诸道兵马，检阅训练；另一方面，指令卢龙节度使赵延寿和瀛州刺史刘延祚放出风声，说要归降晋朝，作为诱饵，引后晋朝廷上钩。果然，后晋君臣落入圈套，认为这是一个千载难逢的机遇，幻想着通过赵延寿和刘延祚，从敌人营垒内部打开缺口，收复幽、云。

开运三年（946）十月十四日，石重贵任命杜重威为北面行营都招讨使，李守贞为兵马都监，安审琦、符彦卿、皇甫遇、梁汉璋、宋彦筠、王饶、薛怀让等一干名将为各厢都指挥使、都排陈使，几乎出动后晋朝廷所能调动的全部兵力，向北出发，接应赵延寿和刘延祚的降附，并下敕说："专发大军，往平黠虏。先收瀛（州）、莫（州），安定关南，次复幽（州）、燕（京），荡平塞北。"杜重威是石敬瑭的妹夫、石重贵的姑父，凭借着皇亲国戚的身份以及贿赂而得到重用。

然而晋军不仅未能收瀛、莫，复幽、燕，安定关南，荡平塞北，反而一步步走向了灭亡。

当杜重威和李守贞等到达瀛州准备接收刘延祚的投降时，发现城门大开，城内异常寂静，便不敢贸然进入。后听说契丹将领高谟翰早已率兵秘密出城，杜重威便派遣梁汉璋率二千名骑兵前往追击。梁汉璋在南阳务（今河北肃宁东北）与契丹遭遇，结果寡不敌众，导致全军覆没。杜重威等听此消息后，便率兵南撤。最后，与张彦泽等人一起，撤退到滹沱河上的一座桥梁——中度桥，与契丹军隔河对垒。

以当时后晋与契丹的兵力看，应该是实力相当。《辽史》说杜重威、李守贞、张彦泽等率所部二十万众投降，似有夸张；刘知远说"契丹新降晋军十万"，大致可信。然而双方并没有发生大的战役，只是奉国都指挥使王清请求率步兵两千为前锋，夺取桥梁，开辟道路，让杜重威率领各军紧随其后，开进恒州（即镇州，今河北正定）。然而杜重威不仅没有率大军跟进，而且当王清独自率部在滹沱河北岸奋力作战时，杜重威无视其多次求救，不派一兵一卒前去救援。王清对部下说："上将（指杜重威）手握兵权，坐观我们被困而见死不救，必定有异图，我们应当以死报国！"部众被他的话所感动，无一人后退，直至全部战死。

就在王清浴血奋战的同时，杜重威和李守贞、宋彦筠则合计着向契丹投降。杜重威写好了降表，然后在营帐周围埋下伏兵，召集众将署名。众将惊愕害怕，没有一个人提出反对意见。倒是士兵们在杜重威命令他们放下武器投降时，都抱头痛哭，声动原野。时在开运三年（946）十二月初八。

继杜重威投降之后，张彦泽也很快投降，并成为契丹灭晋的急先锋。当时后晋朝廷的宿卫禁军几乎全部开赴前线行营，张彦泽不受任何阻挡，日夜兼程飞奔疾驰到了大梁，从封丘门破关冲入城内。禁军将领李彦韬率领五百名禁军前往迎敌，不能阻止。石重贵见大势已去，便在宫中放起了大火，提着宝剑驱赶着后宫十几个人要跳入火中自焚，被亲将薛超拦住。张彦泽传进耶律德光给李太后的信以示抚慰，并召集桑维翰、景延广前来。石重贵于是命令灭火，召翰林学士范质草拟降表，自称"孙男臣重贵"，等待契丹国主的发落。之前的硬气荡然无存。

后汉天福十二年（辽大同元年，947）正月初一，后晋文武百官在大梁城北远远地向石重贵辞别，然后改换象征投降的白衣纱帽，迎接契丹国主耶律德光的到来。耶律德光头戴貂帽，身披貂裘，内裹铁甲，立马于高岗之上，命令百官起立，改换官服，进行了一番安慰，然后进入大梁。耶律德光进入开封城门时，百姓都惊呼逃跑，便登上城楼，命翻译告诉人们说："我也是人，你们不要害怕，我一定要让你们休养生息。我无心南来，是汉兵引我来的。"

二月初一，耶律德光在开封皇宫正殿登极，头戴通天冠，身披绛纱袍，建国号大辽，改元大同，成为夷夏之主，耶律德光也就是辽太宗。并且依照契丹习俗，在大门前杀狗，在庭院中竖起长竿挂上羊皮驱邪厌胜，庭下设置大典乐器和仪仗卫队。百官都来朝贺，耶律德光令汉人仍穿汉礼服，胡人穿胡服，立在文武两班中间，胡汉分治。"大同"的年号，寓意颇深。

耶律德光只做了两个月或不到两个月的中原皇帝，由于中原人民的激烈反抗加之不适应中原的气候，便带着冯道、李崧、和凝、张砺等文武官员数千人，各军将士数千人，宫女、宦官数百人北归。耶律德光离开开封的时间，《资治通鉴》说是三月壬寅（十七日），《辽史》说是四月丙辰（初一）。途中他总结了中原之行的三个失误：一是纵兵掠刍粟，即所谓的"打草谷"；二是搜刮百姓私财；三是没有及时派遣各个节度使返回藩镇。并说若非汴州炎热，水土难居，只需要一年，天下太平可致。然而耶律德光到四月二十一日或二十二日，便在栾城杀胡林（在今河北栾城西北）发病去世，他的天下大同的理想终究也只是一个梦。

司马光《资治通鉴》记载说，契丹连年入侵中原，致使后晋国家疲于奔命，边疆百姓更是大量被屠杀。而契丹人民和牲畜也多因战争而死，国民对战争充满厌恶痛苦情绪。战争对后晋和契丹双方都造成了灾难。述律太后对耶律德光说："假使让汉人做胡人的君主，可以吗？"耶律德光说："不可。"太后说："那么你为什么一定要当汉人的君主呢？"耶律德光说："石氏负恩，不可容忍。"太后说："你现在虽然得到中原的土地，也不能居住。万一有了差错，后悔已来不及。"

述律太后为辽太祖耶律阿保机的皇后，耶律德光之母，号称铁腕女人，李存勖曾以"叔母"事之。阿保机去世下葬时，她曾砍下自己的右臂，装入棺木，作为陪葬。其对契丹与中原王朝如何相处，颇有一些独到见解。而当耶律德光的灵柩运回契丹后，她没有掉眼泪，说："待诸部宁一如故，则葬汝矣。"耶律德光后葬于怀州，即今内蒙古巴林右旗岗根苏木床金沟。

后晋灭国后，晋出帝石重贵及其后晋部分大臣官员的结局如下：

耶律德光进入开封后，封石重贵为负义侯，意为有负于契丹的恩义，令于黄龙府（今吉林农安）安置。石重贵便与李太后（石敬瑭之妻），安太妃（石重贵生母），冯皇后（石重贵之妻）以及弟重睿，子延煦、延宝一起向契丹北迁。但由于耶律德光去世，又将石重贵等迁往建州（治今辽宁朝阳西南）。从出土的墓志等资料情况看，石重贵卒于辽保宁六年（974），终年六十一岁，最后的居住地在今辽宁朝阳波罗赤村附近，也就是传说中的晋王城。

安太妃在去世前曾遗言："焚骨为灰，南向扬之，庶几遗魂得返中国也。"李太后也临终遗言："吾死，焚其骨送范阳佛寺，无使吾为边地鬼也！"都还是情系中原。

唆使石重贵与契丹决裂的景延广，后晋灭亡前在河阳任职，耶律德光派兵去抓捕他，景延广自知无处逃匿，就主动去见耶律德光，也就有了与乔荣对质一事。后耶律德光派军士押景延广归契丹，行至陈桥镇，景延广趁看押人员不注意，扼喉自杀。

至于自始至终极力维护与契丹亲和关系的桑维翰，张彦泽恐其被辽朝重用，派人将其勒死，然后用带子套在他的脖子上，报告说是上吊自杀。耶律德光深感遗憾，说："我无意杀桑维翰，他为什么会这样啊！"命人慰问并厚抚其家属。

在阳城之战中曾勇战契丹的皇甫遇，并没有参预杜重威的投降谋划。但事后对亲信说："我身为将相，兵败后不能去死，怎能再忍心去谋取君主呢！"断喉自杀。

一路充当契丹灭晋急先锋的张彦泽，由于残暴无比，就连耶律德光也不能容忍，将其罪行向百官宣布，问道："张彦泽该不该处死？"百官们异口同声说："该处死！"百姓也争先恐后递上状牒申诉张彦泽的罪行。耶律德光将张彦泽等押往北市斩首。被张彦泽杀害的士大夫的子孙们都披麻戴孝、携带着丧杖嚎哭怒骂，痛打张彦泽的尸首。市民们也争着砸碎他的头颅，取出脑髓，剁碎他的肉后分食掉。

直接葬送后晋天下的杜重威，则先后在辽朝以及后来建

立的后汉王朝中任职，官至归德军节度使、检校太傅、中书
令。后汉乾祐元年（948）正月，隐帝刘承祐即位，派人将其
及全家杀掉。

　　最后还值得一提的是后晋易州刺史郭璘。当初契丹屡次
进攻易州，郭璘都固守抗拒。耶律德光每过易州城下，便指
着易州城感叹道："我能吞并天下，却被此人所阻遏！"及至
杜重威投降，耶律德光派通事（翻译）耿崇美来易州诱降郭
璘。郭璘部下投降，自己却始终不屈，最后被耿崇美杀死。

第十三章

五代最短命的王朝——后汉

一、从太原到汴梁——刘知远的"大汉"梦

就在石重贵与契丹抗争、辽朝灭晋的过程中，另一支势力又从太原崛起，这就是沙陀人在中原建立的第三个王朝，由刘知远建立的后汉。

刘知远于唐昭宗乾宁二年（895）出生在太原，父亲名琠，任李克用部将；母亲安氏，当是一位昭武九姓胡人。沙陀人除朱邪氏一支被唐赐予李姓外，还有刘（知远）、杨（光远）、郭（从义）、瞿（稹）、张（彦超）、白（重赞）等一些姓氏，他们当属于沙陀平民，也都得自于汉姓。

清人赵翼《廿二史札记》中有一篇《一军中有五帝》的札记，说李存勖为晋王时，与梁军拒于河上垂十年，时李嗣源为大将，其养子李从珂、女婿石敬瑭均从征战，而刘知远当时亦为石敬瑭手下小校，故此一军中出了后唐庄宗李存勖、明宗李嗣源、末帝李从珂和后晋高祖石敬瑭、后汉高祖刘知

远五位皇帝。赵翼称"此古来未有之奇也"。这"一军"，也就是由李克用组建的代北集团军人系统。

刘知远出生在太原，又两度在河东任职——后唐明宗朝随石敬瑭出任河东牙门都校，后晋高祖天福六年（941）七月出任北京留守、河东节度使。太原同样有他的宗族、亲属、故旧，他在这里有比在他乡更大的号召力，正如其妻李氏所说："自晋高祖建义，及国家兴运，虽出于天意，亦土地人民福力同致耳。"而对于这土地和人民的"福力"，郭威说得更直白具体："河东山河险固，风俗尚武，土多战马，静则勤稼穑，动则习军旅，此霸王之资也，何忧乎！"

刘知远虽然忠于石敬瑭，但他并不买石重贵的账。据说石敬瑭在病重时，曾写下诏书召刘知远入朝辅政，被石重贵压下不发，刘知远遂对石重贵心生怨恨。所以在开运年间契丹对后晋的进攻中，刘知远始终持有一种隔岸观火的态度。与此同时，则是以防备契丹为名，积极招募军士，奏置兴捷、武节等十余军；阳城之战后，又大力招收溃散的后晋士兵，得数千人，于是河东的步兵、骑兵人数达到五万。石重贵也看出刘知远心怀异志，对亲信大臣说："太原根本不愿意辅助朕，必定有异图。如果他果真有当天子的福分，为什么不赶快来当呢？"

在此期间，刘知远还做了一件极不光彩且非常残忍的事，那就是屠杀了吐谷浑首领白承福等五家。

吐谷浑从唐末被李克用击败后，散处于蔚州（治今河北蔚县）界中。后唐庄宗时，置宁朔、奉化两都督府，以其首领白承福为都督，并赐姓名李绍鲁。石敬瑭割让幽云十六州与契丹后，部族皆隶属于契丹。后吐谷浑苦于契丹的虐政，又受到后晋成德军节度使安重荣的诱惑，遂背叛契丹，率车帐羊马投晋。刘知远说服吐谷浑部落归附自己，置于太原东山及岚州、石州之间，并表荐其首领白承福为大同节度使，收其精骑于麾下。说来刘知远与吐谷浑还有一层特殊的关系，即他父亲去世后，母亲再嫁给一个吐谷浑人，所以他有一个同母异父的兄弟慕容彦超。慕容是吐谷浑的一个大姓。

白承福家里非常富有，连喂马的马槽都用白银制作。至开运三年（946）八月，刘知远贪图白承福的财富，便在郭威的唆使下，诬陷白承福等五族谋反，率领军队残忍地将其包围屠杀，共计四百口，抄没其家财，得良马数千匹，财货以百万计，充作军用，史称"由是河东富强冠诸镇"。

当耶律德光在开封皇宫登极后，刘知远曾派遣客将王峻向其奉上三道表章：一是祝贺契丹进入开封；二是说因太原是夷夏杂居之地，需要屯聚防守，所以不敢离镇亲自前往祝贺；三是说本该献上贡品，但因道路不畅，暂时无法献上，等日后道路畅通再行补上。耶律德光看到刘知远的表章后，赐诏予以表彰，称刘知远为"儿"，并赐予木拐杖一副，按照契丹习俗，只有贵重大臣，才有资格得到赐拐的殊荣。

不过，刘知远最终还是没有向契丹称臣，就在耶律德光在开封登极的半个月之后，即天福十二年（947）二月十五日，刘知远亦在太原即皇帝位，建立起了后汉王朝的核心统治班底：他以亲弟刘崇为代理太原府尹，堂弟刘信为侍卫马军都指挥使，元从史弘肇为侍卫步军都指挥使，杨邠代理枢密使，郭威代理副枢密使，王章代理三司使。其余元随如刘铢、王峻、王进、吴虔裕、李晖、司超、郭进等，以及幕僚张彦成（即张彦威）、苏逢吉、苏禹珪、韩祚、阎万进等，也都是刘知远太原统治班子的重要成员。其后又立夫人李氏为皇后，任命苏逢吉、苏禹珪为宰相。当时刘知远并没有建国号，也没有建年号，继续使用晋高祖的天福年号，将晋出帝开运四年改为天福十二年。

辽太宗耶律德光率众北归后，刘知远便谋划着出兵南下，当时除河东一地外，其余地区还都是"辽国"的天下。他先派史弘肇拿下了潞州（治今山西长治），然后与群臣商量进军河南的路线。最终，刘知远采纳了郭威的意见，从太原出发，一路南下，由阴地关（在今山西灵石西南五十里南关镇）开往晋（治今山西临汾）、绛（治今山西新绛）、陕（治今河南三门峡）三州。然后向东，经新安（今河南新安）、洛阳抵达大梁。刘知远从太原出发的时间是五月十二日，到达开封的时间是六月十一日，由于先锋史弘肇的一路开道，几乎是"兵不血刃"抵达开封，虽然比郭威为他规划的"不出两旬，洛、汴定矣"推后了十天，却也做到了"万无一失"。

刘知远进入开封后，从河东一隅之地的皇帝变成了中原的共主，于是进一步完善政权建设。他首先是确定了国号，为"汉"，史称"后汉"。并改名为"暠"，刘知远（刘暠）也就是后汉高祖。

刘知远的"汉"，源自刘邦建立的西汉和刘秀建立的东汉，所以其在建立宗庙时，以刘邦为太祖高皇帝，刘秀为世祖光武皇帝，之后才是自己直系的高祖、曾祖、祖、父四座亲庙。然而刘知远建立的汉朝，与刘邦、刘秀建立的两汉王朝没有丝毫关系，如果硬要扯上一点关系的话，那就是他们都姓刘。

刘知远以刘邦、刘秀作为自己的先祖，固然是为了攀附高枝，提高家族的社会地位，但却也反映了沙陀人在内迁一百多年后，已经实现了对汉族深度的认同。至于年号，则仍称天福，刘知远说是自己"未忍忘晋也"。

后汉王朝其实也就是后晋的延续，所以对于在原后晋和辽朝中任职的官员，刘知远都予以非常宽容的态度。其在洛阳时，就下诏晓谕那些接受契丹官职的人不要有所疑虑，将契丹的委任书统统烧掉；到开封后，又下诏凡是契丹所任命的节度使，下至各级将领官吏，都各自安于职守，不再变更。然而对于后唐明宗李嗣源的后人，却表现出一种冷酷残忍的态度。早在洛阳时，他就命令郑州防御使郭从义提前进入大梁清理皇宫，秘密下令杀死李嗣源的幼子李从益和夫人王淑妃。李从益只有十七岁，是在契丹撤退时，被强行扶立的一个小皇帝，刘知远却没有饶恕他。王淑妃在临死前曾哀求道："我儿是被契丹人强行立为皇帝的，有什么罪而至于死？为什么不能留下他一条性命，让他在每年的寒食节盛一盂麦饭洒在明宗陵前呢！"听到的人无不为之落泪。

后汉高祖刘知远只做了不到一年的皇帝，于乾祐元年（948）正月二十七日去世，庙号高祖，谥号睿文圣武昭肃孝皇帝，安葬于睿陵，在今河南禹州西北部苌庄镇，为全国重点文物保护单位。

后世史家对刘知远的评价都不高，如司马光就评价其"非仁""非信""非刑"。

所谓"非仁"，是指当初契丹北撤时，曾留下一千五百名幽州兵守卫大梁。刘知远进入大梁后，有密报说幽州兵将发动兵变，刘知远便下令将他们全部杀死在繁台之下。繁台在今开封东南禹王台公园内，相传为春秋时期著名乐师师旷演奏的吹台，汉梁孝王时增筑，后有繁姓居住其侧，故名。

而所谓"非信"和"非刑"，是指刘知远在围攻契丹任命的邺都留守杜重威时，有一位名叫张琏的军将率领二千名幽州兵帮助杜重威据守邺城。刘知远曾多次派人劝其投降，许以不死，张琏遂出城投降，结果张琏等数十名将校投降后即被杀；而本该处死、导致后晋灭亡罪大恶极的杜重威则不仅没有被处死，反而被任命为太子太傅兼中书令，封楚国公。于是司马光便称其"非信""非刑"了。并且司马光把后汉的国祚短促，也归结到刘知远的"三非"上，说："仁以合众，信以行令，刑以惩奸，失此三者，何以守国？其祚运之不延也，宜哉！"

不过，刘知远在民间却有非常广泛的影响，这主要得益于宋金时期的一部文艺作品——《刘知远诸宫调》的流传。诸宫调是流行于宋、金、元时期的一种大型说唱文学艺术，因为它是集合了若干套不同宫调的曲子轮递歌唱，从而得名"诸宫调"。

《刘知远诸宫调》讲述的是刘知远与妻子李三娘悲欢离合的故事，大概情节是：刘知远父亲早亡，母亲再嫁。他入赘于大户李家，妻子名三娘。三娘父母过世后，兄嫂对刘知远百般折磨，刘知远无法再在李家存身，便辞别三娘，前往太原投军。兄嫂逼三娘改嫁，三娘不从，便又开始折磨三娘，叫她剪发赤足，挑水推磨。三娘磨房产子，怕兄嫂加害，托人送与刘知远。刘知远后因军功升做大官，并另娶妻室。三娘之子十六岁，一日，在井台偶遇三娘，母子相认。回去后，告诉刘知远，刘知远感慨万千，前去认妻，夫妻母子团圆。

这一故事情节在宋人编著的《新编五代史平话》中已有梗概，《刘知远诸宫调》将之进一步充实扩展，后来又在此基础上创作了元代四大南戏之一的《白兔记》（又称《刘知远白兔记》），增添了"咬脐"的内容，说李氏在磨房产子时，用牙齿咬断了脐带，并将李氏所产子名曰"咬脐郎"。时至今日，仍有不少剧种在上演这出剧目。

而史书对李氏皇后的记载是这样的。《旧五代史》卷一〇四《后妃列传》：

　　高祖皇后李氏，晋阳人也。高祖微时，尝牧马于晋阳别墅，因夜入其家，劫而取之。及高祖领藩镇，累封魏国夫人。高祖建义于太原，欲行颁赉于军士，以公帑不足，议率井邑，助成其事。后闻而谏曰："自晋高祖建义，及国家兴运，虽出于天意，亦土地人民福力同致耳，未能惠其众而欲夺其财，非新天子恤隐之理也。今后宫所积，宜悉以散之，设使不厚，人无怨言。"高祖改容曰："敬闻命矣。"遂停敛贷之议。后倾内府以助之，中外闻者，无不感悦。天福十二年，册为皇后。隐帝即位，尊为皇太后。

　　这也与后唐庄宗刘皇后抠门敛财、祸到临头仍不松手的境界和所作所为形成了鲜明的对照。

二、后汉的灭亡与中原沙陀王朝的结束

　　刘知远有三个儿子。长子承训，性情温厚，仪表俊美，尤为知远钟爱，准备立为皇位继承人。可惜天不遂人愿，刘承训在二十六岁时病逝，刘知远也因悲痛过度而生病，一个多月后离世。于是，次子刘承祐便继承了皇位，年纪只有十七岁，是为后汉隐帝。

　　刘知远在弥留之际，召苏逢吉、杨邠、史弘肇、郭威四人入宫接受遗嘱，说承祐年纪尚轻，以后的事情就拜托诸位爱卿了。于是，四位顾命大臣便实际掌管了后汉的政权。

隐帝刘承祐在位时间只有三年,然而就在这短短的三年内,却发生了几件大事。

隐帝时发生的第一件大事,是平定了河中(治今山西永济)、凤翔(治今陕西凤翔)以及永兴(即晋昌,治今西安)三镇的连兵叛乱。

后汉建国后,晋昌节度使赵匡赞和凤翔节度使侯益一直反复于后汉与后蜀国之间。乾祐元年(948)正月,刘知远在世时,就令左卫大将军王景崇、将军齐藏珍率领禁军数千人屯守函谷关(在今河南灵宝境内)以西,监视二镇的行动,并命令王景崇:“匡赞、(侯)益之心皆未可知,汝至彼,彼已入朝则勿问,若尚迁延顾望,当以便宜从事。”所谓“便宜从事”,也就是将其除掉。与此同时,将赵匡赞调离了晋昌镇(长安)。

不久,刘知远去世,侯益入朝,大肆诋毁王景崇,朝廷反而对王景崇产生了猜疑,王景崇内不自安,便煽动牙将赵思绾据长安城反叛。而河中节度使李守贞当初与杜重威一同投降契丹,听说新皇帝刚即位便杀了杜重威,心中恐惧,亦萌发异志。赵思绾便怂恿李守贞反叛,向其奉表献御衣,李守贞遂自称秦王,以赵思绾为晋昌节度使。于是王景崇、赵思绾、李守贞联盟举兵造反。

同年四月,后汉朝廷分派郭从义、白文珂、常思等将领率兵讨伐三镇,由于将帅互不相容,从春到秋,久战无功。八月,朝廷任命郭威为西面军前招慰安抚使,各军均受其指挥。三叛镇则分别向南唐、后蜀、辽朝求救，后蜀出兵予以实质性的援助。郭威等围攻三镇前后长达一年多时间，至乾祐二年（949）七月，攻破长安，杀赵思绾及其父兄、部曲三百多人；攻破河中，李守贞和妻子及儿子李崇勋等自焚而死；凤翔镇则更晚至十二月末方被攻破，王景崇举族自焚，其部下公孙辇、张思谏等以州投降。至此，三镇的联兵叛乱被最后平定。

隐帝时发生的第二件大事，是一日杀了三位重臣，也由此导致了后汉王朝的覆灭。

刘承祐即位后，几位顾命大臣倒是颇为尽职，史称当时杨邠负责总理朝政，秉公忠心；郭威主持对外征战，守卫边疆；史弘肇掌典京城警卫，路不拾遗；王章掌管财政赋税，在刚刚承受了大乱，官府、百姓财力极其困难拮据的情况下，努力节约开支，充实国库。所以虽然紧接着遇到了李守贞、王景崇、赵思绾三镇叛乱，却用兵多年而供应没有短缺。到事态平息后，除了赏赐之外，尚有积余，国家由是基本得到了安定。

然而顾命大臣们却不把这位小皇帝放在眼里，又互相倾轧，甚至大打出手，将相如同水火。杨邠历来不喜欢书生，常说："国家府廪实，甲兵强，乃为急务。至于文章礼乐，何足介意。"史弘肇更是说："安定国家，在长枪大剑，安用毛锥（即毛笔)!"王章则反驳道："无毛锥，则财赋何从可出？"特别是杨邠后来以枢密使兼任宰相，专权擅政，朝廷大事小情一切都由他说了算。李太后的亲弟李业希望得到宣徽使一职,隐帝和李太后私下问杨邠,杨邠认为不可;刘承祐想立自己宠爱的妃子耿夫人为皇后,杨邠又认为不当;耿夫人不久去世,刘承祐要以皇后的礼节安葬,杨邠还是不同意。特别是有一次,杨邠与三司使王章在隐帝面前论事,隐帝说需要考虑仔细,不要让人有闲话。杨邠突然说:"陛下只管闭口,不用出声,有我们在。"以这样训斥的口气与皇帝说话,简直是目无君主!

刘承祐感觉自己就是一个傀儡,积怨越来越深,许久不能平静。身边的宠臣乘机进谗言挑拨,说杨邠等人专横跋扈,肆无忌惮,最终定当犯上作乱。刘承祐曾在夜里听到手工作坊锻造打铁的声响,怀疑是有人在紧急赶制兵器,直到天亮都不能入睡,简直到了神经质的地步。

宰相苏逢吉与侍卫亲军都指挥使史弘肇的矛盾尤为突出,史弘肇甚至要持剑杀苏逢吉。苏逢吉知道李业等人怨恨杨邠和史弘肇,便火上浇油,屡用言语去激怒他们。刘承祐于是和李业以及枢密承旨聂文进、飞龙使后匡赞、茶酒使郭允明等密谋诛杀杨邠等人。商议已定,入宫禀告李太后,李太后说:"这事断不可轻举妄动,应该再同宰相商议。"李业当时正在旁边,就说:"先帝(即刘知远)曾说,朝廷大事,不可谋及书生,书生懦怯误事。"李太后又多说了几句,刘承祐生气地说:"国家大事,不是闺中妇人所能知晓的。"拂袖而出。眼见得一场灾难已经不可避免。

乾祐三年（950）十一月十三日早晨，杨邠等人前来上朝，正行走在东边走廊上，数十名全副武装的武士突然从广政殿杀了出来，刀光剑影之间，杨邠、史弘肇、王章三颗人头落地。紧接着，聂文进立即召集宰相、朝臣到崇元殿，宣布诏旨说："杨邠等人谋反，已经服罪处死。"又将各军将校召集到万岁殿庭中，由皇帝刘承祐亲自向他们宣布了此事。刘承祐并且说："杨邠等人把朕当作小孩来看待，朕今日才真正成为你们的君主，你们从此可以免除权臣专横的忧患了。"众人愕然，拜谢退下。刘承祐又召集在京的前任节度使、刺史等官员上殿，宣布此事，又分头派遣使者率骑兵逮捕杨邠等人的亲属、党羽、随从，全部杀死。

郭威与杨邠、史弘肇都是后汉元老，关系友好，此时以枢密使兼任邺都留守、天雄军节度使，驻守魏州（今河北大名）。刘承祐又派使者到魏州，命令郭威的部下郭崇威、曹威诛杀主帅郭威及监军王峻。使者以密诏出示郭威，郭威召集郭崇威、曹威等众将领，告知朝廷所发生的事变以及下密诏令将他杀掉的情况。然后说："我与杨邠等人，披荆斩棘，跟随先帝夺取天下，又受托孤重任，尽心竭力保卫国家。如今他们已死，我还有什么心思独自活着！各位就按照诏书上的指令，砍下我的脑袋去禀报天子，或许可以不会受到牵连。"这当然是假话，郭威怎么会甘心无辜受死？

郭崇威等都说是天子年少，这必定是身边那帮小人所为，倘若让这帮小人得志，国家岂能得到安宁？表示愿意跟从郭威入京城扫除鼠辈，肃清朝廷。郭威于是留养子郭荣（即柴荣）镇守邺都，命令郭崇威率骑兵前面开路，自己带领大部队随后出发南下。郭崇威不仅没有执行皇帝的诏令杀死郭威，反而成为郭威灭汉的急先锋。

刘承祐听说郭威率兵渡河，急派开封尹侯益、保大节度使张彦超、客省使阎晋卿等率兵前往抵御，又派宦官璁脱去侦察郭威的动向。璁脱被郭威军抓获，郭威叫他奏请隐帝将李业等人缚送军中。李业等都说郭威的反状已明，刘承祐便下令把郭威在京的家属全部杀死，彻底断了郭威的后路，也彻底堵死了自己的退路。

二十日，郭威军与朝廷官军在开封城北郊的刘子坡相遇。后汉官员一个个吹牛说大话，先是聂文进说："有臣在，即使一百个郭威也可活捉。"接着是汉高祖的同母异父弟慕容彦超夸海口："陛下明日若宫中无事，请再次出城观看臣下如何击破贼军。我不必同他们交战，只需大喝一声，就可将他们驱散返归营地。"然而次日一战，慕容彦超不仅未能将郭威的军队喝归营地，反而初战即失利，最后带领十几名骑士逃回兖州（今山东兖州）。其他军将如侯益、吴虔裕、张彦超、袁鹾、刘重进等，也都权衡得失，秘密去拜见郭威。

当晚，刘承祐与窦贞固、苏逢吉、苏禹珪三位宰相及随从官员数十人在开封城郊的七里寨村住宿。次日（二十二日）清晨，刘承祐想要回到开封，不料开封尹刘铢据城不纳，只得带了众人向西北方向逃奔。逃到一个叫作赵村的地方，忽见后面尘土飞扬，刘承祐以为是追兵赶来，便仓皇下马，打算躲入村民屋中。郭允明见形势危急，想拿皇帝作为进见礼投降追兵，便猛然赶上几步，狠命一刀，将刘承祐刺死。其实后面赶来的是皇帝的亲兵。郭允明见弄巧成拙，也就横刀自刎而死。苏逢吉和阎晋卿也都自杀。聂文进脱身逃跑，被军士追上斩杀。李业逃奔陕州，后匡赞逃奔兖州。

郭威率大军进入开封城。从乾祐三年十一月十三日隐帝刘承祐杀杨邠、史弘肇、王章，至二十二日刘承祐本人被杀，前后不到十日，后汉王朝实际上已经覆灭，正如《旧五代史》史官所言："自古覆宗绝祀之速者，未有如（隐）帝之甚也。"

郭威进入开封后，并没有立即改朝换代。当时刘知远之弟刘崇为河东节度使，掌控着山西后院，实力很强。另一弟刘信为忠武节度使（治许州，今河南许昌），其养子即刘崇之子刘赟为武宁节度使（治徐州，今江苏徐州）。如果这三镇势力联合起来反抗，郭威的政变或许就会流产。于是他向李太后奏请立刘赟为帝，这样便稳住了三镇。而在新皇帝到来之前，由李太后临朝听政。郭威的这一计谋，可谓高明。

郭威派冯道到徐州骗刘赟赴开封即位。此时，镇州和邢州奏报说契丹国主耶律兀欲率数万骑兵入侵，李太后敕令郭威率大军前往抵御。郭威渡过黄河，下榻在澶州驿馆。次日早晨，将士数千人忽然大声喧哗，说天子必须由郭威侍中来做，我们现在已经与刘氏结仇，不可再立刘姓人为天子。有人撕裂黄旗披在郭威身上，欢呼万岁，趁势簇拥着郭威返回开封，于是在宋太祖赵匡胤之前，上演了"黄袍加身"的一幕。郭威遂向李太后上奏笺，请求奉侍汉的宗庙社稷，并像侍奉自己的母亲一样侍奉李太后。

于是郭威以李太后的名义发布诰令，废刘赟为湘阴公，不久将其杀害。同时派人到许州，逼死刘信。李太后又发布诰令，任命郭威为监国，代理国政。这样又维持了几日，到次年（951）正月初五，郭威正式即皇帝位，是为周太祖。郭威说自己是虢叔的后代，周室的苗裔，遂改国号为"周"，年号广顺。

郭威在代汉后，履行诺言，善待李太后，上尊号德圣皇太后，又以帝王的规格和礼仪，安葬刘承祐于刘知远睿陵西部，曰"颍陵"。李太后于显德元年（954）去世，亦安葬在睿陵东部，曰高后陵。这样，由高祖刘知远的睿陵、隐帝刘承祐的颍陵、李太后的高后陵组成了后汉帝后陵墓群，坐落在今河南禹州西北部山区。

后周的建立，结束了后唐、后晋、后汉沙陀三王朝的历史，中原王朝的皇帝又从沙陀人的手中转移到汉人手中。不过，沙陀政权并没有就此结束，他们在沙陀王朝的起点——太原，继续着他们的帝王之业。

第十四章

中原沙陀政权的终点——北汉

一、北汉的建立及其与后周的战争

当初，河东节度使刘崇听说其侄后汉隐帝刘承祐遇害，即准备起兵南下，说："郭威弑君，此乃大逆不道。我将统帅六军，南下讨贼。我们刘家的天下，怎么能让郭雀儿夺去！""郭雀儿"是郭威的绰号。郭威少贫贱，在颈部刺了一个飞雀的图案，人称之"郭雀儿"。但当他听说郭威要迎立自己的儿子刘赟继承皇位时便作罢，说："吾儿为帝，吾又何求。"

太原少尹李骧，是刘知远南下时安排的辅佐刘崇守卫太原的重臣之一，便私下劝谏刘崇道："观察郭威的心思，终究是要自取帝位的，您不如火速率兵翻过太行山，占据孟津渡口，等徐州相公刘赟即帝位，然后再返回太原，这样郭威就不敢动手了。不然，将要被人出卖。"刘崇认为李骧是在离间其父子关系，命令将他拉出去斩首。李骧大喊道："我身怀经世济民之才，却在为愚蠢之人谋事，死了本当甘心。但家中还有年老的妻子，希望和她同死。"刘崇便连他的妻子一并杀掉。到后来得到刘赟的死讯，才哭着说："我不听忠臣之言，以至于此。"遂为李骧建立祠堂，逢年过节进行祭祀。

后周广顺元年（951）正月十六日，刘崇在晋阳即皇帝位，仍沿用后汉国号和乾祐年号，史称"北汉"，刘崇即北汉世祖。任命郑琪、赵华为宰相，次子刘承钧为侍卫亲军都指挥使，李存瑰为代州防御使，张元徽为马步军都指挥使，陈光裕为宣徽使，是为北汉政权最初的核心班底。统辖并（即太原府）、汾、忻、代、岚、宪、隆、蔚、沁、辽、麟、石十二州之地。就领地而言，比之当年晋王李克用统治的地盘还要狭小。所以刘崇对李存瑰和张元徽说："朕以高祖之业一朝坠地，今日位号，是不得已而称之。细想一下，我是何天子，你们又是何节度使？"因此不建立宗庙，祭祀祖宗如同普通百姓一样，宰相每月的俸禄只有一百缗钱，节度使只有三十缗钱，其余官员也都只有微薄的津贴而已，所以北汉国中很少有廉洁官吏。

不过，北汉国却比五代任何一个王朝都要长，持续了二十八年（951—979），这与辽朝的支持是分不开的。

刘崇即帝位后，便给辽世宗耶律阮（兀欲）去信，说"原来的汉朝已亡，我继承帝位，希望遵循晋朝的先例，得到北朝的援助"。耶律阮得信大喜。四月，刘崇派使者携重金使辽，自称"侄皇帝致书于叔父天授皇帝"，请求辽朝对自己册封。六月，耶律阮派燕王耶律述轧等至北汉，册命刘崇为大汉神武皇帝，其妃子为皇后，刘崇也改名"刘旻"。北汉与辽朝的关系，恢复到了后晋石敬瑭时代的状况。之后，辽朝便大力支持北汉与后周以及后来的宋朝对抗。

北汉与后周的战争，从世祖刘崇（刘旻）称帝后不久即已开始。

刘崇不满足于只做一个拥有十二州的小皇帝，他要扩大统治地盘，甚至想推翻郭威的统治，恢复"大汉"的江山，于是在其即位的当月，就发兵屯守阴地关（在今山西灵石西南五十里）、黄泽关（在今山西左权东南黄泽岭）、团柏谷（在今山西祁县）等重要关隘。又任命其子刘承钧为招讨使，白从晖为副使、李存瑰为都监，率领步骑兵万人分五路向后周的晋州（治今山西临汾）发起进攻，被后周节度使王晏击败，北汉军队死伤千余人。刘承钧又转移目标攻打后周隰州（治今山西隰县），隰州刺史许迁派部将孙继业在长寿村迎击北汉军队，擒杀北汉将军程筠等人。不久，北汉军队进攻隰州城，多日不能攻克，死伤惨重，于是撤兵离去。

刘崇不甘心，向辽朝求援。同年十月，辽派大将萧禹厥率领契丹、奚五万人马会合北汉军队再次攻打晋州，刘崇亲自率领两万军队从阴地关出击。辽、汉联军连续进攻五十余日，晋州城竟不能攻克。恰逢天降大雪，当地百姓都聚保山寨，辽军没有可抢掠的东西，军队缺乏食物，便烧毁营帐连夜逃跑，北汉军队也跟着撤退。后周骑兵从后面追击，追到霍邑（今山西霍州），山路狭窄，北汉士兵不少坠落山崖深谷摔死。此一战，辽朝与北汉的士兵马匹损失十分之三四。两次失败之后，刘崇暂时打消了南下进取的念头。

后周显德元年（954）正月，周太祖郭威病逝，养子柴荣（郭荣）继位，是为后周世宗。刘崇企图乘后周新老君主交替，政权不稳之际，一举消灭后周。便再次派使者到辽朝求援，辽派武定节度使、政事令杨衮率领一万多名骑兵前往晋阳。二月，刘崇亲自率兵三万，任命白从晖为行军总指挥、张元徽为前锋都指挥使，与契丹合军从团柏谷南下，并在潞州（治今山西长治）西北的梁侯驿打了一个胜仗，然后绕过潞州不攻，直抵泽州高平县（今山西高平）南部的巴公原（今高平与泽州交界处的巴公镇）驻扎。

自比于唐太宗的后周世宗柴荣听说北汉国主亲自率兵入侵，力排异议，决定亲征，说："（刘）崇幸我大丧，轻朕年少新立，有吞天下之心，此必自来，朕不可不往。"于是，一面下诏令符彦卿、郭崇（即郭崇威）率兵出磁州，王彦超、韩通率兵出晋州，樊爱能、何徽、白重赞、史彦超、符彦能等率兵赶赴泽州，向训为总监军，从几面迎击汉、辽联军。同时亲率大军从大梁出发，赶赴前线，三月十八日，抵达泽州城东北安营扎寨。

十九日，两军在高平城南巴公原相遇。双方各自排兵布阵：北汉方面，刘崇率中军部署在巴公原，张元徽率军在东，杨衮率军在西，部众十分严整。后周方面，柴荣命令白重赞与李重进率领左路军部署在西边，樊爱能、何徽率领右路军部署在东边，向训、史彦超率领精锐骑兵居中央，殿前都指挥使张永德率禁兵护卫皇帝。

刘崇见周军人少，觉得稳操胜券，甚至后悔请求辽军援助。辽将杨衮则望见周军阵容严整，认为不可轻进。时大风骤起，风向飘忽不定，开始是东北风，一会儿又转成南风，枢密直学士王得中说风向不利于北军出战，极力劝阻刘崇。但刘崇不听劝阻，甚至说："老书生不要胡言乱语，再说当心你的头！"执意决战，令张元徽率骑兵向后周军右翼猛攻。

双方交战不久，樊爱能、何徽带领骑兵逃跑，后周右路军溃败，一千多名步兵脱下盔甲高呼万岁，向北汉投降。柴荣见势危急，率领五十余名侍卫亲兵冒着矢石督战。赵匡胤、张永德、马仁瑀、马全义等将士全力保护周世宗并奋勇杀敌。刘崇为激励士气，令张元徽率军再战，结果马倒被杀。张元徽是北汉名将，他的被杀，北汉军士气丧失。这时南风越刮越猛，周军乘势左右驰突，愈战愈勇。北汉兵败如山倒，刘崇亲自高举红旗集结军队，却不能制止士卒的溃败。辽将杨衮既畏惧周军，又怨恨刘崇轻视自己，首先率军逃遁。

傍晚时分，后周后军刘词部抵达，复与诸军合击北汉军，北汉军又大败，伏尸遍野，丢弃的辎重、兵甲器具、各种牲畜不计其数，枢密使王廷嗣也被杀，另有数千名士兵降周。

周军追击汉军至高平，刘崇乔装打扮，穿上粗布衣服，戴上斗笠，骑着契丹赠送的黄骝马，率领一百多名骑兵从雕窠岭（位于高平西北）逃归。夜晚迷路，俘获村民做向导，却又走错方向，误入晋州。于是杀死向导，日夜向北奔走。刚到一地，得到一些食物，尚未举筷，传言后周追兵赶来，便立即仓皇离去，狼狈至极。由于衰老疲惫，伏在马背上，几乎不能支撑，勉强进入晋阳。这就是历史上著名的五代"高平之战"。

高平战役后，周世宗柴荣整顿军纪，处死了临阵逃跑的樊爱能、何徽等七十多名中高级将领，乘胜向北汉发起大规模的进攻。三月二十八日，他命令符彦卿、郭崇、向训、李重进、史彦超、王彦超、韩通以及刘词、白重赞一干部将分别率军向太原方向进攻，自率大军继后。在后周军队的强大压力下，北汉汾、辽、宪、岚、沁、石、忻、代等州相继献城投降或被周军攻克。四月，符彦卿军至晋阳城下；五月初三，柴荣亦率大军抵达晋阳城下，亲自督战。

据史书记载，柴荣最初只是想在晋阳城下炫耀一下兵力，并没有兼并北汉的意图。及至进入北汉境内后，百姓争相送食物迎接周军，哭诉北汉刘氏政权赋税徭役的沉重，并表示愿意供应军需物资，帮助周军进攻晋阳，北汉一些州县也相继投降，柴荣于是产生了兼并北汉的念头。但不久，后周各路数十万大军聚集太原城下，军士不免有抢掠行为，北汉百姓大失所望，渐渐退回山谷自守，不再支持周军。

当时后周征发了大量的军队民夫，东起怀州、孟州，西至蒲州、陕州，以进攻晋阳。但晋阳城池坚固，军民坚守，周军围城一个月不能攻克。而这时辽朝援兵逼近，并在忻口

（今山西忻州北忻口镇）杀了后周大将史彦超。又逢长时间下雨，士兵疲劳生病，于是到六月初三，柴荣下令从晋阳撤军。

"进军易，退军难"，北汉乘机派军追击，被后周大将药元福击败。但由于仓促撤军，周军留在太原城下的数十万粮草来不及运走，全部焚烧丢弃，军需损失不可胜计。后周所得到的北汉州县，又重新回到北汉手中。

北汉虽然顶住了后周对太原的围攻，但刘崇也在多次战争的辛劳和失败后，心生愧恨而染重病，便将国事委托其子刘承钧处理。同年（北汉乾祐四年，954）十一月，刘崇病逝，终年六十岁。次年四月，安葬于交城北山，即今山西交城县北二十五里处，上尊号神武帝，庙号世祖。

作为一国之君的北汉世祖刘崇（刘旻）的后妃，《新五代史》《九国志》《十国春秋》等史籍均缺乏记载。不过在2009年年底，太原市晋源区晋祠镇青阳河村发现了刘崇妃嫔太惠妃王氏的墓葬。据墓志，王氏世为燕（今北京一带）人，天会十五年（971）七月一日去世，葬于晋阳县晋安乡，追赠太惠妃。从墓志看，其在刘崇时并不得宠，"未正于四妃"，亦无有子女。及睿宗刘承均"继登大宝"，才于天会十二年（968）授以齐国太夫人。

二、北宋灭北汉——沙陀政权的终结

北汉乾祐四年（954），世祖刘崇（刘旻）去世后，辽朝册立其子刘承钧为帝，改名为"钧"，是为北汉睿宗、孝和帝。刘钧在服丧期间，继续使用"乾祐"年号；三年丧期期满后，改元"天会"。

北汉的"皇帝"着实是不好当，国土狭小，地贫民穷，虽然得到辽朝的援助，但这援助并不是无偿的，除向契丹皇帝称臣、称儿外，每年还要向辽朝上供十万贯钱。这样，北汉内要收取养活军队和官府的费用，外要向契丹供奉钱物，使得政府不堪重负，因此不得不加大对百姓的剥削，赋税繁多，徭役沉重，民不聊生。世祖刘崇时，就有不少人逃到后周境内。刘钧即位后，力图改变一下局面，他勤理朝政，爱护百姓，礼贤下士，社会环境得到一定的改善。

然而外部环境却愈来愈严峻。在南边，后周显德七年（960）赵匡胤代周建宋后，原后周昭义节度使李筠据潞州（今山西长治）起兵反宋，刘钧以为这是扩展北汉国力的绝好机会，遂与李筠结盟，并亲自率兵南下支援。结果宋太祖赵匡胤亲自出征，很快将李筠平定，并杀北汉援兵数千人，刘钧狼狈而归。之后，宋朝便连年不断对北汉用兵，以至刘钧"自潞州之败，日惧宋师至"。

而在北边，世祖刘崇在位时，凡事都禀命于辽，每年使者不绝于路。刘钧即位后，礼数减少，由此引起辽朝的不快。天会七年（963），辽帝遣使至北汉，谴责其"擅改元、援李筠、杀段常"三宗罪状。所谓"擅改元、援李筠"已如上述，而"杀段常"一事，段常为北汉枢密使，天会七年时因涉及一场禁军谋乱事件而被刘钧所杀，遂构成其"三罪"之一。刘钧被责后惶恐不安，急忙派遣侄子刘继文使辽谢罪。辽扣押刘继文不予遣返，自是也不再派使者来汉，而北汉派往辽朝的使者，往往被扣留不还，北汉群臣都把出使辽朝当成了一件极恐惧的差事。

刘钧处在宋、辽两方的夹缝中生存，压力越来越大，"自李筠败，狼狈而归，又失辽之欢心，势力窭弱，忧瘁得疾"，遂于天会十二年（968）七月忧愤而死，终年四十三岁，上谥号孝和皇帝，庙号睿宗。

史称宋太祖赵匡胤曾通过边界间谍传话给刘钧，说："君家与周氏为世仇，因此不向其屈服，亦在情理之中。而如今我与你无所隔阂，为何要困此一方之民呢？你要是有志于中国，就下太行山来决一胜负。"刘钧遣间谍回复道："河东土地兵甲，不足以当中国十分之一。然而我家世非叛者，之所以固守这一方土地，是因为惧怕汉氏不血食（即祖先得不到祭祀）也。"赵匡胤怜悯其言，笑着对北汉间谍说："为我传话给刘钧，我为他开一条生路。"于是终刘钧一朝，没有对北汉加兵。

其实，这不过是在美化赵匡胤的"仁慈"而已，"卧榻之侧，岂容他人鼾睡"？赵匡胤虽然在刘钧在位时没有对北汉大规模用兵，但小的战事却连绵不断，如宋乾德元年（963），赵匡胤就曾派安国节度使王全斌等侵入北汉边地，夺占北汉乐平县（今山西昔阳），并攻打辽（治今山西左权）、石（治今山西离石）二州；次年二月，又遣曹彬、李继勋、康延沼、尹训等诸将率兵再次攻打辽、石等州，北汉辽州刺史杜延韬及军将冀进、侯美率部兵三千人举城降宋；等等。这也才有了刘钧"日惧宋师至"的恐惧。

实际上宋太祖赵匡胤之所以在当时没有对北汉大规模用兵的真正原因，正如《宋史·赵普传》所言：太祖与赵普合计下太原，"普曰：'太原当西、北二面，太原既下，则我独当之，不如姑俟削平诸国，则弹丸黑子之地，将安逃乎？'帝笑曰：'吾意正如此，特试卿尔。'"所谓"当西、北二面"，即是让北汉替宋朝阻挡西边的西夏和北边的辽朝，说穿了，是为宋朝的国家利益考虑，也是落实王朴早先提出的"先南后北"的战略方针。当宋朝解决了南方诸国后，对北汉的全面进攻也就开始了。

孝和帝刘钧无子，相继以世祖刘崇的两个外孙也是他的外甥继恩、继元为养子。继恩与继元为同母异父弟，其母先嫁薛氏，生继恩；后嫁何氏，生继元。刘钧去世后，刘继恩被拥立为帝，是为北汉景宗。但刘继恩只做了六十几日的皇帝，同年九月，被宰相郭无为指使供奉官侯霸荣杀死，郭无为拥立刘继元继皇位，改元广运，辽朝册封为英武帝。

北宋对北汉的大规模全面进攻，从宋开宝元年（北汉天会十二年，968）八月就开始了。时值北汉孝和帝之丧，人心未定，赵匡胤便乘机派客省使卢怀忠以及李继勋、党进、曹彬、何继筠、康延沼、赵赞、司超、李谦溥等二十二名大将率领禁军，分别自潞、晋（治今山西临汾）二州进攻太原，并一度进军到太原城下。至十一月，辽军兵马总管塔尔（塔喇）率大军来援北汉，逼近太原。李继勋等因久攻太原不下，辽军又至，遂引兵南归。

开宝二年（969）二月，赵匡胤命曹彬、党进各领兵先赴太原，自率大军继后，亲征北汉。三月，赵匡胤至太原城下，征发太原属县民工数万人，修筑长墙包围太原城，并筑长堤，引汾水灌城。北汉军民坚守危城，宋军多方进攻三个多月，至闰五月，仍无法破城。时天气酷热又多雨，宋军多人患病，又听到辽军来援北汉的消息，于是仓皇退兵。辽与北汉联军自后追击，宋军大败而逃，丢弃的粮食有三十万石，还有大量的茶、绢等物，北汉得到这批物资，稍解经济困境。

开宝九年（976）八月，时南唐已平，宋太祖赵匡胤再兴北伐之师。他派侍卫马军都指挥使党进、宣徽北院使潘美等分率五路军马，同时向太原及忻、代、汾、沁、辽、石等州发起进攻。宋军在太原城下与北汉军和前来救援的辽军展开激战。而就在关键时刻，十月二十日，赵匡胤在开封驾崩，其弟赵光义继位，是为宋太宗。因国丧之故，宋军遂班师，北汉又躲过一劫，得以继续苟延残喘数年。

在军事进攻的同时，宋朝还大量掠夺北汉的人口。如开宝二年，宋太祖赵匡胤亲征北汉时，将太原诸县万余家迁徙到宋朝境内的山东、河南之地。开宝九年，赵匡胤再次亲征时，又俘获北汉忻、代及山后诸州四万八千余口，"尽驱其民，分布河洛之间"。北汉的人口本来就不多，而这两次战争就被掠走近六万人。

可悲又可恨的是，北汉虽然危在旦夕，内部的倾轧却有增无减。刘继元为人残忍嗜杀，包括其嫡母——刘承钧之妻郭皇后及世祖刘崇的几个儿子刘镐、刘锴、刘锜、刘锡、刘铣等，都被他杀害。又杀大将张崇训、郑进，听信宦官卫德贵，解除吐浑军统帅卫俦的军职。吐浑军数千人不服，请求收回成命，刘继元坚执不允。后来听说卫俦私下发牢骚，就派人将其杀掉。大将李隐为卫俦打抱不平，卫德贵又鼓动刘继元把李隐送到岚州管制，后将其杀死。吐浑军是北汉军队的主力，统帅被杀，军心瓦解，刘继元着实在自毁长城。

宋太平兴国四年（北汉广运六年，979）正月，宋太宗赵光义在解决了泉州和吴越的割据势力后，便御驾亲征北汉。他任命潘美为北路都招讨制置使，统领崔彦进、李汉琼、曹翰、刘遇等大将，率领十余万大军，分四路会攻太原。又命郭进扼守石岭关（今山西阳曲东北关城），命孟玄喆镇守镇州（治今河北正定），以阻击从北、东两面救援北汉的辽军。

刘继元急忙以儿子刘续为人质，到辽朝乞求援兵。辽景宗耶律贤即命南府宰相耶律沙为都统、冀王耶律敌烈为监军，与南院大王耶律斜轸率兵驰援。随后又命左千牛卫大将军韩倬、大同军节度使耶律善补率本路兵马南下增援。

三月，郭进在石岭关大破辽朝援军，辽将耶律敌烈败死，辽兵损失一万多人，从此不敢南下，北汉孤立无援。四月，赵光义自镇州进兵，攻破北汉隆州（治今山西祁县东观镇），二十二日，赵光义抵达太原，亲临太原城下督战。

在宋军的猛烈围攻下，晋阳城西南的羊马城（为防守御敌而在城外修筑的类似城圈的工事）首先陷落，北汉宣徽使范超、马军都指挥使郭万超等先后出降，刘继元帐下亲信也多逃走。宋太宗赵光义亲自起草诏书，劝刘继元投降，承诺保其富贵。刘继元在众叛亲离、走投无路的情况下，只得接受投降，北汉灭亡，时在五月初五，沙陀人在中原建立的最后一个政权宣告结束。

作为亡国之君的刘继元，宋太宗赵光义予以相当优厚的待遇。赐金银玉器锦缎鞍马自不待言，亲属百余人被护送到开封，加官晋爵，赐京师甲第一区，每年厚加优赏。淳化二年（991）死后，又追赠中书令，追封彭城郡王。赵光义曾针对西晋司马昭戏弄刘禅思蜀一事，对近臣说：凡亡国之君，都是由于昏暗怯懦所致，如果有远见卓识，岂至于灭亡？因此值得怜悯。刘继元为朕所俘虏，待之若宾客，犹恐其不能得到慰藉，怎么还能再戏弄侮辱他呢？

然而太原（晋阳）城就没有那么幸运了。

太原（晋阳）在唐代被称作"龙兴之地"，在五代又被称为"王业本根之地"，李存勖、石敬瑭、刘知远无不是从这里兴起，南下夺取中原王朝的天下，这与晋阳城地形险要，城池坚固，易守难攻，以及百姓习于戎马，人性劲悍的特点不无关系。朱全忠、柴荣、赵匡胤等都数次攻打太原城，结果

都以失败告终。赵光义虽然最终拿下了太原，却也付出沉重
的代价。于是，赵光义要拔掉这个祸根，以杜绝李存勖、石
敬瑭、刘知远式的人物再度出现，以晋阳城为基地威胁到宋
朝的安全，遂在刘继元投降后不久，下诏毁灭晋阳城。先是
用火烧，接着用水灌，把全部的怨恨都发泄到太原城上，最
终将这座千年古城彻底摧毁。并且令人削平晋阳北部的系舟
山，从风水学的角度上，谓之"拔龙脊"。

但是，太原毕竟是一方大郡，古代"九州"之一并州的
中心，大宋王朝也不可能将其从版图上彻底抹掉，于是三年
之后，又在古太原城以北的阳曲县唐明镇再建一座新城，作
为并州（太原府）的治所，也就是现在太原市主城区。新建
的太原城是座土城，周长仅十一里，只有四座城门，与从前
规模宏伟、城池坚固的晋阳城不可同日而语。元人元好问曾
到访太原古城，写下《过晋阳故城书事》一诗，咏诵了这段
历史，其中云：

> 系舟山头龙角秃，白塔一摧城覆没。
> 薛王出降民不降，屋瓦乱飞如箭镞。
> 汾河决入大夏门，府治移着唐明村。

薛王即北汉英武帝刘继元，其在即位之前，曾被封为
"薛王"。

宋灭北汉战争的胜利，结束了自唐中期以来武人专权、

藩镇跋扈割据、使中国长期处于动乱局面的历史，实现了中国较大范围内的统一，为宋代高度发展的社会经济文化创造了条件，因此是值得肯定的一件大事，是历史的进步。

最后再说一说北汉一位非常有名而在后世又影响极大的大将——杨继业。

杨继业原名杨重贵，太原人。父杨信，后汉高祖时任麟州（治新秦，今陕西神木北）刺史，因此也有说其为麟州人。杨重贵二十岁时在北汉世祖刘崇手下任军职，以骁勇闻，屡立战功，国人称为"杨无敌"。睿宗刘承钧即位后，赐刘姓，随其他养子以"继"字排序，名"继业"，待如己子，累官至建雄军节度使。宋太宗攻太原，英武帝刘继元命其捍守太原城东南面，杀死杀伤宋兵无数。及刘继元降宋，继业仍然据城苦战。宋太宗素闻其勇猛，让刘继元召继业投降，多方劝解，继业最后面向北方再拜大哭，放下武器投降。宋太宗复其姓杨氏，单名业，授左领军卫大将军，不久，拜代州（治今山西代县）刺史。于是代县有杨忠武祠、杨七郎墓等遗存。几年之后，杨业与辽将耶律斜轸战于陈家谷，败死。杨业有子六人，分别名延朗（后改名延昭）、延浦、延训、延瑰、延贵、延彬。后人根据杨业一家的事迹，演绎出杨家将故事，已经是家喻户晓、妇孺皆知。

第十五章

沙陀遗事——民族融合的缩影

一、融合于中原大地的沙陀人

曾经在唐末五代叱咤风云近一个世纪的沙陀族，仿佛一夜之间突然从历史上消失，以至今天的我们已很难寻找到其后人的踪影。沙陀内迁中原的人数本来不多，只有一万人左右。后来随着沙陀三部落的形成，沙陀民族共同体的人数大幅增加，甚至就连本为汉人军将世家出身的药彦稠、药元福家族，也变成了沙陀三部落人，于是在新、旧《五代史》的人物传中，出现了大量的沙陀人、沙陀三部落人。那么，这些沙陀人、沙陀三部落人最后都去向哪里？这是人们颇为感兴趣的一个话题。

清人赵翼《廿二史札记》中有一篇《五代诸帝皆无后》的札记，是说沙陀皇族均无后人在中原地区遗留下来。其中提到后唐、后晋、后汉三朝诸帝的后人时略云：

唐武皇李克用有子落落及廷鸾，洹水、晋州二战，皆为梁所擒杀；长子庄宗存勖为郭从谦所弑。睦王存义以郭崇韬婿，先为庄宗所杀。永王存霸、申王存渥，国变后俱逃太原，为军士所杀。通王存确、雅王存纪，为霍彦威所杀。惟邕王存美、薛王存礼，薛史（即《旧五代史》）谓皆不知所终。《通鉴》则谓存美以病得免，居于晋阳。是武皇后，仅存一废疾之子也。

庄宗李存勖之子魏王继岌闻庄宗之变，自缢死。继潼、继嵩、继蟾、继峣，薛史谓并不知所终。惟《清异录》谓庄宗子有延于蜀（即后蜀国）者。

明宗李嗣源长子从审，为元行钦所杀；次秦王从荣，为安从益所杀；宋王从厚即愍帝，失国后以鸩死；从璨为安重诲陷死；许王从益，汉祖入洛赐死；愍帝有子重哲，亦不知所终，是明宗后无子孙也。

废帝李从珂长子重吉，为愍帝所杀；次雍王重美，同废帝自焚死，是废帝后无子孙也。

晋高祖石敬瑭子剡王重胤（本高祖弟，养为子）、虢王重英，皆高祖起兵时为唐废帝所诛；楚王重信、寿王重义，皆为张从宾所杀；齐王重贵嗣位（本高祖兄敬儒子），是为出帝，后降契丹北迁；夔王重进、陈王重杲，早卒；少子重睿，从出帝北迁；重信有二子，及出帝子延宝、延熙，皆随北迁，不知所终，是晋帝后亦无子孙在中国也。

汉祖刘知远长子魏王承训先卒；次承祐嗣位，是为

隐帝，为郭允明所杀；次陈王承勋，以废疾不得立，广
顺初卒，是汉祖后无子孙也。

　　这里没有涉及北汉世祖刘崇（刘旻）、睿宗刘承钧和英武
帝刘继元的后代。刘崇有十个儿子，长子刘赟，被郭威所杀；
次子即睿宗刘承钧。其余诸子镐、锴、锜、锡被刘继元所杀，
刘铣装傻获免，刘铙不知所终。刘崇还有两个孙子：继文、
继钦。继文在睿宗时被派往辽朝请兵，后终于辽；继钦被刘
继元所杀。刘承钧没有亲子，养子继恩（即少主）、继元（即
英武帝）及继恩弟继忠都有沙陀血统。继恩被郭无为所杀，
未见有子嗣后代；继忠被刘继元所杀。只有刘继元在降宋后，
有子名三猪，宋帝赐名守节，宋真宗天禧四年（1020），官至
右骁卫将军。

　　以上沙陀王朝诸帝的子孙当然是不全的，如据《李克用
墓志》，李存勖仅"亲弟"就有二十三人之多，后来也多不知
所终。

　　"五代诸帝皆无后"的原因，主要是由于统治集团内部的
权力斗争，相互残杀，夺权成功者往往要杀掉失败者的子孙
后代，以消除他们卷土重来的隐患；而皇位的觊觎者往往要
以本人或亲属的牺牲为代价，不成功，往往也就贴上了身家
性命。

　　不过，沙陀王室的子孙们也并没有被斩尽杀绝，那些
"不知所终"的子弟宗室，有的便以各种方式存活下来，如后

唐庄宗李存勖的子孙，除赵翼列举《清异录》所载走投蜀地的一例外，李焘《续资治通鉴长编》仁宗天圣四年有如下一条记载：

> 安德节度推官李佑，唐庄宗曾孙也，上书求便官，以洒扫陵庙。夏四月丁未朔，改授李佑西京留守推官。因谓辅臣曰："唐庄宗百战灭梁，始有天下，不务修德，而溺于声乐，嬖用伶官以及祸，良可叹也！"

后唐庄宗覆亡是在同光四年（926），距离宋仁宗天圣四年（1026）整整过去了一百年，因此李佑为李存勖之"曾孙"是可信的。

此外，李克用之弟克宁一支也有血脉幸存下来。据《资治通鉴》记载，长兴三年（932）六月，后唐明宗曾遣供奉官李存瓌至西川赐诏于孟知祥。"存瓌，克宁之子，知祥之甥也。""李存瓌"，《新五代史·孟知祥世家》作李瓌，云："先是，克宁妻孟氏，知祥妹也。庄宗已杀克宁，孟氏归于知祥，其子瓌，留事唐为供奉官。明宗即遣瓌归省其母，因赐知祥诏书招慰之。"李存瓌在后汉时曾任北京（太原）副留守，成为辅佐刘崇北汉小朝廷的重要谋臣之一。

另据《续资治通鉴长编》记载，北宋朝廷曾多次录用"唐李氏"的后人，如仅在仁宗景祐四年（1037）六月，就录用了两批。第一批录用为三班借职、奉职者八人。第二批录用为三班借职者十一人，为助教者五十三人，免解者五人，免徭役者三十七人。所谓"三班借职、奉职"，是宋代武职分东、西、横三班，入仕者先为三班借职，积资转三班奉职。而所谓"免解"，就是举子不经过地方考试而直接参加礼部试；神宗熙宁四年（1071）三月，又录唐李氏诸孙李杲为三班借职，李德臣、李养年为州长史。

这里的"唐李氏"是指李渊的后人？还是李存勖、李嗣源的后人？不明确。不过，后唐王朝既然以李唐王朝的继任者自居，北宋又与后唐有着千丝万缕的联系，因此也不排除"唐李氏"中包括了后唐皇室在内的可能。

石晋皇室，除石重贵及其子弟被迁往辽地外，也并非如赵翼所说"无子孙在中国也"。石敬瑭的侄子石曦，北宋时官至霸州防御使，《宋史》有传。此外，宋仁宗景祐四年（1037）六月录用的前朝皇室后人中，也包括了后晋石氏的后人二人为三班借职、奉职。

除父系外，母系中带有沙陀皇室血统的，在宋初也能找到一些踪影，如宋太祖最后一个皇后宋皇后，是后汉高祖刘知远的外孙女，而她的父亲宋偓则是李存勖的外孙。宋偓有九子十一女，他们以及其子孙后代的身上，无疑也都带有沙陀血统。

除皇族外，沙陀人有据可查的还有杨、郭、瞿、张、白诸姓以及沙陀三部落中的安、康、史、石等姓氏，他们当中亦有不少人在入宋后仍见诸记载。如郭从义，其先沙陀部人，父绍古，奉事李克用，赐姓李氏。郭从义历仕后晋、后汉、后周以及北宋。其子守忠、守信，孙世隆，曾孙昭祐、承祐，都在《宋史》中有记载，且郭承祐还娶了宋太宗之子舒王（即楚恭惠王）赵元偁的女儿；又如杨承信，沙陀部人，杨光远之子，历事后汉、后周及宋。卒后，其孙杨松被录为奉职；白重赞，其先沙陀部族，历事后汉、后周、北宋，官至定国军节度使。

以上几例都在史书中明确记载了其"沙陀"族出身，还有一些沙陀或沙陀三部落的后人，史书中便不再言及其出身种族。如安忠，《宋史》中只是说其为河南洛阳人，祖叔千，父延韬；安守忠，也只是讲其为并州晋阳人，父审琦。其实安叔千和安审琦在《旧五代史》中都有传，安叔千，"沙陀三部落之种也"；安审琦，"其先沙陀部人也"。《宋史》中不载其出身种族，不知是史官的无意疏忽，还是传者本人在有意隐瞒。安忠在宋代官至淮南诸州兵马钤辖。宋真宗天禧元年，录其孙惟庆为殿直；安守忠则在宋朝官至宋州知州等职，宋太宗至道三年（997）卒，其子继昌被录为供备库副使。安守忠的堂兄弟安守鳞，北宋时也官至赞善大夫。

除个体外，作为"沙陀三部落"之一的"安庆"部落，在宋代一段时间内仍有保留。宋庠《元宪集》中有两篇关于"安庆府"的"敕书"，一篇为《赐石州安庆府都督康兴进乾元节马敕书》，另一篇为《赐潞州安庆府都督安美等进上尊号马敕书》。即直到宋仁宗时期，安庆府的名称依然存在，而且都由昭武九姓胡人担任都督。而潞州安庆府，系由云、朔地区迁徙而来。

从史籍记载的情况看，沙陀人在内迁后，曾长期保留着一些"夷狄"的传统习俗，如后唐庄宗李存勖、明宗李嗣源的祭祀天神、祭突厥神，史称是"夷狄之事也"；李存勖在许多场合也不隐晦自己的"夷狄"出身；李嗣源还喜欢讲蕃胡语，在行军时与契丹用胡语对话，在朝廷上与康福用胡语（或作"蕃语"）交谈；晋高祖石敬瑭死后，石重贵派人"押先皇御马二匹，往相州西山扑祭（即杀马祭祀）"，这也是一种"夷狄"礼俗；后唐废帝李从厚于中兴殿庭搭建穹庐；刘知远也曾向后晋朝廷进百头穹庐；甚至在葬俗上，沙陀人最初也保留着火葬的习俗；等等。以致欧阳修惊呼道："中国几何其不夷狄矣！"

在相貌上，沙陀及沙陀三部落中的粟特人与汉人也有明显的区别，陶岳《五代史补·敬新磨狎侮条》载：

> 敬新磨，河东人。为伶官，大为庄宗所宠惜。庄宗出自沙陀部落，既得天下，多用蕃部子弟为左右侍卫，高鼻深目者甚众，加以恃势，凌辱衣冠，新磨居常嫉之，往往扬言曰："此辈虽硬弓长箭，今天下已定，无所施矣。惟有一般胜于人者，鼻孔大、眼睛深耳，他不足数也。"众皆切齿，相与诉于庄宗，其间亦有言发而泣下者。庄宗不悦，召新磨责之曰："吾军出自蕃部，天下孰

不知？汝未尝为我避讳，更辱骂之，使各垂泣告朕，何也？"

即"高鼻深目""鼻孔大、眼睛深"以及《旧五代史·氏叔琮传》中所描述的"深目虬须（按即蜷曲的胡须）"是沙陀及沙陀三部落人的相貌特征。

但是，从总体上来说，沙陀人从内迁以来，就走上了一条汉化的道路，传统习俗的保留和明显的相貌特征，并没有阻止他们最终的汉化，至于欧阳修的担忧，实在是多余之举。

沙陀人从唐宪宗元和四年（809）内迁至代北，在代北地区生活了近八十年。代北地区自古就是多民族的杂居区，"纵有编户，亦染戎风"。但毫无疑问，以儒家思想为核心的汉文化仍然在这里占主导地位，如代北汉人盖寓、郭崇韬之辈，就都具有传统的儒家思想。沙陀人生活在这样的环境之中，当然不能不受到熏陶、感染。特别是中和三年（883）李克用担任河东节度使、沙陀人进入太原地区后，太原是具有悠久汉文化传统的地区，虽然从晚唐以来，藩镇的跋扈、民族的交融使这里的社会风气发生了不小的变化，但作为一个蕴涵着深厚汉文化根底的地区，传统文化根深蒂固，绝不是轻易就能彻底改变的。沙陀及代北各族进入河东地区，会受到更加浓厚的汉文化的熏陶，从而也加快了其汉化的步伐。这也是沙陀人在中原行使统治的需要。

　　沙陀人对汉族、汉文化的认同表现在方方面面。如他们在做了皇帝之后，在宗庙的建立上，都以中原汉族前世帝王作为自己的始祖。马端临《文献通考·宗庙考》对此批评道："按：后唐、晋、汉皆出于夷狄者也，庄宗、明宗既舍其祖而祖唐之祖矣，及敬瑭、知远崛起而登帝位，俱欲以华胄自诡，故于四亲之外，必求所谓始祖者而祖之。……然史所载出自沙陀部之说，固不可掩也，竟何益哉？"其实，沙陀人将汉族帝王视为祖先而供奉，无非是想从血缘上拉近与汉人的距离，以示他们是华夏（汉）正宗的传人，造成一种"胡汉一家"的表象。所以尽管对掩盖其出自沙陀部的痕迹无所益处，他们还是那样去做了，这也是沙陀人在主观上认同华夏（汉族）文化的具体行动。

　　在沙陀以及代北诸族对汉族、汉文化的认同中，改用汉姓以及籍贯汉地也是一个重要的方面。从现有材料看，沙陀人固有的姓氏除李克用的祖上曾出现过"朱邪"一姓外，再无其他案例。后唐明宗李嗣源无姓氏，原名邈佶烈；石敬瑭父名臬捩鸡，恐怕也无姓氏；杨光远父名阿噔啜，应该也是没有姓氏。所以，沙陀人的刘、杨、郭、瞿、张、白诸姓，应该都是进入中原后所得之汉姓。至于昭武九姓胡人改姓汉姓、占籍汉地，更是非常普遍的事。改姓汉姓和占籍汉地，从一个方面说明了他们对中原汉文化的钦慕和认同，对于他们融入汉人社会，无疑也产生了积极作用。

　　当然，作为沙陀上层的统治者们，也不失时机地培养他们的子弟学习汉文化，并且与汉族新老贵族特别是衣冠世族通婚联姻，密切与他们的关系，所谓君主出身卑微，子嗣文采风流。这些在前面已有所涉及，此处不再赘述。而对于普通沙陀平民，他们在与汉人的交往中，耳濡目染，无疑也在不断地学习着汉文化。至于与汉人的通婚，当更为普遍。李嗣源和刘知远在未贵时所娶的妻妾，有几位当是汉人。

总之，无论是沙陀三部落的皇族还是平民，他们都有后人在中原地区繁衍下来，但随着时光荏苒，他们的传统习俗在逐渐消失；又随着沙陀人普遍与汉人通婚，使他们在血统上不复纯粹，相貌特征渐渐暗淡；同时由于改易姓氏和籍贯地望，家族谱牒的丢失，到后来，甚至连他们本人也不知道自己的沙陀族属了。据《宋史》的记载，宋初的历史人物，沙陀人虽寥寥无几，却也清晰可辨；而到宋中后期以后，便不再见有沙陀人的记载，说明此时沙陀人已完全与汉人融合在了一起。

当然，即使是融入汉人之中，仍有个别沙陀人的后裔不忘或认可自己的沙陀身世，元朝中叶著名的政治家李孟（道复），《元史》本传记载说他为潞州上党（今山西长治）人。曾祖父李执，金末举进士；祖父昌祚，元代潞州宣抚使；父亲李唐，历仕秦、蜀，因徙居汉中。但元人刘敏中在为李孟父李唐所撰的神道碑（即《敕赐推忠保德佐运功臣太傅开府仪同三司上柱国韩国公谥忠献李公神道碑铭》）中，明确指出其家为"后唐雁门之裔，世为潞著姓"。姚燧《李道复曾祖考执赠韩国公制》亦云："其家自后唐仅十五传至今代，实四百载。"所谓"自后唐仅十五传"，应该是从李克用时算起。李唐有四子，长子即李孟；次子李槃，官兴元路洋州知州；三子李森，晋宁路潞州知州；四子李添，年幼。有孙五人，曾孙四人。这是沙陀朱邪李氏留在中原地区后裔中一个比较显赫的家族。而在边疆其他民族中，也有一些认为是沙陀李克用后人的传说。

二、阿剌兀思剔吉忽里与沙陀李雁门

李存勖覆灭后，李克用的子孙除走投西川（后蜀）或继续隐匿于中原地区外，也有一些逃入辽朝控制的蒙古草原，如当年李国昌、李克用父子北投达靼一样。到石敬瑭割让幽云十六州和北汉国灭亡后，有更多的沙陀人进入辽朝境内。后晋天福六年（941），成德军节度使安重荣起兵反抗朝廷，就说辽朝境内的"三部落、南北将沙陀、安庆九府等，各领部族老小，并牛羊、车帐、甲马，七八路慕化归奔"；宋太宗端拱二年（989），大臣宋琪上书言边事，在讲到辽朝的兵力时，也说幽州、雁门以北十余州的"三部落，吐浑、沙陀"以及汉兵合计有两万余。这些沙陀人在经过一段较长时间的销声匿迹后，到金元时期，又有一支在历史舞台上活跃起来。《元史·阿剌兀思剔吉忽里传》记载：

阿剌兀思剔吉忽里，汪古部人，系出沙陀雁门之后。远祖卜国，世为部长。金源氏堑山为界，以限南北，阿剌兀思剔吉忽里以一军守其冲要。

《元史》的这段记载，一般认为是源自元人阎复的《驸马高唐忠献王碑》和刘敏中的《驸马赵王先德碑》，其中阎碑铭文是元朝大德九年（1305）为已故驸马、高唐忠献王阔里吉思封谥而撰写的，碑文云："谨按家传，系出沙陀雁门节度之后。始祖卜国，汪古部人，世为部长。"阔里吉思是阿剌兀思剔吉忽里的曾孙。"驸马高唐忠献王"与"驸马赵王"都指阔里吉思，其先封高唐忠献王，后改封赵王。元人姚燧所撰《河内李氏先德碣》中，还提到阔里吉思自称是晋王李克用裔孙，并置守冢（即守坟人）数十户于雁门，禁民樵牧云云。雁门即今山西代县，为李克用及其父李国昌墓葬所在地。由此可见，阿剌兀思剔吉忽里"系出沙陀雁门之后"，并非无稽之谈。

阿剌兀思剔吉忽里是汪古部人的首领。汪古部又称雍古、汪骨、瓮古、白达达等，是辽金时期活动于今内蒙古阴山东段地区的一个部族，原为辽朝属部，后附金朝，为金守卫"界壕"（即金长城）。不过，汪古人并没有为金朝坚守边防，金泰和六年（1206）成吉思汗封赏功臣时，阿剌兀思剔吉忽里就在被封赏之列。大安二年（1210）前后，蒙古攻金，阿剌兀思剔吉忽里将自己防卫的要冲之地献给了成吉思汗，此后又协助成吉思汗平定乃蛮，从下中原。阿剌兀思剔吉忽里后来在部落内讧中被部下所杀，成吉思汗追封为高唐王，之后，阔里吉思袭爵。

据姚燧《河内李氏先德碣》，阿剌兀思剔吉忽里之所以被封为"高唐王"，是由于"分地在高唐"，即现在的山东高唐县。但姚燧又说，阔里吉思世居静安黑水之阳。"静安黑水"，"静安"指静安路，元大德九年（1305）置，延祐五年（1318）改名德宁路，治所在今内蒙古包头市达尔罕茂明安联合旗东北二十公里处的敖伦苏木古城，辖境约当今包头市及所属达茂旗、固阳县一带；"黑水"即艾不盖河，静安路即以黑水新城置。

汪古部的族源向来有沙陀突厥、回鹘、鞑靼、党项等多种不同说法，南宋孟珙《蒙鞑备录》就说："鞑靼始起，地处契丹之西北，族出于沙陀别种。"又云："鞑国所邻，前有刟族，左右乃沙陀等诸部。"这里的"鞑靼"，当指"白鞑靼"，亦即汪古部。"刟"则是辽、金、元时期对被征服的北方诸部族人的泛称，犹言"杂胡""杂户"。况且沙陀与回鹘和鞑靼的关系都非常密切，形成了你中有我，我中有你的格局。因此，即使汪古部的族源确实与沙陀无关，也不能排除阿剌兀思剔吉忽里出自李克用后裔的可能，并非仅仅是为了炫耀自己的祖先而勉强比附。

汪古部世代与蒙元王室联姻。据《元史·阿剌兀思剔吉忽里传》，阿剌兀思剔吉忽里有子二人，长子不颜昔班与其父一起为部人所杀。次子名孛要合（又作拜合）。此外还有一个侄子，名叫镇国，娶成吉思汗之女阿剌海别吉公主，封北平王。镇国与阿剌海别吉公主育有一子，名聂古台（安古带），娶元睿宗拖雷之女独木干公主。聂古台后在江淮之战中战殁。

镇国死后，根据当时北方游牧民族收继婚的习俗，孛要合也就娶了自己堂兄的妻子阿剌海别吉公主。也有一说阿剌海别吉公主首嫁阿剌兀思剔吉忽里或不颜昔班，再嫁镇国，三嫁孛要合，是蒙古族历史上一位英雄女性。孛要合死后追封高唐王，后又追封为赵王。阿剌海别吉公主与孛要合无子，孛要合娶妾生三子，长子名君不花，娶元定宗贵由长女叶里迷失公主；次子名爱不花，娶元世祖忽必烈第三女月烈公主；三子名拙里不花。

爱不花之子即阔里吉思，先娶元世祖忽必烈太子真金之女忽答的迷失公主（后封号赵国公主）。可惜天不假年，二十几岁便去世，其陵墓即位于今河北沽源南沟村的元代墓葬"梳妆楼"。忽答的迷失去世后，阔里吉思又娶元成宗之女爱牙失里公主，并被封为高唐王，后追封高唐忠献王、赵王。据专家推测，"梳妆楼"里有三具棺木，分别为阔里吉思和两个妻子忽答的迷失公主、爱牙失里公主。

阔里吉思有子名术安，年幼，便由其弟术忽难袭高唐王爵位。元武宗至大二年（1309），术忽难加封赵王。这时术安也长大成人，于是次年，术忽难将王位让予术安。术安娶晋王女阿剌的纳八剌公主。《元史·阿剌兀思剔吉忽里传》所记阿剌兀思剔吉忽里世系至此而止。

而据阎复《驸马高唐忠献王碑》，孛要合的长子君不花有三个儿子，其中次子邱邻察娶元朝宗王阿直吉之女回鹘公主。孛要合的次子爱不花有四个儿子，长子即阔里吉思，四子术忽难。孛要合的三子拙里不花有子名火思丹，娶宗王卜罗出（元太宗窝阔台三子阔出太子之孙）女竹忽真公主。

民国年间，马定先生在赵王府即敖伦苏木古城发现了一块《王傅德风堂记碑》。1937年，陈垣先生根据该碑文，对阔里吉思之后的阿剌兀思剔吉忽里家族世系进行了考订，即术安（注安）死后，赵王的爵位又从阔里吉思的子系传到了弟系，术忽难之子阿剌忽都（阿鲁忽都）、孙马札罕相继袭封赵王。马札罕先娶赵国大长公主速哥八剌，继娶宗王晃兀帖木儿仲女，卒时世子尚幼，其弟怀都继袭赵王位。怀都死，赵王位又传至马札罕次子八都帖木儿，此时已是元朝末年。之后，周清澍先生又考订出了汪古部的最后一位赵王——汪古图，并对汪古部统治家族从阿剌兀思剔吉忽里到汪古图共十六位成员进行了详尽的考证。

从史书记载及近人的研究成果可以看出，阿剌兀思剔吉忽里家族从元初到元末，一直充当着汪古部的首领，子孙传承不息，历代与蒙元皇室通婚，是真正的皇亲国戚，显贵至极，直至明初，才最终覆灭。

除阿剌兀思剔吉忽里外，《元史》还记载了另外一个自称是沙陀后人的人，这就是克烈部的速哥，"世传李唐外族"。

"外族"即母系家族。而此处之"李唐",并非李渊所建立的李唐王朝,而是李存勖建立的后唐。克烈部亦即九姓达靼,李克用所谓"阴山部落,是仆懿亲"中的"阴山部落",或也包括了九姓达靼在内。"世传李唐外族",说明克烈部族人中具有沙陀人的血统,而不同于一般的蒙古族人。

三、昔李钤部与"沙陀贵种"

除阿剌兀思剔吉忽里家族外,元代自称为沙陀李氏后人的另一个显赫家族,是西夏时称之为"昔李氏"的答加沙家族。所谓"昔李",也就是"小李",因为同时期的西夏王亦姓李,为了区别大小尊卑贵贱,于是便将答加沙家族称为"昔李"。后因官命氏,又称昔李钤部。"钤部"亦云"甘卜""敢卜""绀孛"等,是吐蕃"赞普"一词的转译,西夏人用以名官。

昔李钤部在西夏时期就开始发迹,"位丞弼(即辅佐大臣)者七世",从而成为"肃州阀阅之家"。入元以后,分为三支相传,一支为世袭肃州路(治肃州,今甘肃酒泉)也可达鲁花赤的举立沙系,另一支为大名路(治大名,今河北大名东)世袭达鲁花赤的益立山(疾利沙)系,第三支为孛兰奚系,从传承地位来看似乎不如前二者显赫。

举立沙系的世系情况主要反映在甘肃酒泉文化馆收藏的《大元肃州路也可达鲁花赤世袭之碑》中;益立山系的世系情

况有多处记载，如元人程钜夫撰写的《魏国公（教化）先世述》、王恽撰写的《大元故大名路宣差李公（益立山）神道碑》、姚燧撰写的《资德大夫云南行中书省右丞赠秉忠执德威远功臣开府仪同三司太师上柱国魏国公谥忠节李公（爱鲁）神道碑》，以及明正德《大名府志》收录的作者不明的《元大名达鲁花赤昔李公（益立山）墓志铭》等；孛兰奚系的世系情况则反映在明正德《大名府志》收录的欧阳玄《元礼仪院判昔李公（孛兰奚）墓志铭》中。

关于益立山一系族属及后世继袭情况，王恽《大元故大名路宣差李公神道碑》记载说：

> 钤部李公其人也……讳益立山，其先系沙陀贵种，唐亡，子孙散落陕陇间。远祖曰仲者，与其伯避地遁五台山谷，复以世故，徙酒泉郡之沙州，遂为河西人。显祖府君，历夏国（按即西夏国）中省官，兼判枢密院事。皇考府君，用级爵受肃州钤部，其后因以官称为号，丧乱谱亡，遂逸名讳。公昆弟四人。独公少负气节，通儒释，洞晓音律，以荫傔直（按即值班）官省，积劳调沙州钤部。……三子，长曰爱鲁，袭公世爵，至元四年迁金齿等国安抚使，寻升授云南道宣慰使兼都元帅，今进拜中奉大夫、参知政事、行云南等路中书省；次罗合，终大名路行军万户；次小钤部，代兄民职。孙三人：长教化……今阶正议大夫，佩金虎符，充大名路总管府达

鲁花赤，兼新附军万户；（次）曰帖木儿，敦武校尉、固镇铁官提举；（三）曰万奴，籧（按即排列）中朝侍从官。

此文收录在王恽的《秋涧先生大全文集》以及后来编印的《全元文》中。

正德《大名府志》所收录的《元大名监郡昔李公神道碑》，在开头叙及其族属时，与王恽《李公神道碑》完全相同，只是在后来叙述各人的任职时，更为详细具体一些，如"小钤部，代兄民职"，为"小钤部，代长兄大名达鲁花赤"；"万奴，籧中朝侍从官"，以下又有"二十年，授中顺大夫、大名府总管府达鲁花赤，代兄教化之职"等等。

明确记载昔李钤部为沙陀后裔的另外一条较早的材料，就是益立山长子李爱鲁的墓志，该墓志是李爱鲁之子教化命大名路儒学教授王或撰写的，现收藏于河北大名县石刻艺术博物馆。墓志云："公讳爱鲁，其先沙陀贵种，唐末之乱，余裔流寓陇右。远祖后徙酒泉郡之沙州，遂为河西人。"之后，近人柯劭忞所著《新元史》、屠寄所著《蒙兀儿史记》，都采用了昔李钤部出自沙陀的说法，《蒙兀儿史记》并对昔李钤部为沙陀后人的说法作了一些注解，如碑志中"与其伯避地遁五台山谷"，注云："盖就其同种雁门节度朱邪赤心族耳"；碑志中的"复以世故"，注云："当以后唐为石晋篡灭故"；碑志中"徙酒泉郡之沙州"，注云："沙州本唐突厥沙陀部故地"；

等等。

而对于举立沙一系的族属，《大元肃州路也可达鲁花赤世袭之碑》中记录了举立沙一族自西夏亡国至元末一百三十多年、历六世十三人世系及职官世袭的情况，然而对于其族属，只是提到"时有唐兀氏举立沙者，肃州阀阅之家"。"唐兀"是元代泛指包括党项人在内的西夏各族遗民，于是有学者据此认为其为党项人。其实举立沙与益立山是同胞兄弟，他们的父辈，就是程钜夫《魏国公先世述》中所提到的魏国公教化的"曾大父"（曾祖父）答加沙。答加沙有子四人，其中二人不知姓名，另二人即是举立沙与益立山。举立沙又被称作"昔李都水"，是益立山的长兄，为肃州州将。蒙古军打来时，欲以城降附，为众所害。成吉思汗便以举立沙子阿沙为肃州路世袭也可达鲁花赤。之后，阿沙的子孙后代刺麻朵耳只、管固儿加哥、赤斤帖木儿等世袭着肃州路或永昌路（治凉州，今甘肃武威）达鲁花赤。

既然其亲弟益立山"其先系沙陀贵种"，那么举立沙的族属也就不言而喻了。

孛兰奚一系，据欧阳玄《元礼仪院判昔李公墓志铭》：孛兰奚，姓昔李氏，其先西夏人。五世祖讳某，生三子，长曰玉里止吉住；次曰答加沙；次曰小李玉黑。玉里止吉住生子名东南玉绀部，也就是孛兰奚的曾大父（曾祖父）；东南玉绀部生小李玉，为孛兰奚的大父（祖父），元太宗窝阔台命其领兵镇西土；小李玉生乞答哈，即孛兰奚之父，任沅州等四路达鲁花赤；乞答哈生二子，长子名益怜真，任新昌州达鲁花赤，次子即孛兰奚。孛兰奚曾任河南行省理问，后在家闲居三十年，至正三年（1343）卒于淮西怀远县（今安徽怀远），归葬大名古茔。孛兰奚有子名道安，任饶阳县达鲁花赤；孙观僧。世系到此结束。

孛兰奚的先祖玉里止吉住与举立沙、益立山的父亲答加沙是同胞兄弟，即都是"五世祖讳某"之子，那么孛兰奚的族属也不言而喻了。至于说"其先西夏人"，与《大元肃州路也可达鲁花赤世袭之碑》中称举立沙为"唐兀氏"一样，应该是指"五世祖讳某"之后，因为他们在西夏时曾"位丞弼者七世"，也可以说是"西夏"人或"唐兀氏"人了。

那么，昔李钤部即答加沙家族是何时进入肃州、沙州地区的？按照益立山及其子爱鲁墓志的说法，是"唐亡，子孙散落陕陇间。远祖曰仲者，与其伯避地遁五台山谷，复以世故，徙酒泉郡之沙州"。这里的"唐亡"，非是李渊所建立的唐王朝灭亡，而是李存勖所建立的后唐王朝的灭亡。

朱全忠灭唐建梁后，李克用、李存勖父子便打起了"复唐"的旗号，与朱梁王朝展开了斗争，沙陀子孙此时并未"散落"。从实际情况看，朱邪李氏所受到的最沉重的一次打击，是在后唐庄宗李存勖覆亡、明宗李嗣源即位之时。结合下文"远祖曰仲者，与其伯避地遁五台山谷"，与史书所记李存勖覆亡后，其子弟削发、避地河东的背景十分相似。而"复以世故"，有可能是李嗣源继续搜捕李存勖的兄弟子侄，也有可能如屠寄所解释的"当以后唐为石晋篡灭故",总之是遭到了世事变故或变乱,于是他们又从五台山流落到肃州一带。这种解释,似乎更合理一些。

昔李氏在西夏时"位丞弼者七世",成为"肃州阀阅之家"。到了蒙元时期,这一家族的显赫地位仍然不减当年。从公元1226年昔李钤部归降元太祖成吉思汗,到元朝末年,举立沙系从举立沙下至赤斤帖木儿,一共六代,子孙世袭肃州路达鲁花赤;益立山系从益立山下至玉立沙,一共五代,子孙除世袭大名路达鲁花赤外,又在云南路等地担任要职。据说今云南玉溪市江川区海门村在元代曾一度叫"沙陀村",或与益立山的子孙们在云南路任职有一定的联系。若从1038年西夏建国到1368年元朝灭亡,两朝加起来长达近三个半世纪。

达鲁花赤是蒙元时期各级地方政府中掌握行政和军事实权的最高长官,一般由蒙古人或色目人担任,蒙元政府把这一要职交与昔李钤部,当是将其当作色目人对待。举立沙、益立山的后裔们长期世袭肃州路或大名路达鲁花赤,可见他们确实成为当地的"阀阅之家"。

四、青海李土司与沙陀李克用

后世另外一个自称为李克用后人的显赫家族,是青海西宁地区的李土司,这也是在学界争议最大的一个家族。

关于李土司的世系,明人金幼孜撰写的《会宁伯李公墓志铭》是较早和较为可信的，志文云：

> 公讳南哥，姓李氏。其先世居西夏，后有居西宁者，遂占籍为西宁人。祖讳梅的古，考讳管吉禄，皆追封会宁伯。……我太祖高皇帝（指明太祖朱元璋）既定中原，薄海内外皆称臣奉贡，公（指李南哥）远处西徼，独能识察天命，率所部来归，特授西宁卫管军土官所镇抚。

此文收录在金幼孜所著《金文靖集》中。墓志还记载李南哥有子男二人，长曰英，次曰雄。孙男三人，长曰文，次曰武，三曰昶。他们都是青海李土司的先祖。遗憾的是，《李南哥墓志》中只是讲明"其先世居西夏"，而对于其族属，并无明确交代。

不过，较金幼孜《李南哥墓志》晚出的《清史稿》，记载了李南哥的族属，该书卷五一七《土司六》云："李南哥，西番人，自云李克用裔，元西宁州同知。明洪武初投诚，授指挥佥事世袭。""佥事"是都督、都指挥、按察、宣慰、宣抚等司下设的专管判断官事的官。此外，清人傅恒主编的《皇清职贡图》亦载："碾伯县土指挥同知李国栋，唐沙陀李克用之后。有李南哥者，元时授为西宁州同知，世守西土，明初率众归附，授指挥同知。"说明李国栋为李南哥的后人。不仅记载了李南哥的族属，而且说他在元朝时就被授予西宁州同知。"同知"为知州的副职，正五品，往往代知州行事，较

"佥事"官职要高。

在一些地方史志如《甘肃新通志》《西宁府新志》以及青海省的一些有关李土司家谱、李氏宗谱中，也有不少关于李氏祖先出于沙陀李晋王的记载。如清顺治十四年（1657）李天俞修撰，今藏于青海省民和县档案馆的现存最早的《李氏家谱》，即说李氏之先为李克用后裔。《李氏世系图》亦云："自沙陀初祖朱邪执宜传至赏哥太祖，历十四世。太祖，宋封鄯善王。"

有学者结合史志族谱的记载以及民间传说，对李土司的沙陀世系作出了如下的解读排序：

后唐明宗李嗣源即位前夕，李克用的嫡子嫡孙有的被杀，有的逃入阴山。辽金时期以白达勒达（即白达靼）的名字出现。及至蒙古兴起，黑达、白达合二为一。元朝廷以西宁州为驸马昌吉（长吉）的封地，昌吉为白达靼部人，是李克用的后裔，其妻忙哥台公主为元世祖忽必烈之子真金的女儿（一说为忽必烈的女儿）。昌吉无后，死后由其弟脱帖木耳袭封。脱帖木耳有二子，长曰锁南管卜，次名赏哥，赏哥为西宁州都督指挥同知，也就是最高军事长官。赏哥生子名梅的古，梅的古生子名管吉录，依次袭父爵。管吉录生三子，长子叫察罕帖木儿，次子叫南哥，三子叫坚赞。元亡明兴，李南哥与察罕帖木儿归降，授都指挥。其后，南哥之子李英因功封会宁伯；察罕帖木儿之孙李文因功封高阳伯。至清顺治年间，南哥的七代孙李先之次子李化鳌因功授百户袭职。此即土族三李土司之由来。

但是，自明代以来，关于李土司的族属就有沙陀李氏和党项李氏两种不同说法，特别是1995年，原青海省河湟地区李土司的后人李培业，根据他所保存的从乾隆到民国年间的十部族谱资料，以及后来发现的《会宁伯李英神道碑》中"其先出元魏，至唐拓跋思恭，以平黄巢功，赐姓李氏，世长西夏"的记载，论证了李土司是西夏皇室的直系后裔的说法，认为李氏家谱中所谓"晋王"，并非沙陀人李克用，而是西夏晋王察哥（察哥为西夏惠宗之子，崇宗之弟）。并称居住在今河湟地区的西夏李氏皇室后裔达十余万。这一说法得到一些西夏史专家的首肯，认为它揭开了西夏皇族失踪之谜。

而有一些李氏族谱则干脆将这两种说法糅合到一起。如民和享堂存《李土司族谱序》就说："李克用为著姓之鼻祖，至宋以继捧为节度使，元以武功显白者甚众，其居西宁者为赏哥公。"《李氏世系谱序》说得更加具体详细，其云："按李氏初姓朱邪，沙陀人。先世事唐，赐姓李。……后至李思恭，徙居西夏，递传于宋。定难后，李继捧入朝，献银、夏、绥、宥四州，宋太祖以继捧为节度使。及传至元，世长西夏，以武勋显白者甚众。其居西宁者曰赏哥，为西宁州同知都护使。明太祖平定天下，一世祖讳南哥，率部众于洪武初内附，授西宁卫世袭指挥使。二世祖讳英……"

李继捧即西夏开国之主李元昊的叔祖父，这里将其当作了李克用的后人；李思恭即党项首领拓跋思恭，唐末因镇压黄巢起义有功而赐姓，与李克用为同时代人，为西夏建立者李元昊的先世，这里又将其与沙陀李氏糅合在一起，显然都是笑话，不过这些记载却也说明了李土司族属的两种可能性。青海李土司究竟是后唐皇族沙陀李氏的后裔，还是西夏皇族党项李氏的后人，尚待进一步的研究。但无论结果如何，他们都是今天中华民族共同体中密不可分的一个部分。

以上昔李钤部家族和青海李土司家族的族源，都存在着沙陀李氏与党项（西夏）李氏的争议，其实这也并不奇怪。甘州、肃州和西宁州一带，都曾经属于西夏的统治范围，西夏从公元1038年正式建国，至公元1227年亡国，统治这一地区近两个世纪。昔李钤部和青海李土司家族的先祖或在西夏朝廷任职，或被封为一方土官，因此即使其先世的确源于沙陀，而到一两百年之后，后人也已"西夏化"了，其自称或被认为是西夏人也是极其自然的事，这也正是中华民族融合的结果。何况党项李氏作为西夏国的王族，其社会地位自然也不低于沙陀。

尾　声

　　同许多历史上的民族一样，沙陀族最终也从历史上消失了，走完它内迁以来两个多世纪的历程。我们也不必为此感到遗憾和惋惜，其实一部世界历史，可以说就是一部民族迁徙、民族交流、民族斗争、民族融合的历史，中国历史也不例外，沙陀族走的正是这样一条道路。

　　沙陀族虽然从历史上消失，但其在中国统一的多民族国家形成和中华民族共同体形成进程中所做出的贡献，将永垂史册。而且在中华大地上，也留下了沙陀人的烙印和踪影。

　　湖北省丹江口市市府驻地名"沙陀营"。关于这一地名的由来，一说是契丹灭后晋后，原后晋境内的沙陀族平民纷纷南迁逃生，其中一支迁到今十堰市郧阳区（原郧县）与丹江口市（原均县）境内。其中居住在今丹江口市一带的沙陀人，将他们居住的地方易名为沙陀营村。而迁于十堰市郧阳区的沙陀族人，则以唐赐国姓"李"为姓氏，主要聚居于柳陂镇山跟前村及茶店镇李家坡村。

　　而另外一说是，王仙芝率领的农民军攻占荆州、襄阳一带后，李国昌曾派部将刘迁带领五百沙陀骑兵调集襄阳，这支军队曾在今丹江口市宿营，沙陀营便由此得名。五百沙陀骑兵调集襄阳，史书确有记载。如《旧唐书·僖宗纪》载，乾符四年（877）十二月，王仙芝率众陷江陵外城，节度使杨知温求援于襄阳，"时沙陀军五百骑在襄阳，军次荆门，骑军击贼，败之"。不过无论哪一种说法，都为沙陀人留下了历史的印记。据说在郧阳区和丹江口市，有几个大家族常常出现返祖现象：新出生的孩子天生一头卷曲的红色或黄色头发，与周围其他人家的孩子大不相同。

　　在四川省成都市管辖的崇州市鸡冠山深处的苟家乡琉璃村，有一个叫"沙陀国"的地方。关于这个"沙陀国"的由来，当地人传说在唐朝末年，曾有一支沙陀军队进驻鸡冠山深处。唐朝灭亡后，沙陀族首领便扯旗称王，建立了崇州沙陀国。琉璃村一个叫龙桥的地方，桥头石刻的龙尾依然清晰可见，村民们猜测，这里便是崇州沙陀国皇宫所在之处。还传说沙陀国王的皇后叫孙姬，当地还有一座"孙姬坟"。"沙陀国"后被宋兵所灭，城池毁坏，当地文管部门还进行过一些调研，现在只留下了成片的古墓群和些许斑驳的历史遗迹。笔者颇怀疑，崇州"沙陀国"的建立者或为后唐进攻前蜀国时留在当地的后唐军人，或为孟知祥建立后蜀国时带去的河东沙陀人。

　　在河南省许昌市管辖的禹州市朱阁镇，有称作"沙陀村""沙陀李"的两个村名,当地还有一条"沙陀河"和一个"沙陀湖"。这些带有"沙陀"字样的地名、河湖名的由来已很难考证,不过联想到位于禹州市境内的后汉高祖刘知远的睿陵(在苌庄镇柏村西),隐帝刘承祐的颖陵(在花石镇徐庄村东),以及刘知远皇后李太后的高后陵(在浅井镇麻地川村)几座陵墓群,因此这些带有"沙陀"字样的地名、河湖名或许也与沙陀人有关。

至于前面提到的在今内蒙古包头市固阳县金山镇也有一个名叫"沙陀国"的村庄,如前所述,这里或许与达靼人有关,然而它首先为人们所提示的,却也是对沙陀人的记忆。

总之,这些有关"沙陀"的地名和传说,与史籍记载一起,为沙陀人在中国历史上留下了永久的烙印。

主要参考文献

古籍

（后晋）刘昫等：《旧唐书》，中华书局 1975 年点校本。

（宋）欧阳修等：《新唐书》，中华书局 1975 年点校本。

（宋）薛居正等：《旧五代史》，中华书局 1976 年点校本。

（宋）欧阳修等：《新五代史》，中华书局 1974 年点校本。

（元）脱脱等：《宋史》，中华书局 1985 年点校本。

（元）脱脱等：《辽史》，中华书局 1974 年点校本。

（明）宋濂等：《元史》，中华书局 1976 年点校本。

（宋）司马光：《资治通鉴》，中华书局 1956 年点校本。

（宋）李焘：《续资治通鉴长编》，中华书局点校本。

（宋）孙光宪：《北梦琐言》，上海古籍出版社 1981 年林艾园点校本。

（宋）陶岳：《五代史补》，四库全书本。

（宋）王溥：《五代会要》，上海古籍出版社 1978 年版。

（宋）路振：《九国志》，丛书集成初编本。

（宋）陶谷：《清异录》，四库全书本。

（宋）王钦若等：《册府元龟》，中华书局影印本。

（宋）李心传：《建炎以来朝野杂记》，中华书局2000年徐规点校本。

（宋）钱易《南部新书》，中华书局2002年黄寿成点校本。

（元）耶律铸：《双溪醉隐集》，辽海丛书本。

（元）姚燧：《牧庵集》，四库全书本。

（元）王恽：《秋涧先生大全文集》，四库全书本。

（明）李贤等：《大明一统志》，四库全书本。

（清）石麟等：雍正《山西通志》，四库全书本。

（清）董诰等：《全唐文》，上海古籍出版社1990年版。

（清）吴任臣：《十国春秋》，中华书局1983年版。

（清）赵翼：《廿二史札记》，中华书局1984年王树民校证本。

（清）朱彝尊：《曝书亭集》，四库全书本。

（清）顾祖禹：《读史方舆纪要》，中华书局1955年影印《国学基本丛书》本。

（清）王夫之：《读通鉴论》，中华书局1975年版。

《新编五代史平话》，上海古籍出版社影印本。

近人论著

谭其骧主编：《中国历史地图集》第五册，中国地图出版社1982年版。

岑仲勉：《隋唐史》，中华书局1982年版。

陶懋炳：《五代史略》，人民出版社1985年版。

《中国大百科全书·中国历史·隋唐五代史》，中国大百科全书出版社1988年版。

陈寅恪：《陈寅恪读书札记》，上海古籍出版社1989年版。

郑学檬：《五代十国史研究》，上海人民出版社1991年版。

《中国历史大辞典·隋唐五代史》，上海辞书出版社1995年版。

李方：《唐西州行政体制考论》，黑龙江教育出版社2002年版。

杜文玉：《五代十国制度研究》，人民出版社2006年版。

孙瑜：《唐代代北军人群体研究》，中国社科文献出版社2012年版。

赵荣织、王旭送：《沙陀简史》，新疆人民出版社2015年版。

亦邻真：《中国北方民族与蒙古族族源》，《内蒙古大学学报》1979年第3、4期。

陈垣：《马定先生在内蒙发见之残碑》，《陈垣学术论文集》，中华书局1980年版。

周清澍：《汪古部统治家族——汪古部事辑之一》，《文史》第九辑，中华书局1980年。

汤开建：《〈大元肃州路也可达鲁花赤世袭之碑〉补释》，《中国史研究》1983年第4期。

宁可、阎守诚：《唐末五代的山西》，载河东两京历史考察队编著《晋秦豫访古》，山西人民出版社1986年版。

魏良弢：《义儿·儿皇帝》，《历史研究》1991年第1期。

（日）堀敏一：《藩镇亲卫军的权力结构》，载刘俊文主编《日本学者研究中国史论著选译》第4卷，中华书局1992年。

崔有良：《晋王坟清理始末》，载山西省代县政协文史资料研究委员会编《代县名胜古迹专辑》，1993年。

梁太济：《朱全忠势力发展的四个阶段》，载唐史论丛编辑部编《春史卞麟锡教授还历纪念唐史论丛》，汉城1995年。

李培业：《西夏皇族后裔考》，《西北大学学报》1995年第3期。

张久和：《阴山达怛史迹钩沉》，《内蒙古大学学报》1999年第3期。

杨冬生、杨岸青：《李嗣昭为李克用"元子"辨》，《山西教育学院学报》2000年第1期。

李克郁：《土族土司研究——土族李土司家族史》，《青海民族研究》2002年第3期。

钱伯泉：《墨离军及其相关问题》，《敦煌研究》2003年第1期。

殷宪：《〈唐石善达墓志〉考略》，载荣新江主编《唐研究》第十二卷，北京大学出版社2006年版。

苏航：《唐代北方内附蕃部研究》，北京大学博士研究生学位论文，2006年。

方驰、唐炜等：《鸡冠山曾有一个沙陀王国》，《成都日报》2007年7月4日第9版。

刘海文等：《河北宣化纪年唐墓发掘简报》，《文物》2008年第7期。

仇鹿鸣：《药元福墓志考——兼论药氏的源流与沙陀化》，《敦煌学辑刊》2014年第3期。

胡耀飞：《斗鸡台时间再探讨——从〈段文楚墓志〉论唐末河东政局》，《第三届中国中古史前沿论坛国际学术研讨会论文集》，陕西师范大学，2015年7月。

邢方贵：《古沙陀族后裔或存郧阳》，《十堰日报》2015年3月12日第7版。

太原市文物考古研究所：《山西太原青阳河北汉太惠妃墓发掘简报》，《考古与文物》2018年第6期。

罗亮：《再论李克用之义儿》，载《纪念岑仲勉先生诞辰130周年国际学术研讨会论文集》，中山大学出版社2019年版。

后 记

　　我从2015年2月自鲁东大学退休后，2020年7月从烟台回到呼和浩特定居，又受聘于内蒙古大学创业学院。呼和浩特，是我曾经学习和工作过的地方；内蒙古，是我出生和成长的地方。于是在第二故乡烟台工作生活了三十一年之后，又回到故里。一方水土养一方人，或许内蒙古的土地更适合我生活吧！

　　本书写作的初衷与期望达到的目的，《前言》中已有所交代，此不再赘述。这里只是再补充一下，本书的主要内容原本只是打算在网络上发表，与喜好历史的读者一起分享。山西人民出版社崔人杰先生建议我写成一部书稿，并提请列入出版社的出版规划，拟予以出版。之后又多次与我沟通、商榷，付出辛勤劳动。所以在此要特别对崔人杰先生、对山西人民出版社表示深深的谢意！

樊文礼

2022年9月于呼和浩特